陕西师范大学优秀学术著作出版资助

# 制度社会学体系构建研究
## ——社会学制度分析范式

王胜利 著

中国社会科学出版社

# 图书在版编目(CIP)数据

制度社会学体系构建研究：社会学制度分析范式／王胜利著. — 北京：中国社会科学出版社，2023.9
ISBN 978-7-5227-2532-1

Ⅰ.①制… Ⅱ.①王… Ⅲ.①社会制度—研究 Ⅳ.①D03

中国国家版本馆CIP数据核字(2023)第165940号

| 出 版 人 | 赵剑英 |
| --- | --- |
| 策划编辑 | 朱华彬 |
| 责任编辑 | 王　斌 |
| 责任校对 | 谢　静 |
| 责任印制 | 张雪娇 |

| 出　　版 | 中国社会科学出版社 |
| --- | --- |
| 社　　址 | 北京鼓楼西大街甲158号 |
| 邮　　编 | 100720 |
| 网　　址 | http://www.csspw.cn |
| 发 行 部 | 010-84083685 |
| 门 市 部 | 010-84029450 |
| 经　　销 | 新华书店及其他书店 |

| 印刷装订 | 北京君升印刷有限公司 |
| --- | --- |
| 版　　次 | 2023年9月第1版 |
| 印　　次 | 2023年9月第1次印刷 |

| 开　　本 | 710×1000 1/16 |
| --- | --- |
| 印　　张 | 18 |
| 插　　页 | 2 |
| 字　　数 | 273千字 |
| 定　　价 | 98.00元 |

凡购买中国社会科学出版社图书，如有质量问题请与本社营销中心联系调换
电话：010-84083683
版权所有　侵权必究

# 前　言

本书的主要目的是构建制度社会学分支学科。

自从孔德播撒了一粒社会学学科种子，迪尔凯姆把社会学学科的幼苗栽种到社会科学的森林中，一百多年来，这棵幼苗在众多社会学家的浇灌培育下已经长成参天大树。这棵大树也蔓生出了众多粗壮和繁茂的分支，它们既给社会学主干提供养分，也在科学的森林中为人类的知识宝库提供着营养，共同促进人类社会的和谐与美好。

近四五十年来，这棵大树又萌发了一个分枝——制度社会学。但是这一分枝还没有彰显其强壮的枝体，也没有咆哮地呼喊以彰显它的存在。它只是默默地积蓄力量，等待着呼之欲出的时机。本书就是为促生制度社会学这一分支学科的建立做的一点工作。

对制度研究的兴趣来源于我的两位恩师即硕士生导师王继教授和博士生导师邹德秀教授的启发和指导。自1997年开始，我师从王继教授研究社会现代化，恩师就启发我思考制度是如何影响中国社会现代化的。虽然硕士毕业论文《中国社会现代化的历史考察与时代定位》没有专门研究社会制度，但是已经开始触及到制度与中国社会现代化关系的议题。从2001年到2004年我在西北农林科技大学经济管理学院攻读博士期间，恩师邹德秀教授的《绿色的哲理》《中国农业文化》《世界农业科学技术史》《地区贫困与贫困地区开发》和《500年科技文明与人文思潮》等著作，从不同方面启发我思考制度在农村社会发展中的作用。由于自2000年我开始从事社会学专业教学，因此在攻读博士期间张襄英教授、罗剑朝教授和丁文峰教授对制度经济学理论和对制度经济学前沿问题的讲授，直接引发了我思考社会学与经济学两个学科在制度分析范式中异同的问题。2004年，我第一次申请并获得了国家社会科学基金资助项目"社会学与经济学制度分析范式的差异与融汇"（04CSH003），由此开始了对制度的长期研究。在近些年的研究中，我越来越认识到在社会学中创建制度社会学分支学科的必要性和重要性。2017年我申请到国家社会科学基金项目"制度社会学的体系构建研究"（17BSH150），本书就是该项目的最终成果。

  本书包括三部分内容。第一部分是制度社会学的体系构建。此部分主要论述了制度社会学体系构建的背景和意义，国内外制度社会学研究的状况，制度社会学体系构建的框架和内容，制度社会学与中国特色社会主义制度建设。第二部分论述了社会学制度分析范式，主要论述社会学制度分析范式研究的背景，研究路径和方法。第三部分是社会学家制度分析范式，主要研究了21位社会学家的制度分析思想。

  本书仅仅是制度社会学的一个基础性框架，为制度社会学分支学科的建立所做的基础性工作。建立制度社会学分支学科的任务还很艰巨，还有大量的研究工作要做，希望对构建制度社会学学科感兴趣的学者能接续去完成这个重任。

王胜利<br>
2023年9月

# 目 录

**第一部分　制度社会学的体系构建 / 1**
　　一　制度社会学体系构建的背景和意义 / 1
　　二　制度社会学在国内外的研究状况 / 3
　　三　对制度社会学体系构建的设想 / 7
　　四　制度社会学与中国特色社会主义制度建设 / 11
　　五　中国特色社会主义制度建设 / 15

**第二部分　社会学制度分析范式 / 29**
　　一　古典社会学制度分析范式 / 33
　　二　现代社会学制度分析范式 / 38
　　三　当代社会学制度分析范式 / 39

**第三部分　社会学家制度分析范式 / 46**
　孟德斯鸠 / 46
　　一　关于制度产生的思想 / 47
　　二　关于制度类型的思想 / 49
　　三　关于制度原则和动力的思想 / 53
　　四　制度分析框架 / 54
　　五　制度分析范式 / 56
　　六　制度分析的理论和现实意义 / 56
　奥古斯特·孔德 / 58
　　一　制度的重要性 / 59

二　制度类型及其功能 / 59
　　三　社会与家庭制度 / 61
　　四　制度与社会秩序 / 61
　　五　社会制度变迁理论 / 63

卡尔·马克思 / 64
　　一　制度分析的理论基础 / 65
　　二　制度分析的方法 / 66
　　三　关于制度概念、起源和性质的分析 / 72
　　四　关于制度类型和特征的分析 / 76
　　五　制度变迁分析 / 79
　　六　所有制理论 / 85

赫伯特·斯宾塞 / 89
　　一　社会制度的产生 / 90
　　二　社会制度的功能 / 90
　　三　社会制度的变迁 / 91

斐迪南·滕尼斯 / 93
　　一　制度思想的缘起 / 93
　　二　制度思想的心理学引入 / 94
　　三　两种基本的制度模型 / 96
　　四　社会规范 / 97
　　五　习俗是共同体意志的实质 / 99
　　六　共同体的分化与社会的形成 / 101
　　七　对制度思想的评价和启示 / 103

凡勃伦 / 104
　　一　制度理论的历史和学术背景 / 104
　　二　制度的概念 / 106
　　三　制度的类型 / 106
　　四　制度的变迁 / 108
　　五　制度的功能 / 109

六　制度的分析方法 / 110

格奥尔各·齐美尔 / 110
　　一　制度思想分析总纲 / 112
　　二　学术中的制度"形式" / 114
　　三　制度三要素 / 115
　　四　关于制度的生成 / 116
　　五　制度生成和扩大的结果 / 118
　　六　制度扩大悲剧后果的应对策略 / 120
　　七　对制度形式不同分类的理解 / 123

埃米尔·迪尔凯姆 / 125
　　一　制度：社会学的研究对象 / 126
　　二　集体意识：制度形成的必要条件 / 127
　　三　社会团结：制度起源和表现形式 / 128
　　四　社会规范：社会制度的维模 / 130
　　五　制度整合：矫正社会失范的途径 / 131
　　六　制度分析对当代的启示 / 133

乔治·赫伯特·米德 / 134
　　一　制度的概念 / 135
　　二　制度的类型 / 135
　　三　制度的特征 / 136
　　四　制度的功能 / 136
　　五　制度实现的手段和机制 / 137

马克斯·韦伯 / 138
　　一　制度的概念 / 138
　　二　制度的起源 / 139
　　三　制度的功能 / 139
　　四　制度的类型 / 141
　　五　制度的特征 / 145
　　六　制度的"适用" / 146

七　制度的合法性 / 147
　　八　制度的变迁 / 148
　　九　制度分析的方法 / 149

拉德克利夫 - 布朗 / 150
　　一　关于制度是社会人类学研究对象的思想 / 150
　　二　研究制度的路径和方法 / 154
　　三　关于制度功能和变迁的思想 / 156
　　四　研究布朗制度思想的启示 / 158

马凌诺斯基 / 158
　　一　关于制度研究的方法 / 160
　　二　制度的起源 / 161
　　三　关于制度的分类 / 163
　　四　关于制度的功能 / 165
　　五　评述 / 166

彼蒂里姆·A. 索罗金 / 168
　　一　制度的概念 / 169
　　二　制度的类型 / 169
　　三　制度的变迁 / 172
　　四　制度的功能 / 174
　　五　制度变迁的动力 / 175
　　六　索罗金制度思想的当代意义 / 176

雷蒙德·弗思 / 178
　　一　对社会人类学制度研究的导入及其研究方法 / 178
　　二　对制度的定义 / 180
　　三　关于基本制度类型的思想 / 180
　　四　关于制度规范和制裁的思想 / 183
　　五　关于制度变迁的思想 / 185
　　六　总结 / 186

塔尔科特·帕森斯 / 187

    一　制度的概念 / 187

    二　制度的起源与形成 / 188

    三　制度的运行 / 190

    四　制度的功能 / 191

    五　制度的类型 / 193

    六　制度的变迁 / 199

    七　小结 / 200

罗伯特·默顿 / 200

    一　社会学的研究对象：中观理论下的社会制度 / 201

    二　科学的"精神气质"：对社会制度的另类阐释 / 202

    三　社会制度的功能：正功能与负功能、显功能与潜功能 / 203

    四　社会问题：社会制度的衍生物 / 205

    五　社会制度的变迁：越轨与失范 / 206

    六　默顿的制度分析范式对当代中国的现实意义 / 207

詹姆斯·S. 科尔曼 / 209

    一　理论框架中的规范 / 209

    二　规范的定义及产生 / 211

    三　规范的功能 / 212

    四　规范存在的条件 / 213

    五　规范的类型 / 214

    六　规范实现的条件 / 215

    七　规范的内化 / 216

    八　启示与意义 / 217

尤根·哈贝马斯 / 220

    一　制度的概念 / 220

    二　制度的起源 / 222

    三　制度的目的 / 223

    四　制度的构成要素 / 224

五　制度的类型 / 224

　　六　制度的特征 / 226

　　七　制度的功能 / 227

　　八　对现代社会管理的启发 / 228

皮埃尔·布迪厄 / 230

　　一　"场域"：制度分析新视角 / 230

　　二　法律：正式制度分析 / 234

　　三　惯习与文化：非正式制度分析 / 235

　　四　结语 / 239

加里·斯坦利·贝克尔 / 239

　　一　经济学基本观点和视野 / 240

　　二　制度分析的学术背景 / 241

　　三　制度分析的经济学假设 / 242

　　四　制度分析的方法 / 243

　　五　对社会相互作用的经济分析 / 244

　　六　家庭——贝克尔制度分析的理想型 / 246

　　七　制度思想概括及分析方法述评 / 248

　　八　总结 / 251

安东尼·吉登斯 / 252

　　一　制度的概念 / 253

　　二　制度的起源 / 255

　　三　制度的形成途径 / 255

　　四　制度的类型与功能 / 256

　　五　制度的特征 / 263

　　六　制度的变迁 / 263

**参考文献** / 266

**后　记** / 276

# 第一部分　制度社会学的体系构建

制度社会学是社会学一门分支学科，其理论渊源于西方社会学的制度理论。在国内，对制度社会学的研究处于萌芽时期。制度社会学的体系构建包括制度社会学基本概念、制度社会学史、制度社会学方法论、制度本体论、制度关系论、制度评价论和制度实证研究。当代中国社会建设需要社会学理论支持，有中国特色社会主义制度建设需要制度社会学学科，制度社会学为有中国特色社会主义制度建设提供理论和智力支持[①]。

近年来，社会科学界对制度的研究热情与日高涨，成果繁盛。但是在众多成果中，鲜见制度社会学理论的研究。本项目旨在对制度社会学——作为社会学的一门分支学科——的研究进行概略的梳理，提出制度社会学体系构建的基本框架，使社会学界对制度研究的理论系统化和学科理论化，为制度社会学分支学科的构建做了基础性的铺垫。

## 一　制度社会学体系构建的背景和意义

（一）制度社会学体系的构建顺应社会学学科发展的趋势需求

在国外，社会学家对社会制度的研究较早而且比较兴盛。在社会学成立之初，社会制度就作为社会学的研究对象被提出，如社会学之父奥古斯特·孔德和埃米尔·涂尔干[②]，卡尔·马克思和马克斯·韦伯等古典社会学家把对制度的研究和制度变革的比较结合起来，他们都认识到制度影响着社会和经济行为。当社会学的主流从欧洲大陆转入北美之后，

---

[①] 笔者以《制度社会学与中国特色社会主义制度建设》为论文题目在中央党校出版社2011年出版的《社会管理创新25题——社会学与社会管理》中发表，此处做了修改。

[②] 涂尔干，国内又译为"迪尔凯姆""杜尔凯姆""杜尔克姆""迪尔克姆"。

结构功能学派依然把构建制度理论作为社会学的中心议题，认为制度理论对社会学学科的完善非常重要。近30年来，大批西方社会学者对社会制度的研究兴趣更加浓厚，也颇有成果，如社会学中的新制度主义的出现。遗憾的是，国外社会学界对制度的研究，仅仅是在社会学内部所产生的一种研究取向或者路径，而始终没有一本冠名为《制度社会学》的著作问世。

国内对制度社会学的研究尚处于萌芽期。虽然"制度社会学"一词在社会学学科内部提出较早，但是作为分支社会学的学科和学术吁求是近些年才被提出来的。尽管国内社会学界对社会制度的研究热情高涨，然而国内至今也没有一本《制度社会学》标志性著作问世。

从国内外社会学界的现状来看，对制度的研究依然缺乏一种把制度理论统一起来的整体框架，亟待一部《制度社会学》著作来把社会学家和社会学学者对制度理论的开创性研究系统化、学科化，从而使制度社会学显立于社会学分支学科群中。本研究就是顺应社会学学科发展的趋势和要求，鲜明地提出构建制度社会学体系框架，使得制度社会学体系的研究具有极其重要的理论意义和学科建设意义。

（二）制度社会学体系的构建顺应中国社会制度转型的现实呼唤

中国社会正处于制度转型期，转型过程是一个非常矛盾和极其痛苦的过程。各种适应农业社会和计划经济的制度安排，在面对工业社会的狂飙突进和网络社会的崛起中显得与新的生产力、生产方式和生活方式格格不入，从而出现了大量激烈的制度冲突和社会矛盾。一方面，计划经济体制下的各种制度安排与市场经济体制下的制度诉求出现冲突；另一方面，农业生产方式与工业生产方式和后工业生产方式下的制度安排发生城市扩张与农村守望之间的冲突。从表象看，这些冲突是个体与个体、个体与群体、群体与群体、正式群体与非正式群体、农村社会与城市社会以及各种不同社会地位利益群体之间的冲突；从实际看，则是制度安排导致的冲突。因此，对制度思想、理论和范式的全面系统研究，并对现实社会制度进行比较分析，对建设有中国特色社会主义具有极其强烈的现实意义。

## 二 制度社会学在国内外的研究状况

(一) 国外的研究

在国外,虽然社会学家对社会制度的研究较早,但是在社会学学科发展中途有所衰落,当代才开始兴盛。这主要表现在对社会制度作为社会学研究对象的论述,以及形成的一系列制度理论观点这两个方面。

在社会学形成初期,奥古斯特·孔德、埃米尔·迪尔凯姆、卡尔·马克思和马克斯·韦伯的社会学理论,主要内容基本是围绕制度的本质、形式与分类展开的,是对制度的变迁、建构与批判的论述。这些早期社会学家把社会制度的理论研究和具体制度变革的比较分析结合起来,他们都认为制度影响着社会和经济行为。如在社会学之父奥古斯特·孔德的社会学思想中,各种社会制度纳入在他的研究视野之中。他认为,对人类社会文明史的考察要通过对社会制度的分析来实现。他指出的社会制度包括家庭制度、政治制度、经济制度等,他详细分析了家庭制度对于社会的基础作用。在把人类社会当作一个有机体的思想下,对社会制度的分析成为其认识社会的基本门径。[①] 孔德在《实证哲学教程》中提出了人类历史是一个"同一民族"的历史观点。他在人性永恒的基础上确立了人类的统一性。这种统一性在社会方面表现为一种基本秩序,这种基本秩序贯穿着历史上的各种制度。[②]

埃米尔·迪尔凯姆指出,人出于天性的需要发展了社会聚合的基础——社会制度。他认为,社会制度就是需要研究的社会事实,甚至"这样就可以把社会学界定为关于制度及其产生与功能的科学",他所讲的"institution"(制度)一词是指"把一切由集体所确定的信仰和行为方式"[③]。

卡尔·马克思的经典主题始终是围绕制度展开的。马克思用历史唯物

---

[①] 王思斌:《社会学教程》,北京大学出版社2006年版,第12页。
[②] [法]雷蒙·阿隆:《社会学主要思潮》,华夏出版社2000年版,第73页。
[③] [法]埃米尔·迪尔凯姆:《社会学方法的准则》,狄玉明译,商务印书馆1995年版,第19页。

主义和唯物辩证法进行的制度的分析框架，始于对制度问题的关注与研究。马克思主义政治经济学研究的对象总体上说是各种社会生产关系，而经济制度则是固化和规范各种社会生产关系表现形态的，因此可以说，马克思主义政治经济学研究的对象就是经济制度。研究生产关系就涉及，而且要求从本质上分析一个社会的各种经济制度，以及与之相适应的各种政治制度体系和法律制度体系，最终形成了一个宏大的制度分析的理论体系。因此，可以在某种意义上将马克思主义政治经济学视为一种制度经济学，或一种关于社会制度分析的理论体系。[①] 新制度主义的形成是基于在马克思制度理论基础上的。

马克斯·韦伯的《经济与社会》提供了最好的比较制度分析的社会学方法。在《经济与社会》中，韦伯提出了一系列概念，定义和类型学，并将它们用于对法律、组织和经济行为的比较历史分析中。他认为必须在给定的社会和历史时期的制度框架范围内理解理性和选择。对韦伯而言，制度框架包括习俗、惯例、社会规范、宗教和文化信仰、家庭、亲属关系、宗族界限、组织、共同体、阶级、阶层、市场、法律和国家。他的理想模型和比较方法论，界定了有历史依据的概念，提出了不同制度形式有不同权力和机会结构。

在实证社会学中，制度研究逐渐出现了衰落。20世纪20年代，社会学开始在经济学、心理学和人类学研究方法的影响下，趋向经验研究和量化研究。计量经济学家热衷构建数学模型，试图以精致的数学计算解释经济行为和市场交易；实验心理学通过精致的技术方法获得了显著成就；人类学家对原住民开展了内容丰富且卓有成效的田野研究，得出了只有深入社区，接触原住民的日常生活才能有效开展人类学研究的结论。这些研究方法，对当时的社会学产生了很大影响。随后的问卷调查、个案访谈、数据分析等经验研究或量化分析方法，成为社会学的主要研究方法。这些研究方法不利于对制度进行研究，导致了制度研究的暂时衰落。这是因为制度及其作用虽然显性地存在于社会经验事实之中，但是仅凭经验观察和量化统计是难以解释制约

---

① 李省龙、张贵孝：《论马克思主义制度分析的一般结构》，《当代经济研究》2002年第12期。

人们行为的各种制度。制度的形成、运行、变迁和更替蕴含着深刻的伦理价值观念。因此，必须把经验观察和量化分析与深入的逻辑分析和理论概括结合起来，否则一项存在的制度是不可能被完全认识清楚的。

实证社会学研究方法导致了社会学在相当长时间里难以把早期社会学家关于制度研究的任务放到应有地位，结果是制度经济学、制度政治学和制度历史主义的兴盛，并且取得了辉煌的成绩。

自 20 世纪七八十年代以来，科斯和诺斯为代表的新制度经济学迅速兴起，并取得了举世瞩目的学术成就。这不可避免地引起了一些社会学家的反省与回应。面对新制度经济学和新制度政治学的学术成果，积极研究当代社会制度变迁，在社会学界逐渐扩展流行。哈贝马斯的交往行为理论，布迪厄的场域实践理论，吉登斯的结构化理论，以及布西亚的消费社会理论，这些在当代产生重大影响的社会学理论，其中都包含了视野广阔、内容丰富的制度研究成果。这不仅反映了当代社会学重新把制度作为自己的根本研究对象的变化，而且也表现了当代社会学立足现实，迎接新制度经济学和新制度政治学挑战的积极努力。当代社会学关于制度研究的最突出成就表现在以哈里森·怀特、格兰诺维特、科尔曼、斯梅尔瑟等人为代表的新经济社会学；以迪马乔和鲍威尔为代表的组织社会学；以维克托·尼为代表的社会学新制度主义等社会学新潮中。这些社会学新流派从不同角度承继了古典社会学的制度理论传统或者新制度经济学的有限理性选择原则，在对组织、市场、交易行为、网络关系、社会资本以及社会选择行为的深入研究中，阐述了内容丰富的制度社会学理论，虽然这些制度社会学理论不是另寻基础的学术重建，但是其思想内容和表达形式都在很大程度上让人们耳目一新，确实使制度社会学研究在越来越深入越来越广阔的层面上回应了经济学和政治学的挑战。[1]

近 40 年来，大批西方社会学者对社会制度的研究兴趣更加浓厚，也颇有成果。遗憾的是，国外社会学界对制度的研究是在社会学内部形成的一种制度研究取向和路径，没有出现一本冠名为《制度社会学》的著作问世。

---

[1] 刘少杰：《制度研究在社会学中的兴衰与重建》，《江苏社会科学》2006 年第 3 期。

## （二）国内的研究

对制度社会学——作为一门分支社会学——的学术吁求是近 30 年前提出来的，研究处于萌芽期。

1993 年，罗先德和李发强在《西北民族学院学报》首先发表了《制度社会学初探》，就建立制度社会学的有关问题提出了初步意见。他们认为，有必要把制度的研究进一步上升到社会学分支——制度社会学的高度进行专门探讨。他们对建立制度社会学的理论根据、客观条件、制度社会学的结构和内容、与其他社会科学的联系以及制度社会学研究的方法等五个方面进行了论述。这是大陆社会学学者在社会学恢复以后，首次对制度社会学学科建设提出的建议和开创性研究成果。①

之后，虽然有一些学术论文从制度社会学视角来分析论述某项具体制度，但是缺乏专论研究成果。社会学界对制度社会学构建的呼声就此沉寂了 13 年。

2006 年，《江苏社会科学》第 3 期刊登了中国人民大学社会学理论与方法研究中心刘少杰研究员的《制度研究在社会学中的兴衰与重建》一文。他认为，当代新制度主义思潮是来源于古典社会学制度研究理论，但是古典社会学以制度研究为起点，却在学科发展中出现了制度研究的衰退，对此应该进行学术反思，重建社会学制度研究并构建新时代的制度社会学。他从制度研究史的角度考察了社会学在古典社会学中的兴起，在实证社会学中的衰落，在当代社会学中的重建，提出了构建根植中国社会的制度社会学呼声。② 刘少杰研究员从学术史和学科史的角度把制度研究的脉络梳理得全面和清晰，为制度社会学理论框架的建设提供了制度社会学史的路径。他提出的构建根植中国的制度社会学建议，为制度社会学和社会学理论的本土化提供了借鉴。特别是当代中国制度转型中，如何把国内外社会学家对制度的研究，与几千年的中国传统制度和中国制度改革和制度变迁的实际结合起来，解释中国制度的变迁，对建设有中国特色社会主

---

① 罗先德、李发强：《制度社会学初探》，《西北民族学院学报》（哲学社会科学版）1993 年第 3 期。

② 刘少杰：《制度研究在社会学中的兴衰与重建》，《江苏社会科学》2006 年第 3 期。

义制度具有极强的理论价值和现实意义。

2006年《江苏社会科学》第三期同期发表了吉林大学社会学系董才生教授的文章《论制度社会学在当代的建构》。该文提出，经济学和政治学新制度主义的产生与流行，是构建制度社会学的契机，也是社会学学科对经济学和政治学新制度主义的一种理论回应。在当代很长一段时期内，制度社会学的构建将是社会学研究的一个重要主题，它的成功构建将实现社会学理论的一次重大转型，将成为一个重要的里程碑，也必将推动当代社会学的研究与发展。他提出了构建制度社会学的五项原则和遵循的两个理论路径。[①] 董才生教授的研究突出了构建当代制度社会学的契机和遵循的原则与理论路径，这是非常值得我们汲取的。但是，该文没有对制度社会学理论给出一个较为完整的总体框架。尽管有这样的遗憾，该文与刘少杰研究员的文章前后呼应，使制度社会学这门分支学科呼之欲出，成为当下呼吁构建制度社会学的最强音。

2008年《西北农林科技大学学报》（社会科学版）第2期，发表了赵靖伟和司汉武的《关于制度的社会学研究综述》。文章通过对制度定义、制度理论及其流派、制度类型、制度变迁及其演化形式进行了纵览和概括。[②] 该研究可以说是遵循董才生教授提出的构建制度社会学的原则和遵循的理论路径做的进一步学科建设的努力，为制度的社会学意义和价值、制度演化的机制以及制度结构和社会功能研究奠定了较为坚实的基础，更重要的是，为制度社会学的研究提供一个较为丰富的理论框架。

目前国内社会学界对社会制度的研究热情高涨，成果日益繁盛，这些成果主要针对某一具体领域或行业的制度进行研究，缺乏综论性的成果。

## 三 对制度社会学体系构建的设想

（一）基本内容

制度社会学是社会学分支学科，其研究对象是社会制度的构成要素之

---

① 董才生：《论制度社会学在当代的建构》，《江苏社会科学》2006年第3期。
② 赵靖伟、司汉武：《关于制度的社会学研究综述》，《西北农林科技大学学报》（社会科学版）2008年第2期。

间的相互关系，制度各个构成要素和制度外部社会构成要素之间的相互关系。社会学成立之初，古典社会学家就非常注重社会制度的研究，可以把古典社会学称为制度社会学。在实证社会学中，制度研究出现了衰落，这主要是经济学和政治学其他学科制度主义的兴起导致的结果。当代社会学家对制度的研究形成了社会学内部的新制度主义。社会学家对制度研究的理论思想是制度社会学体系框架的重要支撑。制度社会学的方法论基础是马克思的辩证唯物主义和历史唯物主义，具体研究方法包括文献法、定量和定性方法、比较方法和实证方法。制度是人类行为的规则，其本质是规范人们之间的社会关系。按照不同的标准，制度可以分为多种类型。制度的构成要素包括基本观念和基本理论、规范体系、权威与权力结构、组织和物质设施，这四个构成要素之间的关系既有决定与被决定的关系，也有作用与反作用的关系。制度对个人社会化、群体行为、民族国家行为乃至全球文明体系之间的关系具有极其强烈的影响。在全球范围内，各个民族国家、各种组织、各种初级群体由于具有不同的价值观，其理论思想不尽相同，形成的规范体系也有较大差异，这些制度内在的要素决定了制度外层的物质设施的差别。如何解释这些差别，需要对制度进行伦理价值评价和绩效评价。当代中国处在社会制度转型期，传统的农业社会制度和计划经济制度向现代的工业社会、后工业社会和市场经济制度安排的转型，社会制度矛盾与冲突较为显著和激烈，针对各个社会活动领域现行制度的运行需要制度社会学理论和方法做出评判，从而为建设具有中国特色社会主义作出学科贡献。

（二）基本框架

制度社会学的体系框架包括七个部分，即什么是制度社会学，制度社会学史，制度社会学方法论，制度本体论，制度关系论，制度评价论和制度实证研究。

1. 什么是制度社会学

制度社会学的研究对象问题。制度社会学以社会制度和各个构成要素之间的机制及其与社会各部分之间相互关系为研究对象。就制度这一特定对象的研究而言，具有明显的整体性和综合性的特点。它把社会制度视为一个有机整体。它在研究社会制度和制度结构的某一部分时，既要研究该部分在整个社会制度及其变迁中所处的地位和所起的作用，又要研究该部分与其他部分相互影响、相互制约的关系，以便认识社会制度的整体形象，并在此基础上，又从静态和动态相互统一的角度考察制度体系结构和变迁的规律。制度社会学与其他社会科学的关系。制度社会学和历史唯物主义、社会学、经济学、历史学、法学的关系，以及与经济社会学、政治社会学、法律社会学等分支社会学的关系。

2. 制度社会学史

包括制度社会学学科发展史和制度社会学思想史。一是制度社会学学科发展史。主要是在社会学发展进程中，社会学家对制度理论研究的进程演变，在不同阶段形成的制度理论流派和分析范式。社会学成立之初，经典社会学家就非常注重社会制度的研究，社会学之父孔德甚至把制度确定为社会学的研究对象。当代社会学家对制度的研究形成了社会学内部的新制度主义。二是制度社会学思想史。主要是社会学家的制度理论及其理论传承和发展的关系。社会学家对制度研究的理论思想是制度社会学理论框架的重要支撑。

3. 制度社会学方法论

制度社会学的方法论基础是马克思的辩证唯物主义和历史唯物主义，具体研究的方法主要有：文献研究法，梳理和总结社会学发展史上有关社会制度的研究成果。比较方法，科学比较方法是制度社会学研究的重要方法之一，包括学科比较，比较社会学与经济学、政治学等其他学科对制度研究的异同，使其他学科对制度研究的成果成为促进制度社会学建构的外在动力；历史比较，研究社会制度，必须分析它的过去和现在，既要观察它的历史发展的连续性，又要观察由于条件变化而产生的差异性，借以真正认识它的存在条件和发展趋势；实际比较，体制改革必须预先做一种或多种实验，并在现状和实验结果之间、多种实验结果之间，进行比较分析，决定取舍，选择最佳方案。成败比较，在体制改革中，往往有成功，也有失败，对此亦需进行比较，分析成败条件，找出经验教训；中外比较，社会主义国家和资本主义国家之间、社会主义各国之间、资本主义各国之间，制度条件互不相同，各有差异，在考察条件不同的前提下，对其社会制度进行对比研究，发现优劣，认识社会制度变迁的规律，确定我们可借鉴的措施和前进的方向。定量方法，用计量方法对不同领域现存的具体制度进行绩效评价。定性方法，对一些正在运行的社会制度进行价值伦理评价。

4. 制度本体论

包括制度的起源、概念、本质与类型、功能、变迁与动力等内容。制度是人类行为的规则，其本质是规范人们之间的社会关系。按照不同的标准，制度可以分为多种类型。制度的构成要素包括基本观念和基本理论、规范体系、权威和地位结构、组织与物质设施，这四个构成要素之间既有决定与被决定的关系，也有反作用的关系。制度主要有满足社会生活需要功能、行为导向功能、社会整合功能和传播文化的功能。制度的变迁要从制度产生、修订以及废止演化史中的三个过程中进行历史事件分析，从而分析影响这三个过程的各种可能因素，揭示出制度变迁的路径和动力，判断制度变迁的方向和趋势。

5. 制度关系论

包括制度构成要素之间的内在关系，制度与个人行为的关系、制度与组织行为的关系、制度与民族国家行为的关系、制度与全球活动的关系、制度与社区发展的关系、制度与社会变迁的关系。制度对个人社会化、群体行为、民族国家行为乃至全球文明体系之间的关系具有极其深刻的影响。在全球范围内，各个民族国家、各种组织、各种群体由于具有不同的价值观，其理论思想不尽相同，形成的规范体系也有较大差异，这些制度内在的要素决定了制度外层的物质设施的差别。尽管民族国家不同、组织类型各异、群体大小不一，但是也有相同的制度规范。解释这种差异和趋同现象是制度社会学的主要任务之一。

6. 制度评价论

如何解释制度的差异和相同，需要对制度进行评价。评价涉及制度伦理评价和制度绩效评价。

制度伦理评价。制度的核心是伦理价值观，各种制度的产生、变迁体现了哪些人什么样的伦理价值观念，这些伦理价值观念下产生的制度是否阻碍或者推进社会历史的和谐发展。制度绩效评价。制度产生后运行绩效如何，如何进行绩效评价，其原则、方法、途径和评价工具是什么，制度运行是否达到了制度制定者的愿望和目的。

7. 制度实证研究

国外制度和国内制度实证研究相结合。着重对中国当代制度进行实证研究。当代中国处在社会制度转型期，传统的农业社会制度和计划经济制度向现代的工业社会、后工业社会和市场经济制度安排的转型，社会制度矛盾冲突较为显著和激烈，对各个社会活动领域现行制度的运行需要制度社会学理论和方法做出评判，从而为建设具有中国特色社会主义制度作出学科贡献。

制度社会学的提出、体系的构建、体系的完善和内容的丰富，需要社会学学术共同体的知识贡献。

## 四　制度社会学与中国特色社会主义制度建设

（一）社会建设需要社会学，需要制度社会学

在改革开放之初，邓小平同志就支持社会学要补课。1979年3月，邓小平在《坚持四项基本原则》的重要讲话中指出："……政治学，法学，社会学以及世界政治的研究，我们过去多年忽视了，现在需要赶快补课。"[①] 中国社会学重新恢复正是中国社会改革开放之时，改革直接表现为社会制度的转型。它涉及农村土地制度、身份制、户籍制度、农村劳动力转移机制、城市化机制等中国现行社会制度的最基础方面。正因如此，解释和理解这种社会制度转型是最具中国特色的学术问题。作为对建设和谐社会的学科支持，制度社会学做出的社会制度转型分析和深入的探索，便可能成为研究建设有中国特色社会制度的一个重要契机。乡村农业和礼俗社会向城市工业和法理社会的转变，社会主义计划经济体制向市场经济体制的转轨，从制度的层面表现了中国社会从传统向现代的转型。科学地规

---

[①] 《邓小平文选》第二卷，人民出版社1994年版，第180—181页。

划这种城市化、工业化、法理化和市场化的社会发展进程，尤其是做出富有成效和前瞻性的制度安排，成为制度社会学发挥学科功能的根本着力点。

(二) 社会制度建设需求制度社会学

制度建设对当代中国的改革与发展具有举足轻重的作用。改革开放之初，邓小平同志就强调："最重要的是一个制度问题"，"制度是决定因素"，"必须从根本上改变这些制度"，尤其是社会政治中存在的问题"都要当作制度问题，体制问题提出来，作进一步的研究"[①]。他在总结我们党和国家过去的教训时说："我们过去发生的各种错误，固然与某些领导人的思想、作风有关，但是组织制度、工作制度方面的问题更重要。这些方面的制度好可以使坏人无法任意横行，制度不好可以使好人无法充分做好事，甚至会走向反面。"[②] "不是说个人没有责任，而是说领导制度问题，关系到党和国家是否改变颜色，必须引起全党的高度重视。"[③] 他在回答意大利记者"怎样才能避免或者防止发生'文化大革命'这样可怕的事情"提问时，更是一语中的地指出："这要从制度方面解决问题。"[④]

制度社会学学科建设对中国制度建设具有现实意义。中国社会正处于制度转型期，转型过程是一个非常矛盾和极其痛苦的过程。各种适应农业社会和计划经济的制度安排，在面对工业社会的狂飙突进和网络社会的崛起中显得与新的生产力、生产方式和生活方式格格不入，从而出现了大量激烈的制度冲突和社会矛盾。一方面，计划经济体制下的各种制度安排与市场经济体制下的制度诉求出现冲突；另一方面，农业生产方式与工业生产后工业生产方式下的制度安排发生城市扩张与农村守望之间的冲突。从表象看，这些冲突是个体与个体、个体与群体、群体与群体、正式群体与非正式群体、农村社会与城市社会，以及各种不同社会地位利益群体之间的冲突。从实际看，则是制度安排导致的冲突。如何化解这些冲突，就需

---

[①] 《邓小平文选》第二卷，人民出版社1994年版，第298、328、228页。
[②] 《邓小平文选》第二卷，人民出版社1994年版，第333页。
[③] 《邓小平文选》第二卷，人民出版社1994年版，第333页。
[④] 《邓小平文选》第二卷，人民出版社1994年版，第348页。

要制度社会学的理论支持。制度社会学对制度理论的全面系统整理，并对现实社会制度进行比较分析，对建设有中国特色社会主义具有极其强烈的现实意义。当代中国对制度变革与创新无论是在广度上还是在深度上都达到了前所未有的程度，出现了崭新的制度创新形态和实现形式，极大地丰富了我们对制度的认识和理解，丰富了我们制度实践的内涵。这不仅为我们进行制度社会学理论的构建奠定了深厚的现实依据，也奠定了坚实的实践基础，更对我们深入研究制度提出了新要求。制度社会学就是在这样的大背景中呼之欲出的新学科。构建制度社会学理论成为我们这个时代社会学者的历史任务和使命之一。

(三) 制度社会学为中国特色社会主义制度建设提供理论和智力支持

制度创新是世界潮流。有中国特色社会主义制度建设更是亘古未有，是宏观与微观、传统与现代、农业与工业、计划与市场，政治经济到文化教育和社会服务等全方位、多角度的制度创新。所有这一切不同层面和领域的制度创新需要制度社会学理论的支持。

当代中国，这种理论支持的需求更加迫切。中国40多年的改革开放其实就是制度创新的历程，尤其是社会主义市场经济体制的建立，把社会主义制度与市场经济制度结合在一起，这是制度创新的成功典范。目前，我国社会已经进入了全面制度创新的历史阶段，经济体制要求深化突破，政治体制要求稳步推进，整个社会层面，教育、科技、文化、社会保障等各个领域的体制创新也都提出了新的要求。进入新世纪以来，经济和社会稳定问题日益突出。面对这些复杂多变的社会矛盾和问题，制度社会学的理论为制度创新提供坚实的理论支持，对于促进社会治理，推进当代中国社会建设和构建人类命运共同体，具有极强的现实意义。

"十二五"、"十三五"和"十四五"规划都提出和强调社会建设和发展社会事业的任务，制度社会学要为和谐社会建设提供理论支持。新时代，社会学面临社会建设和社会事业领域改革所带来的新挑战和新使命。比如，社会管理、社会服务等社会理论的研究，经济与社会，政府与市场，公平、效率与制度关系等重大问题的研究，都是制度社会学研究亟待解决的现实课题。制度社会学理论的本体论、关系论和评价论所涉及的正是这些带有指导意义的内容。

制度社会学的本体论研究，使我们对制度的起源、概念、本质与类型、功能、变迁与动力等内容有较为全面系统的认识，从而为由中国特色社会主义制度建设提供理论指导。制度是人类行为的规则，其本质是规范人们之间的社会关系。当代中国社会关系的变化反映了制度作用的结果，也反映了各种社会制度关系的结果。要处理好各种社会关系，使社会和谐发展，就要调整各种社会关系，其根本途径就是改变相关的社会制度。在制度变迁中要按照制度构成的四个要素设计变迁的路径和方向，把握制度变迁的动力机制和趋势。特别是在制度变迁中要凸显中国特色社会主义核心价值观念，使有中国特色社会主义道德体系镶嵌在制度要素中。

制度关系论研究，使我们对制度内部各个要素之间的关系、制度与个人行为的关系、制度与组织行为的关系、制度与民族国家行为的关系、制度与全球活动的关系、制度与社区发展的关系、制度与社会变迁的关系等方面有较为全面深入的认识。制度对个人社会化、群体行为、民族国家行为乃至全球文明体系之间的关系具有极其深刻的影响。在全球范围内，各个民族国家、各种组织、各种群体由于具有不同的价值观，其理论思想不尽相同，形成的规范体系也有较大差异，这些制度内在的要素决定了制度外层的物质设施的差别。尽管民族国家不同，组织类型各异，群体大小不一，但是也有相同的制度规范。解释这种差异和趋同现象是制度社会学的主要任务之一。

制度绩效评价对各类新旧制度实行的运行是否达到了制度制定者的愿望和目的进行评价，从而衡量制度绩效。制度社会学中的制度评价体现了效率和公平的双重观照。制度社会学不仅要研究社会建设中各种制度的绩效，而且还要探究在这些制度中的文化和精神内涵，即伦理评价。制度评价论揭示制度的核心是伦理价值观，各种制度的产生、变迁体现了哪些人什么样的伦理价值观念，这些伦理价值观念下产生的制度是否阻碍或者推进社会的和谐发展。社会转型在导致社会结构重构的同时也引发了文化和价值观的分化，导致了社会成员思想观念的多样化和个体自我意识的膨胀。因此，社会转型过程中不仅要进行制度创新，强化新的制度安排，解决好结构层面的问题,这是社会学系统整合功能应履行的职责;与此同时,还要进行文化创新、心理变革,完成价值观念与道德规范的重建,解决好文化层面的问题,这是社会学社会整合功能应该完成的任务,社会整合的有效途径就是制度建设。只有这两个方面同时协调进行,才能有效地防止社会失范,促进社会稳定。制度的伦理评价能够使我们对现行的各种制度体现出的伦理价值观念有准确的认识,从而甄别哪些制度有利于和谐社会建设,哪些制度不利于和谐社会建设。

## 五 中国特色社会主义制度建设

中国特色社会主义制度建设是一个与时俱进、不断完善和重构的过程。胡锦涛同志在2009年博鳌亚洲论坛上指出"世界上没有放之四海而皆准的发展道路和发展模式,也没有一成不变的发展道路和发展模式,必须适应国内外形势的新变化,顺应人民过上更好生活的新期待,结合自身实际,结合时代条件变化不断探索和完善适合本国情况的发展道路和发展模式"。党的十八大以来,习近平总书记在众多重要讲话中,更重要的是在他的治国理政思路中都能体现出:制度建设作为解决中国现存问题,实现长治久安的最终方案。习近平总书记在党的十八届三中全会中指出"要把制度建设摆在突出位置",全面深化改革的总目标在于"完善和发展中国特色社会主义制度,推进国家治理体系和治理能力现代化"[①]。党的十八大报告中将中国特色社会主义的内涵扩展到道路、理论体系和制度"三位一体",可见制度建设对于新时代社会完善发展的重要程度以及核心领导团体对制度建设的重视程度。

制度建设在新时代中国特色社会主义发展中处于统领性和贯通性地位。制度建设的实质是全面制度化的中国特色社会主义社会建设,进一步可以说"国家治理体系和治理能力是一个国家制度和制度执行能力的集中体现。国家治理体系是在党领导下管理国家的制度体系,包括经济、政治、文化、社会、生态文明和党的建设等各领域体制机制,法律法规安

---

[①] 《中共中央关于全面深化改革若干重大问题的决定》,人民出版社2013年11月。

排，也就是一整套紧密相连，相互协调的国家制度"①。中国特色社会主义制度是中国特色社会主义的根本保障，"制度问题带有根本性、全局性、稳定性、长期性……真正实现社会和谐稳定，国家长治久安，还是要靠制度，靠我们在国家治理上的高超能力，靠高素质干部队伍。我们要更好地发挥中国特色社会主义制度的优越性，必须从各个领域推进国家治理体系和治理能力现代化"②。

习近平总书记围绕中国特色社会主义制度建设做了系统的论述，在党的十九大报告中指出制度建设中的三个核心。其一，在于"中国特色社会主义最本质的特征是中国共产党领导，中国特色社会主义制度的最大优势是中国共产党领导"③，党的领导是中国特色社会主义制度运行的根本保障，坚定坚持中国共产党在中国特色社会主义制度体系中的核心地位不动摇。其二，在于中国特色社会制度自信，坚定中国特色社会主义制度自信，对中国特色社会制度要有充分肯定和坚定信念，中国特色社会制度自信源于坚持科学社会主义基本原则，当代中国的发展进步，厚重的历史根基以及制度自身的巨大优势，并指出"要把坚定制度自信和不断改革创新统一起来，在坚持根本政治制度，基本政治制度的基础上，不断推进制度体系完善和发展"④。其三，在于需要在实践中不断完善和发展中国特色社会制度，不断完善和发展中国特色社会制度是制度本身的需要，要在改革开放实践当中不断完善和发展制度，要基于历史与现实基础上不断总结经验，以解决现实问题为导向，不断坚持与发展中国特色社会主义制度。

中国特色社会主义基本原则，就是"四项基本原则"，其核心是坚持中国共产党的领导；坚持中国特色社会主义基本制度就是"坚持和完善人民代表大会制度，共产党领导的多党合作和政治协商制度，民族区域自治制度，基层群众自治制度"。社会主义为核心价值取向就是人民民主，中国特色社会主义的目标就是"解放生产力，发展生产力，消灭剥削，消除

---

① 《习近平关于全面深化改革论述摘编》，中央文献出版社2014年版，第24页。
② 《习近平谈治国理政》，外文出版社2014年版，第91—92页。
③ 《决胜全面建成小康社会夺取新时代中国特色社会主义伟大胜利——在中国党第十九次全国代表大会上的报告》，人民出版社2017年版，第20页。
④ 《十八大以来重要文献选编》，中央文献出版社2016年版，第62页。

两极分化，实现共同富裕"。在体制和机制上，就是坚持"党的领导，人民当家作主，依法治国有机统一"。

中国特色社会主义制度是把现代化、中国特色与社会主义相结合并融为一体，在坚持社会主义基本原则和基本制度基础上的政治、经济、文化、社会生态等体制和机制的有机统一的现代化制度体系；是坚持社会主义核心价值取向和目标，以及实现社会主义核心价值取向和目标的体制和机制的有机统一。

（一）中国特色社会主义制度建设的基本内容

中国特色社会主义的制度建设首先是一种现代化的国家系统治理模型与范式，"是全面制度化的中国特色社会主义社会治理"[1]，是围绕着中国特色社会主义这一重大实践主题和基本制度进行的包括政治、经济、文化社会、生态等建设在内的全方位制度性的系统治理。中国特色社会主义制度建设的内容具体体现在政治、经济、文化、社会、生态建设领域。

在政治制度领域，人民民主是社会主义的生命，中国特色社会主义民主政治制度是我们不断完善和追求的目标。在体制和机制上，要始终坚持中国共产党的领导地位不动摇，在此基础上考虑社会转型时期民主的层次性和差异性，民主的渐进性和阶段性，党的领导和人民民主的统一性，以及发展民主法治的重要性。

习近平总书记指出，深化宏观层面的政治体制改革必须坚持正确政治方向，要坚定不移地走中国特色社会主义政治发展道路，推进中国特色社会主义政治制度自我完善和发展。坚定树立正确的发展方向是保证政治体制改革取得成功的关键。

在新时代背景下的国家政治制度具体建设层面，中国特色社会主义制度主要有以下扩充：首先要推进协商民主广泛多层制度化发展；其次通过深化司法体制和运行机制改革，确保司法机关依法独立行使审判权和检察权，健全责权明晰的司法权力运行机制，提高司法透明度和公信力，更好

---

[1] 宇文利：《论中国特色社会主义的制度治理——习近平治国理政思想的总体特色》，《新疆师范大学学报》（哲学社会科学版）2016年第1期。

保障人权；成立国家安全委员会，制定和实施国家安全战略，推进国家安全法治建设，制定国家安全工作方针政策，研究解决国家安全工作中的重大问题；成立全面深化改革领导小组，统一部署全国性重大改革，统筹推进各领域改革，协调各方力量形成推进改革合力，加强督促检查，推动全面落实改革目标任务；加快完善互联网管理机制，坚持积极利用，科学发展，依法管理，确保安全的方针，整合相关机构职能，形成从技术到内容，从日常安全到打击犯罪的互联网管理合力，确保网络正确运行和安全。①

在党的建设问题上，中国共产党从提出"中国问题的关键在于党"，"党要管党，从严治党"，到提出"推进党的建设新的伟大工程"，再到提出"加强党的执政能力建设和党的先进性建设"等等，形成了一系列加强党的建设的独创性理论观点。在新时代下，党的建设更是要通过健全反腐败领导机制和工作机制，加强党对党风廉政建设和反腐败工作的统一领导，加强反腐败体制机制创新和制度保障，在新的历史条件下丰富和发展马克思主义建党学说。

在两制关系上，中国特色社会主义在香港和澳门实行"一国两制"的方针，成功地解决了历史遗留问题，也为国际社会解决相似问题树立了典范。和平统一，一国两制，高度自治的方针符合中华民族的根本利益，是党在新形势下治国理政之制度创新，是对马克思主义国家学说的重大发展，是对我国单一制的国家结构形式的突破，是对和平共处五项基本原则的创造性运用。在当今时代背景下，资本主义和社会主义绝非你死我活，而是你中有我，我中有你。社会主义和资本主义既有相互道路和斗争的一面，又有相互联系和协作的一面。一方面，要在共处竞争中借鉴资本主义；另一方面，要在交流合作中防范资本主义。把独立自主和对外开放结合起来，发展马克思的"世界历史"理论。

在经济建设领域，以经济建设为中心是兴国之要，只有推动经济持续健康发展，才能筑牢国家繁荣富强、人民幸福安康、社会稳定和谐的物质

---

① 《习近平谈治国理政》，外文出版社2014年版，第74—85页。

基础。

经济制度体现一定社会形态中最基本、最本质的经济关系，经济制度的选择取决于一国生产力发展水平和具体的社会经济条件。中国特色社会主义基本经济制度在经济制度体系中具有基础性、决定性地位，是中国特色社会主义制度的重要支柱。主要包括以下三个方面。

一是社会主义初级阶段的生产资料所有制。公有制为主体，多种所有制经济共同发展，是我国社会主义初级阶段的生产资料的所有制，决定着我国基本经济制度的根本性质和发展方向。二是社会主义初级阶段的收入分配制度。以按劳分配为主体，多种分配方式并存，是我国社会主义初级阶段的收入分配制度。这一制度，有利于充分调动各方面积极性，有利于实现效率与公平的有机统一。三是社会主义市场经济体制。市场经济体制，是指以市场为配置资源基本手段的一种经济体制。社会主义市场经济体制是适应我国现阶段生产资料所有制的经济体制形式。一方面，在多种所有制经济并存的商品交换关系下，价值规律仍然发挥作用，市场配置资源是最有效的形式；另一方面，要坚持党的领导，更好发挥政府作用，社会主义市场经济本质上是法治经济。

在基本经济制度上，邓小平同志把坚持公有制和按劳分配看作社会主义的根本原则，指出："过去行之有效的东西，我们必须坚持，特别是根本制度，社会主义制度，社会主义公有制，那是不能动摇的。"[1] 同时，又以生产力为标准，在坚持公有制为主体的基础上，允许和鼓励多种所有制经济共同发展，不断完善以公有制和按劳分配为主体的基本经济制度。

中国特色社会主义制度体系的关键是"体系""配套"。邓小平同志深刻认识到，社会主义制度及其改革是自成体系、相互影响的，因而必须加以通盘谨慎考虑，配套协调推进。首先，经济体制改革的配套性。邓小平同志曾谈道："我们最大的试验是经济体制的改革。改革先从农村开始，农村见了成效，我们才有勇气进行城市的改革。城市改革实际上是整个经济体制的改革。"[2] 事实也证明，由农村到城市，由特区到沿海沿江沿边再

---

[1] 《邓小平文选》第二卷，人民出版社1994年版，第133页。
[2] 习近平：《推动我国生态文明建设迈上新台阶》，《求是》2019年第3期。

到内地，形成了整个中国经济体制改革发展的路线图景和网络图景。

社会主义市场经济制度的开创是中国特色社会主义制度的伟大创造。由于社会主义市场经济理论的形成，经济体制改革的深入，社会主义经济制度的开创是中国特色社会主义制度的重大突破。我们率先建立了社会主义市场经济体制，形成了以公有制为主体，多种所有制经济共同发展的基本经济制度。1982年《中华人民共和国宪法》修正案明确规定，中华人民共和国的社会主义经济制度的基础是生产资料的社会主义公有制，即全民所有制和劳动群众集体所有制。社会主义公有制消灭人剥削人的制度，实行各尽所能，按劳分配的原则。国营经济是社会主义全民所有制经济，是国民经济中的主导力量。国家保障国营经济的巩固和发展。在法律规定范围内的城乡劳动者个体经济，是社会主义公有制经济的补充。国家保护个体经济的合法权益。国家通过行政管理，指导、帮助和监督个体经济。

必须构建经济制度体系。习近平总书记指出："深化改革的重点仍然是经济体制的改革。""坚持和完善公有制为主体，多种所有制经济共同发展的基本经济制度，关系巩固和发展中国特色社会主义制度的重要支柱。"为此，第一，"必须毫不动摇巩固和发展公有制经济，坚持公有制主体地位，发挥国有经济主导作用，不断增强国有经济活力、控制力、影响力"。特别是，必须通过改革，推动国有企业完善现代企业制度，增强公有制经济，特别是国有经济发展活力。第二，"积极发展混合所有制经济，强调国有资本、集体资本、非公有资本等交叉持股、相互融合的混合所有制经济，是基本经济制度的重要实现形式，有利于国有资本放大功能，保值增值，提高竞争力。这是新形势下坚持公有制主体地位，增强国有经济活力，控制力，影响力的一个有效途径和必然选择"。第三，"完善国有资产管理体制，以管资本为主加强国有资产监管，改革国有资本授权经营体制；国有资本投资运营要服务于国家战略目标，更多投向关系国家安全，国民经济命脉的重要行业和关键领域，重点提供公共服务，发展重要前瞻性战略性产业，保护生态环境，支持科技进步，保障国家安全；划转部分国有资本充实社会保障基金；提高国有资本收益上缴公共财政比例，更多用于保障和改善民生"。第四，鼓励有条件的私营企业，建立现代企业制度，不断增强经济发展微观基础的活力。第五，必须深化财税体制改革，改进预算管理制度，完善税收制度，建立事权和支出责任相适应的制度等，加快建立现代财政制度。第六，要毫不动摇坚持最严格的耕地保护制度和节约用地制度，在全面考虑土地问题复杂性的基础上，进行周密周全的制度和政策设计，统筹谋划好土地管理制度改革。特别值得一提的是，在全面深化改革的新形势下，习近平总书记指出："现在，我国社会主义市场经济体制已经初步建立，市场化程度大幅度提高，我们对市场规律的认识和驾驭能力不断提高，宏观调控体系更为健全，主客观条件具备，我们应该在完善社会主义市场经济体制上迈出新的步伐。"即提出了"使市场在资源配置中起决定性作用和更好发挥政府作用"，从而更好地处理好"政府和市场关系"这个经济体制改革的核心问题。

在文化建设领域，中国特色社会主义文化制度，是现阶段国家通过宪法和法律等规范社会文化生活，调整以社会意识形态为核心的各种文化生活的基本原则和规则的总和。

要坚持马克思主义在意识形态领域指导地位的根本制度。马克思主义始终是我们党和国家的指导思想，是我们认识世界、把握规律、追求真理、改造世界的强大思想武器。坚持以社会主义核心价值观引领文化建设制度。推动理想信念教育常态化、制度化，弘扬民族精神和时代精神，加强党史、新中国史、改革开放史、社会主义发展史教育，加强爱国主义、集体主义、社会主义教育，实施公民道德建设工程。健全人民文化权益保障制度。坚持以人民为中心的工作导向，完善文化产品创作生产传播的引导激励机制，推出更多群众喜爱的文化精品。完善城乡文化资源配置，健全支持开展群众性文化活动机制，鼓励社会力量参与公共文化服务体系建设。完善坚持正确导向的舆论引导工作机制。坚持党管媒体原则，坚持团结稳定鼓劲，正面宣传为主，唱响主旋律，弘扬正能量。建立健全把社会效益放在首位，社会效益和经济效益相统一的文化创作生产体制机制。深化文化体制改革，健全现代文化产业体系和市场体系，完善以高质量发展为导向的文化经济政策。

对于基本文化制度，持"民族的科学的大众的文化"，又提出了"四有新人"和"三个面向"等等。必须坚持先进文化的指导地位,满足人民日益增长的文化生活需要。

社会主义文化要坚持马克思主义的指导思想,"二为""双百"方针,要"引进来""走出去",文化事业和文化产业共同发展,既要发展自然科学也要发展哲学社会科学。特别是对于文化产业,要"按照一手抓繁荣,一手抓管理的方针,健全文化市场体系,完善文化市场管理机制",还要"积极推进国家知识创新体系建设,为技术创新和科技成果向现实生产力转化提供有效的保障和激励机制"。要"推动教育体系的创新,逐步形成适应终身学习需要的学习型社会,满足人民群众多样化的学习需求"。在新时期进行文化改革时,"我们要继续坚持毛泽东同志提出的文艺为最广大的人民群众、首先为工农兵服务的方向,坚持百花齐放、推陈出新、洋为中用、古为今用的方针,在艺术创作上提倡不同形式和风格的自由发展,在艺术理论上提倡不同观点和学派的自由讨论"[1]。

必须构建文化制度体系。习近平总书记指出:"要在继续大胆推进改革、推动文化事业全面繁荣和文化产业快速发展、建设社会主义文化强国的同时,把握好意识形态属性和产业属性、社会效益和经济效益的关系,始终坚持社会主义先进文化前进方向。""始终把社会效益放在首位。无论改什么、怎么改,导向不能改,阵地不能丢。"[2] "要紧紧围绕建设社会主义核心价值体系,建设社会主义文化强国,完善文化管理体制和文化生产经营机制,建立健全现代公共文化服务体系,现代文化市场体系来做好工作,以此来推动社会主义文化大发展大繁荣。"[3] 这也明确说明了文化体系的内容构成和战略布局。特别是对于社会主义核心价值体系,习近平总书记指出:"要按照社会主义核心价值观的基本要求,健全各行各业规章制度,完善市民公约、乡规民约、学生守则等行为准则,使社会主义核心价

---

[1] 《邓小平文选》第二卷,人民出版社1994年版,第210页。
[2] 曲庆彪、李建平:《邓小平的中国特色社会主义制度建设思想及现实意义》,《理论界》2014年第12期。
[3] 习近平:《关于〈中共中央关于全面深化改革若干重大问题的决定〉的说明》,《人民日报》2013年11月16日第1版。

值观成为人们日常工作生活的基本遵循。"并且"要用法律来推动核心价值观建设"。他还指出："礼仪是宣示价值观、教化人民的有效方式，要有计划地建立和规范一些礼仪制度，如升国旗仪式、成人仪式、入党入团入队仪式等，利用重大纪念日、民族传统节日等契机，组织开展形式多样的纪念庆典活动，传播主流价值，增强人们的认同感和归属感。一些重大礼仪活动要上升到国家层面，以发挥其教育教化作用。"在习近平总书记和党中央的提倡下，我国新设立了一些重大纪念日，如9月30日的中国烈士纪念日，12月13日的南京大屠杀死难者国家公祭日，9月3日的中国人民抗日战争胜利纪念日。在全面改革的背景下，党的十八届三中全会就完善文化管理体制，完善文化市场准入和退出机制，健全坚持正确舆论导向的体制机制，建立健全现代公共文化服务群众评价和反馈机制，完善公共文化服务竞争机制等各个方面进行了重要部署。2015年9月11日，中共中央政治局会议通过了《关于繁荣发展社会主义文艺的意见》，强调要形成党委统一领导，宣传部门牵头抓总，文化、教育、新闻出版、广电、文联、作协等部门和团体协同推进，社会各方面积极参与的文艺工作新格局；要不断深化改革，完善体制机制，加强和改进文艺评奖管理，切实提高评奖公信力和影响力。

在社会建设领域，以公平、平等、和谐为价值取向，提出并引导人们追求一种经济富足、政治民主、思想自由、生态美好、社会公平的和谐社会目标，按照"五个统筹"的要求，建立和完善社会管理体制和运作机制。推动建设和谐社会最重要的是以改善民生为重点；突出"一个重大任务"，就是促进社会公平正义；达到使全体人民学有所教，劳有所得，病有所医，老有所养，住有所居"五个有"的目标。社会建设与经济建设、政治建设、文化建设和生态文明建设构成了"五位一体"总体布局，是中国特色社会主义伟大事业的重要组成部分。党的十七届二中全会指出，要在经济发展的基础上，不断扩大公共服务，逐步形成惠及全民、公平公正、水平适度、可持续发展的公共服务体系，切实提高为经济社会发展服务，为人民服务的能力和水平，更好地推动科学发展，促进社会和谐，更好地实现发展为了人民，发展依靠人民，发展成果由人民共享。1977年8

月8日，邓小平同志在谈到科学和教育的体制，机构问题时说："我总觉得科学、教育目前的状况不行，需要有一个机构，统一规划，统一调度，统一安排，统一指导协作。……正像有的同志说的，只要我们充分发挥社会主义制度的优越性，把力量统一地合理地组织起来，人数少，也可以比资本主义国家同等数量的人办更多的事，取得更大的成就。"① "体制搞得合理，就可以调动积极性。要争取时间，快一点调整好。"② 他又说："教育要狠狠地抓一下，一直抓它十年八年。我是要一直抓下去的。我的抓法就是抓头头，抓方针。重要的政策、措施，也是方针性的东西，这些我是要管的。"③ 1978年3月8日，在全国科学大会上他说："中央规定，科学研究机构要建立技术责任制，实行党委领导下的所长负责制。这是重要的组织措施。"④ 各种生产关系，寻求制度运行机制的有机统一，达到有中国特色社会主义制度建设的目标。

党的十九大报告中所指出，今天我国社会的主要矛盾已由"人民日益增长的物质文化需要同落后的社会生产之间的矛盾"转变为"人民日益增长的美好生活需要和不平衡不充分的发展之间的矛盾"。随后又指出"我国稳定解决了十几亿人的温饱问题，总体上实现小康，不久将全面建成小康社会，人民美好生活需要日益广泛，不仅对物质文化生活提出了更高要求，而且在民主、法治、公平、正义、安全、环境等方面的要求日益增长"。因此，社会建设是新时代发展中国特色社会主义制度的关键环节，关系到民生发展和人民群众的根本利益。社会发展的不充分、不平衡是"人民日益增长的美好生活需要"得到满足的制约条件，既有的社会民生事业发展成果并没有实现在社会成员之间的合理均衡配置，集中体现在诸如教育资源、公共医疗卫生资源、社会保障（失业、养老、医疗等）资源等在不同省（市）之间、城乡之间、不同编制成员之间配置分布的失衡，当然也体现在收入分配、就业机会等的不公平上。社会建设实际上是通过

---

① 《邓小平文选》第二卷，人民出版社1994版，第52页。
② 《邓小平文选》第二卷，人民出版社1994版，第54页。
③ 《邓小平文选》第二卷，人民出版社1994版，第70页。
④ 《邓小平文选》第二卷，人民出版社1994版，第97页。

促进人们对于既有发展成果充分合理的共享达成"共同富裕"之"共同"，来实现和提升既有发展成果在满足广大人民群众对于美好生活需要上的效用。[1] 坚持社会建设就是要求解决发展的不平衡不充分问题，完善收入分配制度，使得发展成果全民共享，最终实现共同富裕。社会建设是中国特色社会主义事业总体布局中的重要内容，中国共产党成立一百年来，始终坚定不移地领导社会建设事业，并取得重大进展。回望过去，中国共产党领导社会建设经历了新民主主义革命时期的起步奠基，社会主义革命和建设时期的探索发展，改革开放新时期的调整改革，新时代的深化创新四个历史发展阶段，给我们留下宝贵的经验：始终坚持党的领导是社会建设的核心，始终坚持以人民为中心是社会建设的目标，始终坚持与中国的实际国情相适应是社会建设的前提，始终坚持民生建设是社会建设的重点，始终坚持制度理论创新是社会建设的关键。[2]

中国社会建设的发展始终坚持党的领导核心地位，这是中国特色社会主义制度的最大优势，也是中国和西方在推进国家和社会建设层面上最根本的区别。始终坚持党的领导核心地位，是中国特色社会主义社会建设不断取得胜利的根本保证。新时代必须坚持以人民为中心的价值取向，这是根本性问题，必须不断满足广大人民群众的需求，保障人民群众的根本权益，依法确保社会公平正义，以此推动社会建设的长期向好发展。要实现社会建设的良性发展，必须找到符合自身实际的社会建设政策。在社会建设领域，从中国的实际情况出发，必须始终坚持中国特色社会主义社会建设模式。随着进入新时代我国社会治理环境的发展变化，党的社会建设政策也需要及时跟进，不断调整与完善。这就需要我们在中国特色社会主义社会治理中继续坚持多元主体理念，凝聚社会广泛共识，不断提升社会建设水平，为推进国家治理现代化提供有效路径支持。[3]

在生态文明建设领域，坚持全方位、全地域、全过程开展生态文明建

---

[1] 王小章：《社会主要矛盾、共同富裕与社会建设》，《山东大学学报》（哲学社会科学版）2022年第2期。
[2] 刘志昌：《中国社会建设的发展历程、经验与展望》，《新疆社会科学》2021年第4期。
[3] 刘志昌：《中国社会建设的发展历程、经验与展望》，《新疆社会科学》2021年第4期。

设，坚持保护一体化的生态环境和系统治理的方法。在中国特色社会主义"五位一体"总体布局中，生态文明建设是重要一环及重要的物质支撑，因此要坚持将生态文明融入其他各项文明建设中，又坚持将生态文明作为其他各项文明建设的可持续前提和条件。习近平总书记指出："生态文明建设做好了，对中国特色社会主义是加分项，反之就会成为别有用心的势力攻击我们的借口。"显然，生态文明建设是中国特色社会主义事业的重要组成部分，同时丰富和发展了中国特色社会主义的科学内涵。建设人与自然和谐共生的现代化为中国式现代化提供了可持续保证。在中国特色社会主义进入新时代的基础上，我们进一步完善了中国式现代化新道路。只有在社会主义现代化的基础上，我们才能实现中华民族的伟大复兴。党的十九届六中全会在总结党的十八大以来工作成就和工作经验时指出："在生态文明建设上，党中央以前所未有的力度抓生态文明建设，美丽中国建设迈出重大步伐，我国生态环境保护发生历史性、转折性、全局性变化。"习近平总书记提出，必须"坚持山水林田湖草沙冰一体化保护和系统治理"[1]，"要从系统工程和全局角度寻求新的治理之道"，"全方位、全地域、全过程开展生态文明建设"[2]。

习近平总书记同时指出："我国建设社会主义现代化具有许多重要特征，其中之一就是我国现代化是人与自然和谐共生的现代化，注重同步推进物质文明建设和生态文明建设。"要坚持新发展理念，坚持创新发展、协调发展、绿色发展、开放发展、共享发展。在新时代推进中国特色社会主义伟大事业的过程中，总体布局是系统蓝图，体现了我们党对生态文明建设规律的科学认知，体现了生态文明建设在中国特色社会主义事业中的重要战略地位，体现了党对生态文明建设的科学部署和系统要求[3]。按照"绿水青山就是金山银山"理念，我们应坚持将绿色发展看作涉及空间格局、产业结构、生产方式、生活方式等一系列领域的全面的绿色化变革过程，力求将我们的现代化建设成生态化的现代化。这样，就为生态文明建

---

[1] 新华社：《习近平在西藏考察时强调全面贯彻新时代党的治藏方略谱写雪域高原长治久安和高质量发展新篇章》，《人民日报》2021年7月24日第1版。
[2] 习近平：《推动我国生态文明建设迈上新台阶》，《求是》2019年第3期。
[3] 张云飞：《始终坚持生态文明建设作为"国之大者"——论党的十八大以来我国生态文明建设的重要成就与宝贵经验》，《国家治理》2021年第46期。

设奠定了坚实的社会基础，推动了生态文明建设。[1] 从全国"一盘棋"出发，坚持把绿色发展、协调发展和共享发展的理念融入城乡、区域、流域的协调发展当中，努力促进国内生态文明空间结构要素的均衡和协调[2]。总之，坚持全方位、全地域、全过程开展生态文明建设的要求，是唯物辩证法系统方法论在生态文明建设领域的创新运用和发展，促进我国生态环境保护和生态文明建设发生了历史性、转折性、全局性的变化[3]。

中国特色社会主义制度建设是以上五个领域的体制和运行机制有机统一的整合过程，它们是在坚持社会主义基本原则和基本制度基础上不可分割的组成部分。在这个整合过程中，要运用制度社会学的理论对各个领域的新旧制度进行评价，甄别哪些新的或旧的制度体现着中国特色社会主义的价值取向，从而坚持弘扬；哪些新的或旧的制度与中国特色社会主义价值取向相背离，要加以摈弃批判。这个过程是艰难和漫长的，一方面制度的变迁有"堕距性"，另一方面是传统农业社会和社会主义计划经济体制下形成的社会关系与现代工业社会，后工业社会和市场经济体制下要求的社会关系之间整合的复杂性。在整合的过程中，我们始终要坚持社会主义方向，解放生产力，发展生产力，在生产力的发展过程中，调整各种生产关系，寻求制度运行机制的有机统一，达到有中国特色社会主义制度建设的目标。

(二) 中国特色社会主义制度建设的目标

邓小平同志在1992年"南方谈话"中提出了中国特色社会主义制度建设的目标，但在时间节点、具体目标上是比较模糊的。[4] 党的十八大以来，党的领导核心依据国家社会所处的历史方位，并立足于邓小平同志的基础规划，对中国特色社会主义制度建设的目标进行了明确化、具体化。

---

[1] 张云飞:《始终坚持将生态文明建设作为"国之大者"——论党的十八大以来我国生态文明建设的重要成就与宝贵经验》,《国家治理》2021年第46期。

[2] 张云飞、李娜:《习近平生态文明思想的系统方法论要求——坚持全方位全地域全过程开展生态文明建设》,《中国人民大学学报》2022年第1期。

[3] 张云飞、李娜:《习近平生态文明思想的系统方法论要求——坚持全方位全地域全过程开展生态文明建设》,《中国人民大学学报》2022年第1期。

[4] 刘西山:《习近平中国特色社会主义制度思想论析》,《理论界》2015年第11期。

习近平总书记指出:"我们要坚持以实践基础上的理论创新推动制度创新,坚持和完善现有制度,从实际出发,及时制定一些新的制度,构建系统完备、科学规范、运行有效的制度体系,使各方面制度更加成熟更加定型,为夺取中国特色社会主义新胜利提供更加有效的制度保障。"① 在此基础上,在党的十九届四中全会上提出了坚持和完善中国特色社会主义制度,推进国家治理能力和治理体系现代化的总体目标,并对此进行"新三步走战略"。第一步,到建党一百周年的时候,即到2020年要全民建成小康社会;第二步,到建国一百周年的时候,即2049年实现社会主义现代化;第三步,在前两个一百年奋斗目标的基础上,实现中华民族伟大复兴的中国梦,这一构想已经实现了第一步,并且为中国特色社会主义新时代的前进道路赋予时代的指向和具体节点目标。

中国制度建设的目标是建立公平、正义、活力、效率、自由、秩序的中国特色社会主义现代化规范体系。这一规范体系的产生、发展和实现的内在机理,面临着一系列特殊的现实问题:如资本主义和社会主义现代化传统模式对中国式现代化进程的制约,现代化的后发优势与内在生长力的培育,如何对待社会主义现代化传统模式;如何实现中国式现代化与世界现代化的统一;如何持久地推进和拓展中国式现代化;如何化解传统农业社会的规范体系与现代工业社会规范体系之间的矛盾;如何适应后工业社会新的规范体系的要求;等等。

中国特色社会主义的制度建设构筑起中国特色社会主义的科学发展道路,培育着新时代国家社会发展的新模式。中国式现代化在遵循现代化共同规律的同时必须立足于中国的传统社会基础,着力解决中国现代化的特殊问题,如经济发展与政治稳定、民主与效率、集权与分权、全球与民族等问题。

---

① 习近平:《紧紧围绕坚持和发展中国特色社会主义学习宣传贯彻党的十八大精神》,《人民日报》2012年11月19日第1版。

# 第二部分　社会学制度分析范式

本研究考察的社会学制度分析范式①，采取的逻辑方法是先归纳，后演绎，即先总论后分论的路径，先研究社会学不同发展时期和不同流派制度分析的范式，然后研究二十一位社会学家的制度分析范式。

社会学制度分析范式的研究，在国内外属前沿问题。在国外，社会学尽管早已把制度作为其研究的内容之一，例如，社会学家对社会分层、群体、组织、家庭等课题的研究都是以制度设置为基本出发点的。但是，长期以来社会学一直是在制度的起源、发展、变迁和制度在社会结构中的功能等方面进行探索②，较少涉及从制度成本——收益的经济学视角考察制度。③ 社会学的这种分析范式在 20 世纪下半叶受到了来自经济学的巨大冲击，特别是自 20 世纪 70 年代以来，由于新制度经济学派的兴起，制度被认为是影响经济增长效率的重要变量，从而改变了社会学制度分析范式的路径，社会学新制度主义也油然而起。这种变化促进了社会学制度研究的重要发展。人们对"市场失效"以及社会制度设施重要性的认识强化了社会学对经济现象的解释能力，从而促发了经济社会学的迅速兴起。但是，经济社会学对制度分析依然注重的是成本——收益和制度效率及其与经济发展之间的关系，对制度及其变迁的价值意蕴和道德指涉关注较少。在国内，学者们对社会学制度分析范式的研究较为有限。现有成果的特征一是

---

①　笔者以"差异与融汇：社会学和经济学制度分析范式的比较"为题目在《陕西师范大学学报》（社会科学版）2013 年第 6 期发表，此处进行了修改。
②　刘少杰：《制度研究在社会学中的兴衰与重建》，《江苏社会科学》2006 年第 3 期。
③　[美] Mark Granovetter、梁玉兰：《作为社会结构的经济制度：分析框架》，《广西社会科学》2001 年第 3 期。

从社会学或经济学学科单一视野研究，缺少其他社会科学学科的分析范式[1]。二是社会学领域一个社会学家或者两个社会学家对制度分析范式之间的比较[2]。从社会学人文关怀的价值意义与经济学成本——收益的效率两个视角，同时进行系统的比较研究很少[3]。这使得社会学制度分析范式的比较研究具有重要的学科意义和实践意义。

理论上，就此可以梳理出社会学学科内社会学家以及不同时期和不同理论流派对制度分析的特殊范式和学科的一般范式，在比较社会学家与不同时期和不同社会学理论流派制度分析范式的差异中，彰显社会学学科的独特理论特征。这对我们解释和理解在历史上和现实中各种制度的产生、功能、变迁和价值意义有着极强的启示，对制度社会学分支学科的建立具有直接的学术意义。

实践上，对中国社会现代化具有极强的实践意义。"建设有中国特色的社会主义"，"特色"的一方面表现为实现的最终目标体现出的社会思想不同，即社会制度的价值意蕴与早发资本主义现代化国家不同；"特色"的另一方面表现为实现的方式不同，即提高经济效率的制度安排，与早发现代化国家不同。因此，通过社会学制度分析范式的研究，可以使我们对中国社会各种制度变革的价值意义和道德指涉有较为科学的把握。社会学制度分析范式使我们看到，社会转型表现为制度的变迁，制度变革是有着极其深刻的价值意蕴的，它体现了社会主体的发展理念、价值观念和目标，所以制度的变革应该彰显出有中国特色社会主义的价值指向。当然，制度变革本身也是有成本的，成功的改革应是成本最低的改革；所以寻求一种既要变革又要维护各方利益的低成本的改革方式，就成为改革的一项非常重要的内容。

范式（Paradigm）概念是美国科学哲学家托马斯·库恩最早提出来的，是库恩历史主义科学哲学的核心。库恩把形成某种科学特色的基本观点称

---

[1] 张理智：《制度分析的误区、困难和出路》，《当代财经》1996年第10期。
[2] 张建华：《评加尔布雷思与科斯的制度分析》，《经济评论》1994年第4期。林勇：《制度分析：马克思与诺斯比较》，《当代经济研究》1994年第2期。
[3] 赵靖伟、司汉武：《关于制度的社会学研究综述》，《西北农林科技大学学报》（社会科学版）2008年第2期。

为这种科学的范式①。他认为科学界是一个流行的范式所控制的,哪个范式代表科学界的世界观,它就指导和决定问题,数据和理论的选择,一直到另一个范式将其取代。他的范式理论是现代科学中整体性观点和整体性方法在哲学上的反映。库恩曾在二十多种意义上使用范式②,概括他的关于范式的种种用法和论述,可以看出:范式是包括规律、理论、标准、方法等在内的一整套信念,是某一学科领域的世界观,它决定着某一时期的科学家观察世界、研究世界的方式。但在今天,范式这一概念早已超出了库恩赋予给它的原义,它被广泛地用来表征或描述一种理论模型,一种思维方式,一种框架,一种理解现实的体系,科学共同体的共识。

其实范式,就是科学家之间围绕假设、方法论原则、技术、事例等形成的一致看法,以至最终形成的一种学术思想和叙述概念体系。因此,范式可以说是作为一切学术探讨基础的思想、技术和方法论的"模子",其实质是一种语言方式③。但是,在库恩那里,范式主要指自然科学的范式,而且一旦形成某种自然科学范式,就很难改变,如牛顿的力学、爱因斯坦的相对论、达尔文的进化论和哥白尼的太阳中心说等等。不过当一种自然科学范式的缺陷随着时间的推移而变得越来越明显时,一个新的范式就会出现并取代旧的范式。然而在社会科学里,范式的更替与库恩所说的并不相同。自然科学家相信一个范式取代另一个范式代表了从错误观念到正确观念的转变。在社会科学领域,理论范式只有是否受欢迎的变化,很少被完全抛弃。社会科学的范式提供了不同的观点,每个范式都提到了其他范式忽略的观点,同时也都忽略了其他范式揭露的一些社会生活维度④。

在社会学中,"制度"这一概念在解释个体和群体行为,以及社会稳定与变迁中扮演着非同寻常的角色。古典社会学和微观社会学关于制度及其框架在社会中的解释也存在着争议。这两种学科内部及其之间的争议都

---

① 谭斌昭、杨永斌:《试论托马斯·库恩的"范式"概念》,《教育理论与实践》2007年第27卷S1期。
② 史阿娜:《"范式"涵义知多少——对库恩范式概念的再整理和再思考》,第二届中国科技哲学及交叉学科研究生论坛论文集(硕士卷),中国北京,2008年12月,第52—55页。
③ 彭德琳:《新制度经济学》,湖北人民出版社2002年版,第11页。
④ [美]艾尔·巴比:《社会研究方法》,华夏出版社2000年版,第57页。

极大地受到了方法论差异的影响。这使得古典社会学和微观社会学之间在制度分析方面的学术对话和学术成果的产出就极为困难。因此，我们在研究之前就先要对制度、制度框架和人类行为进行梳理。

制度是规范人类行为的规则，制度框架是或多或少地相联系的一系列规则，它塑造和限制人类行为。在这一定义中，有两个相关术语：规则和行为。在制度文献中，规则的重要范畴包括习惯、惯例、风俗和法规。习惯是有点意识的行为规律，它必须使生活更便利。惯例是更为紧要的规律。家庭和生产户可以利用惯例来使养育儿女或使某个生产过程更为有效。风俗是具有道德含义的行为规则。人们希望彼此都能根据某种风俗行事。法规是由政府制定的，目的是控制人类行为。

制度框架是一套相互交错的规则或制度，旨在规范特定情景下的行为。它具有一定程度的连贯性，否则这一框架在实现其目标时不是很有效。经济中制度框架的重要例子有社会保障制度和货币制度。

制度与制度框架关系密切。一种制度的功能只能在多数或所有制度都受到尊重时才能发挥好作用。然而，多数制度的意义只有当它们是某个制度框架的组成部分时才存在。实际上，我们可以想象制度和制度框架的层次体系。所以，一种经济的制度框架由众多相互关联的框架组成。例如，货币制度和劳资市场制度。这两种制度本身就是由许多子制度组成的框架。

现在，我们明白了什么是制度、制度框架和人类行为，接下来我们可以尝试分析这些概念和现象之间的错综复杂关系。在下面两部分内容里，我们将展示社会学在这一领域的分析范式。

目前重要的是对人类行为进行定义。一些方法只关注观察人类行为时获取的感性资料。而另外一些方法则认为人类的思想和情感也是一种现实。我们认为反映人类世界观的情感和思想也是现实的重要组成部分。例如，一个穆斯林信徒，他的行为和形成他思想的穆斯林方式都是制度现实的组成部分。对人类世界观的认识可以帮助我们更好地理解人类行为。因此，制度也可以指塑造和限制人类思想和情感的规则。我们的意识、体系和世界观，以及源自这些观念的价值观和道德观在我们的思想中被制度化。当然，塑造人类思想的制度和塑造外在人类行为的制度之间关系紧密。

本研究中有"制度思想""制度分析""对制度的分析""制度分析范式"等不同的表述。这些表述出现的语境不同，所指涉的含义也不一样。"制度思想"是某位社会学家对制度内涵和外延、制度起源、制度类型、制度特征、制度形成途径、制度功能与作用、制度变迁等方面的一系列的总体认识，是其拥有的一系列观点。"制度分析""对制度的分析"是研究该社会学家制度思想时使用的词语。"制度分析范式"是社会学家围绕"社会制度"的假设、方法论原则、技术、事例等形成的一系列认识，以至最终形成的一种学术思想和叙述概念体系。因此，社会学"制度分析范式"，就是对在社会学学科发展进程中，不同时期和主要社会学家围绕"社会制度"形成的基本理论假设。

在社会学史上，在不同的发展阶段，都有着非常丰富和庞杂的制度研究成果。本研究将按照古典、现代和当代三个时期，并且在这三个时期按照不同理论流派的路径，梳理社会学制度分析的范式。

在社会学内部，早期社会学大师们，如孔德、迪尔凯姆、马克思、韦伯、斯宾塞、滕尼斯、齐美尔等主要关注制度在社会秩序中的作用，但是他们的观点各不相同；20 世纪以来形成的结构功能主义、冲突论、互动论、交换论和当代吉登斯的结构化理论、哈贝马斯的批判理论等，对制度假设的主要论点也各不相同。社会学注重制度的起源、形成途径、特征、构成要素、功能、变迁及其制度存在和变迁的价值意蕴。在制度分析的层次上，偏重于中尺度的观察，即各个社会活动领域的制度，如经济制度、家庭制度、文化制度、教育制度、政治制度、法律制度、宗教制度等。

## 一　古典社会学制度分析范式

我们将形成于 19 世纪下半叶和 20 世纪上半叶的社会学称为古典社会学。它从宏观层面研究社会：社会整体。功能主义者将社会看作一个有机体，并将各种制度看作不同的器官。如果一些器官不能良性运转，就会影响到其他器官功能的正常发挥。所有的器官只有良性运转，才能创造一和谐社会。社会只有达到一定程度的和谐，才能取得经济和社会的进步。然而，冲突论者将社会看作一个不同群体相互搏斗的竞技场，尤其是在经济领域中占重要地位的群体之间的相互搏斗。权力在冲突各方中处于不平衡的分配状态。占统治地位的一方从经济上、社会上和政治上统治着处于被统治地位的一方。冲突有力地影响着社会文化和制度。进步的一方如果能促使制度变革成功，社会则会进步。进步的一方就是能从新的生产技术中获取最大利润的一方。例如，18世纪欧洲资产阶级反对贵族的斗争，和19世纪、20世纪无产阶级反对资产阶级的斗争，都是对这种机制的很好说明。

古典社会学中，在制度研究的方法论上，主要有整体主义和个体主义两种取向：整体主义以迪尔凯姆为代表，个体主义以韦伯为代表。他们分别从两种相互对立的方法论出发研究制度，反映了社会结构与个人行为之间的矛盾，这也是社会学基本矛盾表现的具体形式。

孔德、迪尔凯姆、韦伯和马克思等人的社会学理论，其主要内容都是对制度的本质、形式与分类的阐释，是对制度的变迁、建构与批判的概括。

在孔德的社会学设想中，各种社会制度是在他的研究视野之中的，他认为，对人类社会文明史的考察要通过对社会制度的分析来实现。他指出的社会制度包括家庭制度、政治制度、经济制度等，并详细分析了家庭制度对于社会的基础作用。在把人类生活当作一个体系的思路之下，对社会制度的分析成为认识社会的基本门径。

斯宾塞把社会比作一个有机体，它的主要器官系统包括家庭制度、礼仪制度、政治制度和教会制度。他在《社会学原理》中详细分析了这些制度对于维持社会这个有机体的功能。斯宾塞强调社会学分析的价值判断。斯宾塞指出："让我在这儿清楚地指出硬暗示了的真理，科学地研究社会学，将产生对政治的、宗教的和其他各种不同派别的更公平的价值判断。"[①]

---

[①] ［英］赫伯特·斯宾塞：《社会学研究》，张宏晖、胡江波译，华夏出版社2001年版，第361页。

"迪尔凯姆从社会结构角度来研究制度，将制度理解为一种行为方式或模式。"① 迪尔凯姆坚持强调方法论整体主义，即假定了制度不仅不可还原或简约为个人的行为，反而作为外在于个人的一种力量，对于个人的行为产生强制性约束作用。韦伯虽然也认为制度对于个人的社会行为具有约束力，但是，他认为制度却是一种人们能够理解的社会关系的意义内容。

　　迪尔凯姆对于制度的研究开启了社会学制度研究的先河，规定了社会学制度研究的基本方向与主要内容，同时也为社会学制度研究的进一步发展设置了障碍。如对微观的"搭便车"或"坐享其成"等问题则无法从宏观研究顺利地过渡到微观研究，不能全面而合理地解释微观层面的社会现象。而韦伯坚持的方法论个体主义制度研究取向，虽然具有较为明显的主观性特征，但却能较为有效地从微观研究过渡到宏观研究。韦伯在研究新教伦理与资本主义精神两者关系时发现，新教徒个人的理性行为受到包括新教伦理在内的制度的约束与限制，于是他从这一观点出发进一步解释了资本主义精神这一宏观社会现象。

　　韦伯的解释社会学从个人的社会行为角度研究制度，并较为系统地研究了制度的含义、制度的各种具体形式及其相互关系等。韦伯在《经济与社会》里，开卷就提出了社会学的概念。"社会学应该称之为一门想解释性地理解社会行为，并且通过这种办法在社会行为的过程和影响上说明其原因的科学。同时'行为'应该是一种人的举止，如果而且只有当行为者或行为者们用一种主观的意向与它相联系的时候。然而，'社会的'行为应该是这样一种行为，根据行为者或行为者们所认为的行为的意向，它关联着别人的举止，并在行为的过程中以此为取向。"②

　　之后韦伯对社会行为的解释就更加详尽，特别是决定社会行为的"意向"和"取向"的解释。他说："社会行为可能是以其他人过去的，当前的或未来所期待的举止为取向。"③ "在社会行为之内，可以观察到实际的

---

　　① [法] 埃米尔·迪尔凯姆：《社会学方法的准则》，狄玉明译，商务印书馆2002年版，第19页。
　　② [德] 马克斯·韦伯：《经济与社会》，林荣远译，商务印书馆1998年版，第40页。
　　③ [德] 马克斯·韦伯：《经济与社会》，林荣远译，商务印书馆1998年版，第54页。

规律性，亦即在相同的行为者中相同类型的，所认为的意向上重复出现的或者（也可能同时）在众多的行为者传播开来的行为过程。社会学研究行为过程的这些类型。"①

韦伯认为："只有当行为（一般地和接近地）以可以标明的'准则'为取向，我们才想把一种社会关系的意向内容称之为一种'制度'"②。"制度应是任何一定圈子里的行为准则。"③ 因此，他认为制度指的是一种社会行为发生的根据、准则，社会行为就是以制度为取向而发生的，因而制度对于社会行为具有约束力或榜样的作用。

韦伯进一步研究了制度的具体形式及其相互关系。韦伯认为，习惯、习俗、惯例以及法律都是制度的具体形式，其间还互相转化、互相过渡，而且它们之间相互转化、相互过渡的界限是模糊的。韦伯认为："一种调节社会行为规律性的实际存在的机会应该称之为习惯。如果并且只要这种规律性存在的机会仅仅由于事实上的实践而在一定范围内的人当中存在。要是事实上的实践是建立在长期约定俗成的基础之上，那么习惯就应该称之为习俗。""'习俗'是一种外在方面没有保障的规则，行为者自愿地事实上遵守它。""'时尚'也属于习惯"④，"'法'是一种具有某些特殊保证其经验适用机会的'制度'"⑤，"法的制度天衣无缝地，没有任何阶梯地过渡到另一个领域，这就是'惯例'以及'习俗'领域。"⑥ "显而易见，对于社会学来说，从'习俗'到'惯例'，从'惯例'到'法'，其过渡界限是模糊的。"⑦

韦伯采取多元论的观点，认为阶级关系只是划分社会群体关系的一种，更倾向于把社会看作市场或类似于竞技场，把制度看成不同群体围绕某种利益展开的冲突关系。

---

① ［德］马克斯·韦伯：《经济与社会》，林荣远译，商务印书馆1998年版，第60页。
② ［德］马克斯·韦伯：《经济与社会》，林荣远译，商务印书馆1998年版，第62页。
③ ［德］马克斯·韦伯：《经济与社会》，林荣远译，商务印书馆1998年版，第345页。
④ ［德］马克斯·韦伯：《经济与社会》，林荣远译，商务印书馆1998年版，第60页。
⑤ ［德］马克斯·韦伯：《经济与社会》，林荣远译，商务印书馆1998年版，第347页。
⑥ ［德］马克斯·韦伯：《经济与社会》，林荣远译，商务印书馆1998年版，第356页。
⑦ ［德］马克斯·韦伯：《经济与社会》，林荣远译，商务印书馆1998年版，第362页。

韦伯著作大部分都是围绕着各种制度类型展开的，如在《经济与社会》中的绝大部分章节就是解释各种社会行为所反映的某种社会关系的意向和取向的，包括经济制度、政治制度、宗教制度、家庭制度等。

马克思主义认为，社会是由不同的阶级构成的，制度反映的是阶级之间权力和资源分配的不平等关系，反映的是统治与被统治的关系，阶级间的冲突导致了制度变迁，制度分析就是要揭示阶级之间在权力和资源分配上的不平等。

美国最早的社会学家萨姆纳认为研究民俗社会的入手点就是分析各种制度。这种观点比较近似于人类学的研究思路，即分析一个具体的社会得以存在和发展的基础和这些基础性活动所反映的规范体系。在社会学的早期，当人们去研究一个不太发达的具体社会的内在运行机制时，社会制度成了研究的基本对象。

古典社会学在方法论上具有如下特点。它的本体论包括下面两个结论：（1）人类行为是群体行为；（2）社会由一些主要的制度组成。它似乎在描述和解释一个现实的世界，而不是隔离的世界。它的认知论是典型的归纳法。迪尔凯姆是第一位进行实证研究的极其重要的社会学家。

从方法论的角度看，古典社会学家倡导宏观历史方法，而不是微观学方法。个体行为由其所属的群体的特征所决定，群体行为由社会情境决定。个体行为的变化产生于群体行为的变化，这些变化是社会制度变迁的结果。社会制度的变化产生于不同群体，尤其是经济上占重要地位的群体间权力关系的变化。这些变化又是国家技术发展的结果。最终，人类行为的每次变化都是人类关于宇宙万物行为的知识增长的结果。对宇宙万物包括人类社会的功能了解越多，则意味着对自然与社会进程的控制力越强。最终，越强的控制力意味着是全人类更多的繁荣和和平。改善人类环境是对自然科学和社会科学的挑战。采用归纳法的实证研究必须总结出进化过程赖以进行的机制。

"二战"后一段时期，越来越多的社会学家反对宏观方法论，这一方法论曾在他们的研究领域占主导地位。他们开始分析小群体内的个体行为。根据他们的理论，不是群体，而是个体在决策，并采取相应行动。个体在与他人的不断互动中进行决策。因此，社会互动是非常重要的，但这一过程并不发生在宏观社会层面。有意义的社会学研究从小群体层面开始。在这些小群体内，个体彼此之间有经常的面对面的交流，而且人们很容易根据共识，制定出一系列共同遵守的价值和道德观念。在这些共识的基础上，人们制定出制度来约束群体内成员的行为。如果所有的成员都进行了完美的社会化，则个体行为和群体行为间的差异不复存在。通过复杂交织的网络体系，来自更大机构或来自同一社会的不同小群体，都在不断影响彼此的文化和制度。如果这些小群体在进入大群体的社会化过程中很完美，就可以产生稍大一点的中观层面的制度。如果一个社会只有少数几个主要功能已经制度化，并有效地相互作用，那么，政府制度的主要职责就是加强和维持社会的凝聚力。

## 二 现代社会学制度分析范式

在现代社会学研究中，当从功能主义视角去分析社会的分化与整合时，社会制度也是基本的入手点。

功能主义的逻辑第一个基本思想是，在一定社会条件下，人们追求个人利益的行为会产生一种潜在的功能，导致了有利于群体整合的观念，制度的产生和延续。功能主义从制度的功能上进行分析，强调社会秩序的建立，社会团结的形成，主张制度要满足社会的共同需求，认为社会需求的变化引发了制度变迁，通过功能分化形式实现制度的功能。

功能主义理论认为稳定的社会秩序依赖行动在行动时遵守规范或规则，规范或规则是社会立于个人预先决定的，行动者意识中被内化的德性规范对维持社会秩序至为关键。[①]

帕森斯作为功能主义的代表人物，整合了迪尔凯姆与韦伯在制度研究方法论上的整体主义和个体主义取向。他在方法论上强调方法论整体主义与方法论个体主义之间的整合，即把方法论个体主义整合到方法论整体主义的框架中。这主要是通过构建综合的社会行动理论与综合的社会系统理

---

① 杨善华：《当代西方社会学理论》，北京大学出版社1999年版，第52—53页。

论实现的,并且在整合制度与个人行为之间的关系中展开制度研究,即在理论基础上注重两者之间的互动与统一,又在制度框架中整合进个人行为。因而实际上,帕森斯极大地削弱了迪尔凯姆秉持"强"方法论整体主义,利用并发挥了韦伯的方法论个体主义的优势。帕森斯具体和直接的制度研究成果体现在他的综合的社会系统理论中,他主要的观点是:(1)个人的行动是由一定的目标所指引的;(2)个人的行为发生在一种情境中,在此情境中有一些既定的因素,而其他因素则作为达到目的的手段被行动者利用;(3)个人的行动要在目的和手段的选择方面进行规范性调节。帕森斯的观点简略地讲就是,个人的行动是受现有的制度调节(规范性调节)后发生的。这种制度调节或规范性调节在他的综合的社会系统理论中就是支配每个人选择的主观取向。帕森斯将个人的主观取向分为两类,即动机的取向与价值的取向。动机取向就是行动者希望最大满足与最小损失。它的一个功能就是努力平衡带有长远目标的直接需要;价值取向就是支配着个人选择和对不同需要和目标优先考虑的规范性标准。[1]

### 三 当代社会学制度分析范式

帕森斯功能主义在 20 世纪 60 年代遭到猛烈批判后,一些学者开始用韦伯和马克思的社会学视角研究社会制度。学者们理论的反思催生制度研究在当代出现了冲突论,布迪厄的实践理论、常人方法学、交互理论,理性选择理论,吉登斯的结构化理论、新制度学派等新的制度分析局面。这些流派在承认社会结构、社会制度对行动有制约性作用的同时,强调了行动者的能动作用,认为社会制度是行动者的行动结果,也是行动的媒介,而且试图将这两方面结合起来。

(一) 常人方法学

常人方法学重视行动者的反思性,重视实践行动,注重人们参与的构成意义的实践——赋予社会世界以意义的方式上。常人方法学的代表人物

---

[1] [美] D. P. 约翰逊:《社会学理论》,南开大学社会学系译,国际文化出版公司 1988 年版,第 500 页。

是加芬克尔。在制度研究中,他们把社会制度看作并不外在于行动者的社会建构,主张从有能动性的行动者出发去研究制度。常人方法学的理论思潮极大地影响了新冲突论代表人物布迪厄、柯林斯和阿切尔等人的教育制度观。

(二) 冲突论

冲突论在分析制度时,马克思主义学派与韦伯学派有相似之处。两者的区别在于马克思主义学派主张将群体间的冲突关系看成阶级冲突关系,而韦伯学派则认为群体的冲突关系可能是多元的。韦伯学派在这个时期的代表人物是柯林斯和阿切尔等。柯林斯认为,从历史上看,教育扩张主要是由于不同的地位群体为了抬高社会声望争相投资教育引起的,教育扩张的主要原因不是经济发展对技术要求的提高促使教育需求的上升。阿切尔分析了公立教育制度的发展和变迁,他认为,国家之所以发展公立教育,是因为不同团体间为争夺教育控制权而引起的纷争,在公立教育制度确立后,不同团体间的磋商成为教育制度变迁的最重要的途径。

(三) 交换理论和理性选择理论

交换理论认为行动者是能动的、利益计算的,人们的交换过程是在宏大的制度体系中进行的。交换理论者强调每个社会关系都是基于双方间的交换——每一方必须做出一些牺牲,来获取更高价值的东西。例如,一个相邻而居的男孩群体,他们要在一起玩耍,就需要各自根据群体民德做出相应调整。作为群体成员的最大好处就是,可以在群体中取得一定的地位,或者最简单的事实是,个人将不再孤单。

理性选择理论研究了社会规范的形成过程。社会关系是交换关系,如果交换各方都能从中获利,就是说如果收益大于成本,则交换就会发生。在一系列约束下,人类是收益最大化者,而且他们做得很理性。与新古典经济学方法不同,它假设存在的是一个社会经济世界,而不只是经济世界,也不只是社会世界。人类不仅是一个经济体,更是一个社会体,这就意味着他们倾向于将彼此认知为具有权利与责任的人类。这也是社会学和经济学两门学科制度分析范式的融汇与趋同。交换理论和理性选择理论,都假设一个社会逻辑:每个个体都积极地与其他个体组合,形成共同文化，尽力使其地位相对其他群体最具优势。组合和定级是两种主要的社会进程，在社会中无处不在。

（四）吉登斯的结构化理论

吉登斯在他的概念框架中，把制度看作社会中跨越时空的互动系统，是"在社会中历经时空而深层次地沉淀下来的"，互动系统是一个制度性过程的混合体。由于蕴含在互动中的规则，资源的分量和关联不同，产生了不同类型的制度。吉登斯在他的结构化理论中，把"结构"概念化为行动者在跨越空间和时间的互动情境中利用的规则和资源，正是使用这些规则和资源，行动者在空间和时间中维持，并且再生产了"结构"[①]。吉登斯的制度分析是通过把策略行为排除在外不予考虑而实现的。制度分析研究结构再生产的循环模式，而且制度分析并不把人们当作知识渊博的或有目的的个人。吉登斯认为，制度不是组织。制度是指时间上长时期延续的并横跨空间的规则化的实践：例如，婚姻。

（五）布迪厄的实践理论

布迪厄的实践理论提出了"场域""惯习"等概念，突破了传统社会学将制度与行动割裂的局限，把关注点从规则转移到行动者的策略上。布迪厄认为的"场域"实际就是"制度场域"，社会制度就是由一系列相互独立且相互联系的"子制度场"构成的；法律既是一定的规则，是正式的制度和技术，是社会斗争行动的资源与框架，也是社会关系得以再生产的机制与媒介。非正式制度的"惯习"是持久的可转移的禀性系统，文化制度是体制化的文化资本，它以一种社会制度的形式存在[②]。

（六）新制度学派

20世纪70年代末至今，新制度学派兴起、发展、演变，盛行于各个社会科学领域。社会学也出现了制度研究的新的分析范式。"社会学中的新制度主义""与帕森斯所倡导的早期社会学制度主义不同，新制度主义

---

[①] ［美］乔纳森·H. 特纳：《社会学理论的结构》（上），邱泽奇等译，华夏出版社2001年版，第170—175页。
[②] 王胜利、石贝宁：《皮埃尔·布迪厄的制度思想分析》，《西安社会科学》2011年第3期。

力图解释制度而不是简单地假定制度存在。"① 这一学派主要是由菲利普·塞尔兹尼克,约翰·梅耶和布莱恩·罗恩,保罗·迪骄(迪马吉奥)和沃尔特·鲍威尔做了开创性的研究工作,之后很多社会学者在研究角度、分析方法、操作化方面做了创新性研究,有些学者则扩展了新制度学派研究领域。

新制度学派试图解释的中心问题是:在现代生活中为什么各种组织越来越相似?为什么组织或企业花费很大的资源去做一些和它的效率生产没有关系的活动呢?为什么组织的很多结构对它的实际运行没有发生作用呢?为了回答这些问题,新制度主义发展了一些概念,并用这些概念来解释以上的问题。

第一个概念是"制度化"。这是由早期新制度学派代表人物塞尔兹尼克提出的。制度化是"超过了组织的具体任务或者技术需要的价值判断渗透,渗入进组织内部的过程"。也就是说,当一个组织本身不断受到外在的价值观念、观念制度的影响,而且这种影响超过了组织内部的技术需要时,那么我们观察到的就是一个制度化的过程。② 第二个概念是"合法性机制"。"合法性机制"是指那些诱使或者迫使组织采纳具有合法性的组织结构和行为的观念力量。其基本思想是:社会的法律制度、文化期待、观念制度等成为人们广为接受的社会事实,具有强大的约束力量,规范着人们的行为。第三个概念是"理性神话"。这是指文化观念常常不是以人为凿刻的形式出现,而是形成一种被神化的东西,使大家不得不接受。

新制度学派的研究用上面一系列理论概念,进行假设和研究,他们强调制度化的组织是基于外界制度环境的反应而产生的组织形式和做法,强调制度化组织的结构和它的实际运作是相分离的。

社会学制度学派的最新发展则以周雪光和维克托·尼的研究为代表。

维克托·尼把社会学制度分析的范式进一步拓展,提出了更加宏大的构想——构建"制度社会学"。2001年,他在《新制度主义的源流》一文

---

① 薛晓源、陈家刚主编:《全球化与新制度主义》,社会科学文献出版社2004年版,第91页。
② 周雪光:《组织社会学十讲》,社会科学文献出版社2003年版,第71页。

中坦言:"然而,直到最近,社会学者才接受了但并没有解释约束的存在。"[①] 维克托·尼认为,社会学制度分析,"不是假定制度存在,而是解释制度"。这一基本原则与本研究将要建构的作为社会学的一门分支学科"制度社会学"的基本原则相一致。但是,"制度社会学"这一提法和概念要比"社会学中的新制度主义"目标更远,更宏大,更为严格。因为"社会学中的新制度主义"给人的感觉只是一种制度分析范式,制度研究取向或路径,甚至只是一种制度分析的学术思潮,其关键词是"制度主义"。而"制度社会学"很明显地具有一种学科的意味,其关键词是"社会学"。因此,本研究将所要建构的一门有关制度的学科直接明确地冠名为"制度社会学"。《制度社会学》是制度理论的系统化、学科化,因而它的建构与新制度经济学的建构思路类似,即它是从社会学角度,以社会学的理论与方法去研究制度问题,而不像"社会学中的新制度主义",那仅仅是在社会学内部所产生的一种制度研究取向或路径。

维克托·尼认为,"社会学中的新制度主义"源于对经济学和政治学中的新制度主义的作出的学科和学术回应,尤其是与经济学进行频繁、公开而且富有成效的学术交流与互动。"社会学的上升时期。经常伴随着和经济学的公开交流和互动。社会学中的新制度主义研究路向可能被认为是社会学中向新古典主义的转向。社会学中的新制度主义扩展了古典主义社会学和早期的社会学制度主义学者的知识遗产,后者同样与经济学进行了富有成效的知识交流。"[②]

在这部分内容里,我们主要讨论了社会学制度分析的不同范式。人类行为受规则制约的观点在经济学领域没有得到广泛认可,但这个结论确是社会学核心理论的组成部分。如果我们说人类的行为是群体行为,就是说人们易于遵循群体制定的规则。如果一个社会正在变迁,主导规则将不能再让人们满意,人们将会去探寻新的、更好的规则。微观方法认为个体有

---

[①] 薛晓源、陈家刚主编:《全球化与新制度主义》,社会科学文献出版社2004年版,第102页。

[②] 薛晓源、陈家刚主编:《全球化与新制度主义》,社会科学文献出版社2004年版,第103页。

一定的自由去寻找他们的群体和新规则，而宏观方法则认为社会结构中的技术进步和变迁或多或少地操控制度的变迁。

表 2-1 社会学制度分析范式

| 学派 | 方法论 | 代表人物 | 分析范式 |
| --- | --- | --- | --- |
| 古典社会学 | 整体主义 | 孔德 迪尔凯姆 斯宾塞 马克思 | 主要内容都是对制度的本质、形式与分类的阐释，是对制度的变迁、建构与批判的概括 |
| | 个人主义 | 韦伯 | 系统地研究了制度的含义，制度的各种具体形式及其相互关系等，系统地研究了制度的含义，制度的各种具体形式及其相互关系 |
| 现代社会学 | 整合方法。即方法论整体主义与方法论个体主义之间的整合 | 帕森斯 | 个人的行为是经既定的制度调节（规范性调节）后发生的 |
| 当代社会学 | 冲突论 宏观方法 | 柯林斯 阿切尔 | 教育扩张主要是由于不同的地位群体为了抬高社会声望争相投资教育引起的，教育扩张的主要原因不是经济发展对技术要求的提高促使教育需求的上升。国家之所以发展公立教育，是因为不同团体间为争夺教育控制权而引起的纷争，在公立教育制度确立后，不同团体间的磋商成为教育制度变迁的最重要的途径 |
| | 常人方法学 微观方法 | 加芬克尔 | 社会制度是并不外在于行动者的社会建构 |

续表

| 学派 | | 方法论 | 代表人物 | 分析范式 |
|---|---|---|---|---|
| 当代社会学 | 交换理论 | 微观方法 小群体研究 | 霍曼斯 | 每个社会关系都是基于双方间的交换来获取更高价值的东西 |
| | 理性选择理论 | 微观方法 经验研究 | 奥尔森 加里贝克尔 科尔曼 | 在一系列约束下，人类是利益最大化者，而且他们做得很理性 |
| | 结构化理论 | 宏观方法 整合主义 | 吉登斯 | 制度看作社会中跨越时空的互动系统，互动系统是一个制度性过程的混合体。由于蕴含在互动中的规则，资源的分量和关联不同，产生了不同类型的制度 |
| | 实践理论 | 参与观察 "中间入手"（从"场域"入手） | 布迪厄 | 制度场是制度主体的关系存在；它塑造了制度主体的"惯习"，也是非正式制度的"场域"；资源，尤其稀缺资源是制度场运作的前提；实践是行动者的主动性活动，其最终把"惯习"、资源和制度场等联结在一起 |
| | 新制度学派 | 微观视角 定量方法 | 菲利普·塞尔兹尼克，约翰·梅耶，布莱恩·罗恩，保罗·迪骄（迪马吉奥），沃尔特·鲍威尔，维克托·尼，周雪光 | 制度化的组织是基于外界制度环境的反应而产生的组织形式和做法，制度化组织的结构和它的实际运作是相分离的 |

# 第三部分　社会学家制度分析范式

在社会学内部，不同时代的社会学家对制度的分析可谓仁者见仁，智者见智。社会学家从各自社会背景、生活体验、价值观、知识基础和观察视角出发，对制度分析的范式不尽相同，异彩纷呈。本项目的研究路径是按照社会学史的脉络，梳理出二十一位社会学家的制度思想。对这二十一位社会学家制度范式的分析，主要是围绕制度的概念、制度的起源、制度的目的、制度的形成途径、制度的构成要素、制度的特征、制度的功能、制度的变迁、制度分析的方法等方面展开。我们力争通过阅读每位社会学家原著，从中去把握他们制度分析的要义。这些社会学家的制度范式可能很全面，由于研究能力有限，我们的分析不一定全面俱到，可能很多论述是挂一漏万，但是我们可以从这些分析中粗略地把握社会学制度分析的范式。下面我们按照社会学家出生的时间顺序，逐个论述他们的制度分析范式。

## 孟德斯鸠

孟德斯鸠（Charles-Louis de Secondat, baron de La Brède et de Montesquieu，1689—1755），法国伟大的启蒙思想家，法学家。孟德斯鸠对资产阶级的国家和法的学说作出了卓越贡献。孟德斯鸠提倡资产阶级的自由和平等，同时他又强调自由必须受法律的制约才能实现，政治自由并不是随心所欲地愿意做什么就做什么。他的著作主要有《论法的精神》、《波斯人信札》和《罗马盛衰原因论》。孟德斯鸠著述影响非常深远和广泛，尤其是《论法的精神》，奠定了近代西方政治与法律理论发展的基础，也在很大程度上影响了欧洲人对东方政治与法律文化的看法。孟德斯鸠也是一位社会学家,"孟德斯鸠和奥古斯特·孔德一样,也是一个社会学家""是社会学的理论家之一。""他又是第一位社会学家。"① 他"既可以被视为一位政治哲学家,也可被看成是一位社会学家。他用古典哲学家的方法不断分析和比较各种政治制度,同时努力把握整个社会的各个部门,从中找出各种可变成分之间错综复杂的关系"②。"把握社会的愿望就是社会学思想的组成部分,就这一点来说,孟德斯鸠比亚里士多德更应当作为社会学的创始人载入本书。"③ 雷蒙·阿隆对孟德斯鸠的评价让我们在梳理社会学家制度分析范式时,就把孟德斯鸠放在了第一位。孟德斯鸠的制度分析范式就是其关于"法的精神"的分析范式。《论法的精神》就是论述制度的精神。孟德斯鸠在阐明《论法的精神》写作目的时说道:"这本书所讨论的是世界上所有民族的法律、习俗以及不同的实践。其论题相当广泛,几乎囊括了所有人类通行的制度。"④ 本文将围绕孟德斯鸠在《论法的精神》中关于法的产生、类型、功能、原则和动力、分析框架和范式几个方面,梳理出孟德斯鸠制度分析的框架,进而探讨其对当代的理论和现实意义。

## 一 关于制度产生的思想

孟德斯鸠在《论法的精神》中一开始就讨论了什么是法的问题。概括起来讲,法在孟德斯鸠那里有两层意思。

(一)法是自在之物

法是一种一般意义上的关系或规律。这种关系或规律作为造物主的造物,是先于人而存在的"公道"。在这个层面上的法,是原始的、不变的、永恒的。孟德斯鸠阐述道:

"从最广阔的意义上来说,法是由事物的性质产生出来的必然关系。

---

① [法]雷蒙·阿隆:《社会学主要思潮》,葛智强译,华夏出版社2001年版,第12、40页。
② [法]雷蒙·阿隆:《社会学主要思潮》,葛智强译,华夏出版社2001年版,第7页。
③ [法]雷蒙·阿隆:《社会学主要思潮》,葛智强译,华夏出版社2001年版,第6页。
④ [法]爱米尔·涂尔干:《孟德斯鸠与卢梭》,李鲁宁、赵立玮、付德根译,上海人民出版社2003年版,第14页。

在这个意义上，一切存在物都有它们的法。上帝有他的法；物质世界有它的法；高于人类的智灵们有他们的法；兽类有它们的法；人类有他们的法。

"由此可见，是有一个根本理性存在着的。法就是这个根本理性和各种存在物之间的关系，同时也是存在物彼此之间的关系。

"上帝是宇宙的创造者和保养者，这便是上帝和宇宙的关系。上帝创造宇宙时所依据的规律，就是他保养时所依据的规律。他依据这些规律行动，因为他了解这些规律。他制定这些规律，因为这些规律和他的智慧与权力之间存在着关系。

"我们看见，我们的世界是由物质的运动形成的并且是没有智能的东西，但是它却永恒的生存着。所以它的运动必定有不变的规律。如果人们能够在这个世界之外能想象出另外一个世界的话，那么这个另外的世界也必有固定不易的规律，否则就不免于毁灭。

"因此，创造虽然像是一种专断的行为，但是它必有不变的规律，就像无神论者的命数之不变一样。如果说，造物主没有如此规律而能够管理世界的话，那是荒谬的，因为世界没有这些规律将不能生存。

"这些规律是确定不移的关系，在两个运动体之间，一切运动的承受、增加、减少和丧失，是取决于重量和速度间的关系；每一不同，都有其同一性；每一变化，都有其永恒性。"①

（二）一般法是智能存在物的规律和规范

在这样一种作为法的一般关系之外，还存在着一种作为法的特殊关系。作为体现这种特殊关系的东西也是一种法，但它却不是不变的、永恒的，而是不定的，它可以也必须不断地进行某种调整和变化。这个意义上的法便是"智能存在物"自身所制定的一种规律和规范。

"个别的'智能的存在物'可以有自己创制的法律"，"智能的世界并不像物理的世界那样永恒不变地遵守自己的规律，这是因为个别的'智能的存在物'受到了本性的限制，因此就会犯错误，而且，从另一个方面来

---

① ［法］孟德斯鸠：《论法的精神》（上册），张雁深译，商务印书馆1959年版，第1—2页。

说，独立行动就是他们的本性。所以他们并不永恒地遵守他们原始的规律；而且，就是他们自己制定的规律，他们也并不老是遵守的。"①

人作为造物主的一个造物，反过来又向造物主制定和依据的一般规律、不变的法则挑战。但是人们不能不醒悟到，人类不能放弃作为一般关系或规律的法不顾而任意妄为。人类的理性应该使人类知道如何去制定自己的法，应该知道如何使作为智能存在物造物的特殊的法，与作为造物主造物的一般的法协调和谐起来。孟德斯鸠坦言：

"人，作为一个'物理的存在物'来说，是和一切物体一样，受不变的规律的支配。作为一个'智能的存在物'来说。人是不断地违背上帝所制定的规律的，并且更改自己所制定的规律。他应该自己处理自己的事，但是他是一个有局限性的存在物；他和一切'有局限性的智灵'一样，不能免于无知与错误；他甚至于连自己微薄的知识也失掉了。作为有感觉的动物，他受到千百种的情欲的支配。这样的一个存在物，就能够随时把他的创造者忘掉；上帝通过宗教的规律让他记起上帝来。这样的一个存在物，就能够随时忘掉他自己；哲学家们通过道德的规律劝告了他。他生来就是要过社会生活的；但是他在社会里却可能把其他的人忘掉；立法者通过政治的和民事的法律使他们尽他们的责任。"②

正是从这两种不同的法，一般意义上的法和特殊意义上的法的差异这个基础出发，孟德斯鸠对法进行了分类：自然法和人为法。

## 二 关于制度类型的思想

孟德斯鸠把法分为两类：自然法和人为法。

### （一）自然法

自然法是基于人类生命本质的，由造物主创设的前人类社会法。它也是人类存在之前就已存在的一种"公道关系"。

"在所有这些规律之先存在着的，就是自然法。之所以叫自然法，乃

---

① ［法］孟德斯鸠：《论法的精神》（上册），张雁深译，商务印书馆1959年版，第3页。
② ［法］孟德斯鸠：《论法的精神》（上册），张雁深译，商务印书馆1959年版，第4页。

是因为它们源自我们生命的本质。要认识好自然法，就必须考察一下社会建立以前的人类。自然法正是人类在那样一种状态下所接受的法则。"①

根据孟德斯鸠的看法，自然法所确立的法则有这样几条：和平、觅食、性吸引、社会生活和信仰造物主。

然而十分矛盾的是，由自然法规则所决定的必然会出现的人类社会，反过来却会形成一种打破自然法本身的尴尬局面。这种局面最典型地体现在对于自然法所规定的和平法则的破坏。

"人类一有了社会，便立即失掉自身软弱的感觉；存在于它们之间平等消失了，于是战争的状态开始。

"每一个个别的社会都感觉到自己的力量；这就产生了国与国之间的战争状态。每一个社会中的个人开始感觉到自己的力量，他们企图将这个社会的主要利益掠夺来自己享受，这就产生了个人之间的战争状态。"②

（二）人为法

国与国及人与人之间的战争状态的出现和得不到控制，使人类社会难以维持和延续，而这时自然法又根本无法克制由自己所派生出来的问题。正是在这样一种窘境的催逼下，人类不能不依靠自己的理性来制定约束自己的法，这就是人为法。孟德斯鸠是这样来论述人为法的：

"这两种战争状态使人与人之间的法律建立了起来。这么大的一个行星，必然有不同的人民。作为这个大行星的居民，人类在不同人民之间的关系上是有法律的，这就是国际法。社会是应该加以维持的；作为社会的生活者，人类在治者与被治者的关系上是有法律的，这就是政治法。此外，人类在一切公民间的关系上也有法律，这就是民法。

"一般地说，法律，在它支配着地球上所有人民的场合，就是人类的理性……"③

在孟德斯鸠看来，人为法是在"一般的法""自然法"受到干扰的情况下，由人类理性所做的一种有针对性的补救。因此，这种补救必须要考

---

① ［法］孟德斯鸠：《论法的精神》（上册），张雁深译，商务印书馆1961年版，第36页。
② ［法］孟德斯鸠：《论法的精神》（上册），张雁深译，商务印书馆1961年版，第4—5页。
③ ［法］孟德斯鸠：《论法的精神》（上册），张雁深译，商务印书馆1961年版，第5—6页。

虑各种具体的情况，兼顾各种具体的关系，做到具体情况具体对待。而人类理性的最根本作用也就是要使自己制定的法能够和这些具体情况、具体关系始终处于一种动态的适合的关系中。这就是所谓的"法的精神"。为此孟德斯鸠认为：

"每个国家的政治法规和民事法规应该只是把这种人类理性适用于个别的情况。

"为某一国人民而制定的法律，应该是非常适合于该国的人民的；所以一个国家的法律竟能适合于另外一个国家的话，那只是非常凑巧的事。

"法律应该同已建立或将要建立的政体的性质和原则有关系；不论这些法律是组成政体的政治法规，或是维持政体的民事法规。

"法律应该和国家的自然法有关系；和寒、热、温的气候有关系；和土地的质量、形势与面积有关系；和农、猎、牧各种人民的生活方式人有关系。法律应该和政制所习惯能容忍的自由程度有关系；和居民的宗教、性癖、财富、人口、贸易、风俗，相适应。最后，法律和法律之间关系，法律和它们的渊源，和立法者的目的，以及和作为法律建立的基础的事物的秩序也有关系。应该从所有这些观点去考察法律。"①

人为法是孟德斯鸠《论法的精神》一书中论述的重要内容。在孟德斯鸠看来，人为法最基本的一条，就是必须排除神法的干预。孟德斯鸠反对宗教、教会干预社会生活，一再强调要把民法的原则规定同宗教的原则规定区分开来。他认为：宗教的法律富于崇高性，而国家的法律富于普遍性。由宗教产生出来的"至善境界的法律"，主要是以遵守这些法律的个人为目的，即以"某些个人道德的完善"为目的；而民法则正相反，它的目的主要是"一般人道德的完善"，也就是说，主要是以"社会的完善"为目的。"因此，由宗教直接产生出来的思想，不论怎样得到尊敬，并不总是可以用作民法的原则的，因为民法有另外一个原则，就是：社会一般的利益。"②

在人为法方面，孟德斯鸠还强调要把政治法与民法严格区分开来。他

---

① ［法］孟德斯鸠：《论法的精神》（上册），张雁深译，商务印书馆1961年版，第5—6页。
② ［法］孟德斯鸠：《论法的精神》（上册），张雁深译，商务印书馆1961年版，第2页。

说:"以民法为根据的事情就不应当用政治加以规定。"

在孟德斯鸠看来,立法者贤明,就会颁布好的法律;立法者昏庸残暴,就会颁布坏的法律。他强调,贤明的立法者应当具有"适中宽和的精神"。他在《论法的精神》一书中谈到"立法者的精神"时说:"我写这本书为的就是证明这句话:适中宽和的精神应当是立法者的精神;政治的'善'就好像道德的'善'一样,是经常处于两个极端之间的。"①

(三) 政体的类型

孟德斯鸠对政体进行了分类。他把政体划分为共和政体、君主政体和专制政体。"共和政体是全体人民或仅仅一部分人民握有最高权力的政体;君主政体是由单独一个人执政,不过遵照固定的和确立了的法律;专制政体是既无法律又无规章,由单独一个人按照一己的意志与反复无常的性情领导一切。"②

决定政体性质的变量有三个:一是最高权力掌握在谁的手中;二是行使最高权力的方式是什么;三是政体的原则是什么。

在孟德斯鸠看来,决定某一具体的政体的类型是由政治感情决定的。基本的政治感情有三种,即品德、荣誉和恐惧。每一种政治感情都能确保一个政体的稳定。共和政体取决于品德,君主政体取决于荣誉,专制政体取决于恐惧。"共和国需要品德,君主国需要荣誉;而专制政体则需要恐怖。"③

这三种制度分类方法是很独特的。这就是说,每一种制度类型都有其核心价值观。共和政体的价值观是政治道德,即尊重法律,个人忠于集体。君主政体的价值观是荣誉,即人人尊重各自的地位所赋予的一切。专制政体的价值观是恐惧,即绝对服从。

孟德斯鸠把对制度的分析和对社会机构的分析两者结合起来,使每一种类型的政体都显得像某一种社会类型。在分析时,孟德斯鸠把制度分类与今天人们称为社会形态学或社会幅员论联系了起来。他说:"共和国从

---

① [法]孟德斯鸠:《论法的精神》(上册),张雁深译,商务印书馆1963年版,第326页。
② [法]孟德斯鸠:《论法的精神》(上册),张雁深译,商务印书馆1959年版,第9页。
③ [法]孟德斯鸠:《论法的精神》(上册),张雁深译,商务印书馆1959年版,第31页。

性质来说，领土应该狭小；要不这样，就不能长久存在。"① "一个君主国的领土的大小应该适中。如果狭小的话，便将形成一个共和国；如果很大的话，则国中显要的人物各自拥有相当的权势，他们不把君主放在眼中，他们在朝廷之外各有自己的朝廷；不但如此，他们也深知法律和风纪对他们不能迅速执行，因此可能不再服从君主了；他们对来自遥远而又迟缓的刑罚无所畏惧。"② 而"一个广大帝国的统治者必须握有专制的权力"③。

### 三 关于制度原则和动力的思想

孟德斯鸠认为，每一种政体制度都有一定的原则，这些原则也成了制度的动力。

从《论法的精神》书名分析，孟德斯鸠是在论述作为一个概念类属的"法的精神"，而不是论述具体的法律制度的精神，即"法律的精神"。他说："我并没有把政治的法律和民事的法律分开，因为我讨论的不是法律，而是法的精神，而且这个精神是存在于法律和各种事物所可能有的种种关系之中，所以我应尽量遵循这些关系和这些事物的秩序，而少遵循法律的自然秩序。"④ 他对法律精神的论述是按照这样的路径展开的，即探讨"法律应该和国家的自然状态有关系；和寒、热、温的气候有关系；和土地的质量、形势与面积有关系；和农、猎、牧各种人民的生活方式有关系。法律应该和政制所能容忍的自由程度有关系；和居民的宗教、性癖、财富、人口、贸易、风俗、习惯相适应。最后，法律和法律之间也有关系，法律和它们的渊源，和立法者的目的，以及和作为法律建立的基础的事物的秩序也有关系。应该从所有这些观点去考察法律。""这些关系综合起来就构成所谓'法的精神'"⑤。

孟德斯鸠寻求的就是解释戒律性法律的因果律，即解释法律制度与可

---

① ［法］孟德斯鸠：《论法的精神》（上册），张雁深译，商务印书馆1959年版，第147页。
② ［法］孟德斯鸠：《论法的精神》（上册），张雁深译，商务印书馆1959年版，第149页。
③ ［法］孟德斯鸠：《论法的精神》（上册），张雁深译，商务印书馆1959年版，第150页。
④ ［法］孟德斯鸠：《论法的精神》（上册），张雁深译，商务印书馆1959年版，第8页。
⑤ ［法］孟德斯鸠：《论法的精神》（上册），张雁深译，商务印书馆1959年版，第8页。

以影响或者决定这些法律制度的各种因素的全部关系。

孟德斯鸠制度分析的逻辑思路是按照社会学的基本功能展开的。首先,是遵循了社会学描述功能,即孟德斯鸠描述了各种各样的法律制度。其次,遵循了社会学解释功能。一方面解释了影响法律制度产生、存在、变迁的各种原因。另一方面也解释了发生种种变化背后的价值原因,即"意志的联合"。他说:"个人的力量是不能联合的,如果所有的意志没有联合的话。格拉维那又说的很好:这些意志的联合就是我们所谓'人民的国家'。"[①] 这里的"人民的国家"即指代具体政体的国家,即国家的制度类型。也就是说,人们的意志所体现的价值功能决定了国家政体制度。

## 四 制度分析框架

孟德斯鸠在《论法的精神》中,对制度的分析是按照如下的框架进行的。首先,他论述了三种类型的政体,说明每种类型的政体都是由各自的性质和原则决定的。其次,他分析了气候、土壤自然因素对人类生活方式、人类道德、人类管理和组织的营销机制的影响。最后,他进一步阐述了贸易、货币、人口、宗教等社会因素对人类道德、习俗和法律所产生的影响。

这种制度分析框架的逻辑是按照这样一个先后影响的次序展开的。首先是自然因素,即地理环境,确切地说是气候和土地性质;其次是人口数量;最后是社会因素——政体,即全部信仰和劳动组织交换,包括宗教,贸易和货币。这样一个线性的因果关系,是用形式逻辑的三段论和因果律进行的。他力图探讨一个国家的总的精神概念。这就是气候、土壤性质、人口和宗教可能对集体生活的各个方面带来何种影响,特别是集中在对宏观社会制度的政体、中观制度的法律、微观制度的习俗规定等的影响。这样的研究框架是对社会制度起作用的物质因素和精神因素所作的社会学方面的研究。这种分析方法就是社会学的分析方法,即把握影响一种社会现象的各种原因,理解导致社会现象原因背后的各种意义,即价值观。

---

[①] [法]孟德斯鸠:《论法的精神》(上册),张雁深译,商务印书馆1959年版,第7页。

孟德斯鸠《论法的精神》是论述国家的总的精神，就是实行某一政体类型的国家的精神，也是对影响形成这种精神的各种因素的分析，就是对某一社会制度形成的各种因素的分析。孟德斯鸠认为："人类受多种事物的支配，就是：气候、宗教、法律、施政的准则、先例、风俗、习惯。结果就在这里形成了一种一般的精神。"①"在每一个国家里，这些因素中如果有一种起了强烈的作用，则其他因素的作用便将在同一程度上被削弱。大自然和气候几乎是野蛮人的惟一统治者；中国人受风俗的支配；而日本则受法律的压制；从前，风俗是拉栖代孟的法则；施政的准则和古代的风俗，在罗马就是规范。"② 孟德斯鸠认为影响政体制度形成的因素——气候、土壤性质、宗教、法律、施政的准则、先例、风俗、习惯等，在不同条件下所起的影响力度不同，权重不一样。在此，孟德斯鸠把微观的制度类型如风俗、习惯，中观的制度类型如成文法律、宗教，与宏观的社会制度如政体结合在一起，分析了中观制度、微观制度是如何影响宏观制度的形成。他的基本思想是要在政体、制度形式和人与人之间的关系中建立联系。这种分析的意义在于说明环境不能决定制度，只能对制度产生影响，有助于决定制度的发展方向。法律的精神就是由这些要素构成的。

孟德斯鸠对风俗、礼仪和法律三个具体的制度形式之间的关系作了分析。他认为："风俗和礼仪不是立法者所建立的东西，因为他们不能建立，也是不愿建立的。""法律和风俗有一个区别，就是法律主要规定'公民'的行为，风俗主要规定'人'的行为。风俗和礼仪有一个区别，就是风俗主要是关系内心的动作，礼仪主要是关系外表的动作。"③

这就是说，风俗是自然形成的，不是人为设计的。法律约束的对象是社会人，风俗约束的对象是自然人。风俗注重约束人的内心行动，礼仪主要约束人的外在举止。这样，孟德斯鸠把正式制度、成文制度和非正式制度、不成文的制度和仪式形式的功能做了区别和功能的阐释。

---

① ［法］孟德斯鸠：《论法的精神》（上册），张雁深译，商务印书馆1959年版，第364页。
② ［法］孟德斯鸠：《论法的精神》（上册），张雁深译，商务印书馆1959年版，第364页。
③ ［法］孟德斯鸠：《论法的精神》（上册），张雁深译，商务印书馆1959年版，第373页。

## 五 制度分析范式

孟德斯鸠的制度分析范式集中体现在《论法的精神》中。《论法的精神》书名就是对具有强制约束力的正式制度的分析。它通过对道德风尚、思想、法律和政治体制等这些表面上毫无关联的历史资料进行分析，来说明形成各种制度类型的种种原因。其分析的路径可以归纳为这样的公式："应当通过表面上偶然发生的事件，把握着引起这种事件的深刻原因。"[①]这种"深刻原因"就是"各种各样的风俗习惯和思想"。

孟德斯鸠的《论法的精神》具体论述了法律制度的精神。他认为，一般的法律是人类的理性，各国的法律是人类理性在特殊场合的适用；因此，法律和地理、地质、气候、人种、风俗、习惯、宗教信仰、人口、商业等都有关系，而这些关系就是法的精神。从这点看，孟德斯鸠其实也认为把握法律与社会的各种构成要素之间的关系是重要的，也应该是社会学研究的对象。

## 六 制度分析的理论和现实意义

（一）理论意义

1. 对社会学研究对象的再认识

如果我们同意雷蒙·阿隆的观点，即把孟德斯鸠视为第一位社会学家的话，那么孟德斯鸠关于《论法的精神》中的研究对象为我们进一步认识社会学研究对象就有了一种指导。关于社会学研究对象的认识至今没有在学科内部达成一致的认同。主要的观点有"社会的科学说"，"社会行为说"，"社会的结构及其运行规律说"，"社会组织或社会制度说"，"社会群体或群体生活说"，"剩余说"，"社会问题说"，"社会关系说"，"调查说"，"科学群说"，"组合说"，"未定说"等等。[②] 关于社会学研究对象的争论一直困扰着社会学学者。孟德斯鸠的时代还没有社会学学科，当然不

---

[①] ［法］雷蒙·阿隆：《社会学主要思潮》，葛智强译，华夏出版社2001年版，第13页。
[②] 范和生：《现代社会学》（上），安徽大学出版社2005年版，第5页。

可能提出和讨论社会学的研究对象，但是他在《论法的精神》中指出："法是由事物的性质产生出来的必然关系。在这个意义上，一切存在物都有它们的法。""由此可见，是有一个根本理性存在着的。法就是这个根本理性和各种存在物之间的关系，同时也是存在物彼此之间的关系。"① 他由此提出在把握法律与地理、地质、气候、人种、风俗、习惯、宗教信仰、人口、商业等社会构成要素的各种关系中去认识法的精神。法的精神就是它们之间的错综复杂的关系。从这点看，孟德斯鸠其实也认为把握法律与社会的各种构成要素之间的关系是重要的，社会关系应该是社会学研究的对象。

2. 对制度社会学理论框架构建的意义

制度社会学是社会学一门分支学科，它研究的对象是社会制度的构成要素之间的相互关系，制度各个构成要素和社会其他构成要素之间的相互关系。孟德斯鸠的制度思想为我们认识特定的"法"及其构成要素提供了系统的框架，同时也为我们认识一种制度的形成是与各种社会构成要素相联系的。对不同类型社会的构成要素的全面认识，有助于我们理解该社会所拥有的制度规范和制度框架。这已经为制度社会学理论框架奠定了基础。

（二）现实意义

孟德斯鸠的制度思想为当代中国和谐社会建设具有现实意义。孟德斯鸠宣称他试图去确定："最适于社会，适于每个社会的制度……那些本身就包含某种程度的美德的制度，以及没有美德的制度；对两种都有危害的实践而言，哪个危害多些，哪个危害少些。"② 他探讨了人类生活的规范，即制度。孟德斯鸠的制度思想使我们认识到，制度的产生是有着极其深刻的价值意蕴的，它体现了社会主体的发展理念、价值观念和目标。任何一种法律规范，无论是部门法、行业法、地方法乃至不同类型的政策，其制定颁布都要体现出"法的精神"，即要结合各个部门、各行业、各个区域社会所处的地理位置、地质状况、气候环境、民族构成、风俗习惯、宗教

---

① ［法］孟德斯鸠：《论法的精神》（上册），张雁深译，商务印书馆1959年版，第1页。
② ［法］爱米尔·涂尔干：《孟德斯鸠与卢梭》，李鲁宁、赵立玮、付德根译，上海人民出版社2003年版，第15页。

信仰、人口构成、行业规范等多方面形成的各种社会关系，特别是要结合中国现有的国体和政体、经济体制、制定各种法律规范、形成各种类型的制度框架。他的制度思想启示我们，每个社会的最高法则就是社会成员的福祉，既然一个社会不保卫它的特定性质就不能保护自身，那么为了明确这个社会应该追求什么，应该避免什么，就必须描述这个社会的本性。当代中国正处于社会主义初级阶段，正在"建设有中国特色的社会主义"。"特色"的重要方面表现为实现的最终目标体现出的社会建构思想，即社会制度的价值意蕴与早发资本主义现代化国家不同。当代中国社会建设中，制度的变革应该彰显出有中国特色社会主义的价值指向。中国特色社会主义制度建设就是要把现代化、中国特色与社会主义相结合并融为一体，在坚持社会主义基本原则和基本制度基础上的政治、经济、文化、社会体制和机制的有机统一的中国特色社会主义现代化制度体系，就是坚持社会主义核心价值取向和目标，以及实现社会主义核心价值取向和目标的体制和机制的有机统一。坚持中国特色社会主义基本原则，就是坚持"四项基本原则"，其核心是坚持中国共产党的领导；坚持中国特色社会主义基本制度就是"坚持和完善人民代表大会制度，中国共产党领导的多党合作和政治协商制度，民族区域自治制度，基层群众自治制度"。社会主义为核心价值取向就是人民民主，中国特色社会主义的目标就是"解放生产力，发展生产力，消灭剥削，消除两极分化，实现共同富裕，建设和谐社会"。在体制和机制上，就是坚持"党的领导，人民当家作主，依法治国有机统一"。

## 奥古斯特·孔德

奥古斯特·孔德（Isidore Marie Auguste Francois Xavier Comte，1798 – 1857）是法国著名的哲学家、社会学、实证主义的创始人、"社会学之父"。1798 年 1 月，孔德出生在蒙彼利埃的一个中级官吏家庭。1817 年 8 月，他追随著名的空想社会主义者圣西门，之后成为圣西门的秘书和战友。他著有《实证哲学教程》六卷，在 1842 年出版的第四卷中，明确提出了"社会学",并构建了社会学的框架。1844年孔德遇到德克洛蒂尔德·德沃。他深受德沃思想的影响,创立了"人道教",并且成立了"实证主义学会"。1857年9月,孔德在巴黎逝世。他通过对人类心智发展的历史研究建立其思想体系。他认为人类心智的发展经历了神学、形而上学、实证三个阶段,与此相应,人类社会的发展也经历了军事、法权、工业三个阶段。他认为社会学是进入实证阶段的科学,可分为社会静力学和社会动力学,各从横纵两方面考察了社会。晚年他将实证主义变成宗教信条,致力于人道教的建设,试图以崇奉道教,人类之爱的人道教取代传统基督教,并设计了一套礼仪制度,建立人道教会。他对"社会学"概念的提出,及其对致力于将社会学建立成一门实证科学的努力都对以后的社会学发展起到了重大影响。孔德对制度分析的思想对后世影响也很深远。

## 一 制度的重要性

奥古斯特·孔德把各种社会制度纳入他的研究视野之中。他认为,对社会制度的分析可以实现对人类社会文明史的考察。他指出社会制度包括家庭制度、政治制度、经济制度等,并详细分析了家庭制度对于社会的基础作用。在把人类生活当作一个有机体的思想下,对社会制度的分析成为其认识社会的基本门径[1]。

## 二 制度类型及其功能

(一)宗教制度

在《实证政治体系》第二卷中,奥古斯特·孔德论述了宗教制度、所有制、家庭制度、语言理论和社会机构或劳动分工理论。分析宗教制度的目的是说明宗教在人类社会中的作用。他认为,宗教制度是由于两种需要而产生的。任何社会都必然具有协调一致性,即社会各组成部分,全体社会成员之间的配合和团结。社会的统一性要求全体成员承认一个协调统一的原则,即宗教。

---

[1] 王思斌:《社会学教程》,北京大学出版社2006年版,第12页。

宗教本身包括三种具有人性特征的东西：精神方面的东西，即教理；感情方面的东西，即在崇敬中表现出来的仁爱；实际方面的东西，即奥古斯特·孔德称之为制度的这种东西。崇敬支配情感，制度支配信徒的公私行为。宗教反映了人性的区别。宗教应当同时具有精神、情感和活动，即人类的全部禀性，才能实现统一性。

所有制和语言是相对应的。所有制是能动社会的反映，而语言则是才智的反映。所有制和语言这两者的共同规律是积累的规律。文化的进步是因为物质和智力上所获得的东西不会随着取得这些东西的人的消失而消失。人类之所以存在是因为有传统，即交接。所有制就是一代一代传下来的财富的积累。语言也可以说是一个贮藏所。它贮藏了才智上获得的东西。接受一种语言就是接受先人创造的一种文化。

在奥古斯特·孔德眼里，不管是私有制还是公有制都没有什么关系。他认为，作为文明的主要职能，所有制就是人类的物质产品超出了创造产品的人的生存需要，而我们可以把我们创造的东西传给我们的后代。所有制和语言这两章就是专门论述人类文明的这两个主要手段的，文明的条件就是世代的持续，活着的人继承死去的人的思想[①]。

（二）家庭制度

孔德认为家庭的产生是作为生物的个人受本能支配时是自私利己的，当其理性发展时，他的爱他人和爱社会的本能得到发展，从而结合形成家庭，人就会学会在他人中生活。

他认为社会的基本单位是家庭，家庭是社会有机体的胚胎，是个人和社会之间不可缺少的纽带，是社会第一个自然的根本结构。家庭中有两性的从属关系和年龄的从属关系。两性关系是生物性两性结合的问题，是生物性的亲缘和血缘关系，它创造了家庭。从属关系是子孙教育的问题，是社会化和社会权威关系的问题，它维持家庭秩序。家庭是生物的生产功能和社会的生产功能的结合，是生物的从属关系和社会的权威关系的结合。家庭作为最微小规模的社会，"关于服从或关于命令的问题，家庭生活作

---

[①] ［法］雷蒙·阿隆：《社会学主要思潮》，葛智强译，华夏出版社2001年版，第70页。

为社会生活的永恒的学校保存下来,而且,它应该是其他一切场合下服从与命令的当然效仿的基本模型"[1]。关于家庭的功能,他认为随着家庭的建立,进而家庭的需要,引起社会的分工和协作,人就被组织到不同的社会职业中去了。人由于分属于不同的社会职业和利益关系从而形成阶级,又由于人的地缘生活惯例形成种族,这样社会的组织就形成了。由于人的"本质上爱好共同生活的本能倾向"和从事相同的职业而产生的"共同情感"从而聚集形成城市和社区,这是社会、器官。由于个人和社会在利益上有差异,需要社会来调节和干预以保障共同利益,国家就产生了,所以国家是全民利益的体现者。

### 三 社会与家庭制度

孔德认为,社会是一个有机体,它以家庭为基本的组成单位。随着家庭的建立,个人就培养出了社会性和社会情感。社会就是以家庭分工为纽带和中介而形成的一个有机体,以分工促进协作,分工和协作的发展共同促进社会的复杂化和有机化。他认为,社会的形成是一个自然发生的历史过程,是由个人结合形成家庭,由家庭发展成社会这样一个不可变更的、自然的、不断生成的过程。在社会有机体的形成和发展中,理性和智力起决定作用,它们使人性中的社会性逐步占据了对自私的人性的优势,培养人的社会情感。

### 四 制度与社会秩序

孔德实证哲学的主题就是社会秩序。他认为,社会有机体的核心是社会秩序,社会秩序的核心是社会和谐,是为了"爱"和"和谐"。社会有机体的家庭是和谐的,在家庭中,人的利他和利己是最和谐的地方。阶级或种族,作为社会有机体的组织要保持和谐,各阶级应该安心于自己的工作,相互合作,社会的不和谐导致了工人起义和市民暴动。关于社会有机体的"器官"——"城市和社区"——的和谐,他认为主要是人的利他的

---

[1] 欧力同:《孔德及其实证主义》,上海社会科学院出版社1987年版,第127页。

社会性，特别是理性的作用及高度发达的分工，这使人们相互依赖，使复杂的社会形成了稳定的秩序。国家和政府是超越阶级之上，它的存在也是为了社会的和谐，国家应该主持公道。孔德认为社会秩序是随着历史而变化的，但是，他却认为资本主义的制度是合理的，会永久性地存在的。

孔德在《实证哲学教程》中提出了人类历史是一个"同一民族"的历史观点。他在人性永恒的基础上确立了人类的统一性。这种统一性在社会方面表现为一种基本秩序，这种基本秩序贯穿着历史上的各种制度①。

社会作为有机体的另一个功能就是协调和维持"社会秩序"的功能。孔德从人性出发分析社会秩序的存在和维持。他认为人性包括情感、活动和理智三部分，他认为建立任何社会生活的原始动因，不可能是个人的利益计算，因为只有在建立联盟时才可能存在利益问题；是热爱共同生活的本能使人们感到团结在一起建立社会生活的必要性。只要有这种团结性和统一性就有某种社会体系存在，社会越复杂则就越存在这种团结性。他认为人的社会生活的本能使人自己感到团结的必要性。在秩序的形成上，人的情感先于人的理性，但理性终会战胜个人的感性情感而形成社会团结性，而这种社会生活的团结性是秩序的必然要求，会形成事物的普遍秩序。"这些基本准则的固定不变恰恰是一个社会真正的社会秩序的首要条件"②。

他认为社会秩序的维持是下列因素促成的。人热爱共同生活的本能是它的基础。家庭在教育人的同情心和培养社会情感上具有重要作用，是维持社会秩序的重要因素。国家和政府在维持社会秩序的作用上不可替代，用宣传和教化的方式，军队和警察等暴力手段来统治社会。宗教对社会秩序具有制约和辅助作用，能调节社会内在生活和行动，宗教是世俗的权力的神化并让人们了解服从的必要性。理性的作用是极重要的作用，它不仅是社会发展的阶段的标志，而且能培养人的利他性，"社会的历史是由理性的历史所支配的"③。语言以其横向和纵向的联络实现人与人的思想、情

---

① [法]雷蒙·阿隆：《社会学主要思潮》，葛智强译，华夏出版社2001年版，第73页。
② 邱觉心：《早期实证主义哲学概观》，四川人民出版社1990年版，第57页。
③ 邱觉心：《早期实证主义哲学概观》，四川人民出版社1990年版，第59页。

感的交流从而维持社会秩序,并且使文化得以代代相传。劳动分工和合作对社会秩序的维持是不可少的,能使每个人意识到人与人相互依赖性而进行合作的必要性和重要性,社会秩序是重要的。

## 五 社会制度变迁理论

孔德社会制度变迁理论主要包括制度变迁的理论基础、动力和一个"三阶段规律"组成。

孔德社会制度变迁理论基础是社会进化思想。他认为人类社会是自然界和生物进化的结果,只是比它更复杂、更为特殊的进化体,所以进化论是生物界和人类社会的共同的规律。他认为社会秩序是依赖于自然秩序的,社会规律是自然规律的延续。因此,他的基本观点是:社会有机体是不断进化的,历史是连续发展的,社会的进化是有规律的,社会发展是不需要任何飞跃直接发生的逐渐的进化的过程,"进步就是秩序的发展",实证主义的任务就是发现这个规律。

关于社会制度变迁的动力。孔德认为人的理性才是社会发展的支配力量。引起社会进化的因素是多种多样的,但是,理性的进化才是社会发展的原动力。研究社会的发展史必须以研究人的精神发展史为基础。"人们应当毫不犹豫地把才智的进化当作全部进化和人类必然占优势的原则放在首位。"[1] 理性的进步是社会发展的决定因素。孔德认为,他在1832年所发现的哲学的伟大规律是:理性的发展是人类社会发展总体的、必然的、支配的原理,人的理性的发展阶段是划分社会发展阶段的依据。

关于社会制度变迁的"三阶段规律"。孔德认为,社会进化在社会发展的表现是:每一个阶段是不可缺少的,连续发展中的每一阶段是前一阶段的必然结果,是后一阶段的不可缺少的推动者。"同一基本进化的一个阶段,各个阶段在共通的前进过程中,都依从不变的规律——一个阶段从前一个阶段产生,并又产生后一个阶段。"[2]

孔德认为,社会有机体的发展是由人类理智的发展决定和支配的,人

---

[1] 邱觉心:《早期实证主义哲学概观》,四川人民出版社1990年版,第59页。
[2] 欧力同:《孔德及其实证主义》,上海社会科学院出版社1987年版,第127页。

类理智发展的三个阶段就是人类社会发展的三个阶段,所以,人类理智发展是社会有机体进化的核心理论。他说:"我们所有的思辨,无论是个人的或群体的,都不可避免地先后经历三个不同的理智阶段,通常称之为神学阶段、形而上学阶段和实证阶段。"① "第一阶段,虽然从各个方面来看都是不可缺少的,但今后应始终将其视为纯然是临时性的和预备的阶段。第二阶段,实际上只是解体性的变化阶段,仅仅包含单纯的过度目标,由此便逐步通向第三阶段。最后这一阶段才是唯一完全正常的阶段,人类理性的定型体制的各个方面均寓于此阶段之中。"② 因此,人类理智发展的第一阶段是神学或虚构的阶段,是人类历史必然的起点。第二阶段是形而上学或抽象的阶段,是一个过渡时期。第三阶段是科学或实证的阶段,是固定和明确化的阶段,是历史的最终状态。三个制度进化阶段的过程,都由帮助人类理解周围环境的主导观念来界定。其中,第一阶段是"神学阶段",主要以超自然的观念和宗教观念所主宰,其制度认知论的形式表现为"教皇统治下的政教合一",以及此后的政教分离下君主制的"君权神授"。第二阶段是"形而上学阶段",大约从1300年到1800年,对事物以及社会现象大都通过抽象的"力"(比如自然)来加以解释。该阶段的制度认知论形式处于启蒙状态,此前神学阶段的制度危机已经出现,但新的制度力量尚未形成。第三个阶段是"科学阶段",大约从1800年至今。在这一阶段里,宗教和形而上学的解释被抛弃,而基于科学实验观察的科学定律,开始成为理解世界和社会的主导方式。

## 卡尔·马克思

卡尔·海因里希·马克思(Karl Heinrich Marx,1818—1883),生于德国莱茵省南部特里尔市。先后在波恩大学和柏林大学法律系学习,1841年获得哲学博士学位。1846年5月,马克思与恩格斯合著的《德意志意识形态》完成,该书批判了黑格尔的唯心主义哲学,论述了历史唯物主义的基

---

① [法]奥古斯特·孔德:《论实证精神》,黄建华译,商务印书馆1996年版,第1页。
② [法]奥古斯特·孔德:《论实证精神》,黄建华译,商务印书馆1996年版,第2页。

本原理。1848年2月，马克思与恩格斯共同起草的《共产党宣言》成为第一个国际共产主义运动的纲领性文件。1867年9月，马克思的《资本论》第一卷问世。此后，马克思全身心地投入到研究和写作《资本论》第二卷和第三卷的写作中。马克思去世以后，《资本论》第二卷和第三卷由恩格斯整理和出版。马克思是马克思主义创始人，政治家、哲学家、经济学家、革命理论家，并精通哲学、历史、政治经济学、占星学、数学，马克思是近代国际共产主义运动和无产阶级的精神领袖，他的思想体系影响到了地球上一半以上的人口的思想和价值观，也推动和深刻影响了全球政治、经济体系的形成和格局。

马克思主义理论丰厚，制度理论是其核心的思想主题。它的理论主要分析资本主义私有制，具体内容包括所有制与所有权理论，市场体制在经济和社会发展中的作用，资本主义社会经济制度的本质及其动态发展与更替的一般规律，以及国家中的意识形态理论等。本文尝试把握住马克思制度思想的基本框架。①

## 一 制度分析的理论基础

马克思进行制度分析的基础是劳动价值论。马克思认为，物质生产活动是所有的人类活动中最基本的活动，整个人类生活的第一个基本条件就是劳动。劳动创造了人本身，在人类从事劳动，进行物质生产活动的过程中，也产生了人类的政治生活。"到目前为止的一切生产方式，都仅仅以取得劳动的最近的、最直接的效益为目的。"② 所以，封建制度是建立在地主阶级几乎完全占有农民阶级所创造的剩余劳动成果的基础上的。劳动的异化就是人类的异化，私有财产是异化劳动的结果，人类的解放首先要寻求劳动的解放，人类制度的安排应以劳动为依据。劳动者不仅是物化劳动的所有者，而且也应是活劳动的所有者，违背这个原则的制度是不合理的，是应该被否定或被变革的。这样，马克思就否定了资本主义制度的合

---

① 笔者以《马克思制度变迁的分析框架》的题目在《西京论坛》2008年第1期上发表，此处做了修改。
② 《马克思恩格斯选集》第三卷，人民出版社2012年版，第1000页。

理性，而马克思所设想的未来的共产主义制度，人们的物质生产劳动挣脱了资本的外部强制，成为人们的自觉活动，劳动不再是谋生的手段，而是成了生活的第一需要。对人的统治变成对物的管理，每个人都得到自由全面的发展，因而，这种制度才是最好的和人们应该追求的。马克思制度分析带有强烈的人文关怀。马克思制度分析的人文关怀不仅停留在对非人性现存的批判，他还构想了一个异化扬弃的理想社会制度——共产主义社会，这一制度是人文关怀的结果，也是其人文关怀理想目标实现的社会形式。马克思指出："制度只不过是个人之间迄今所存在的交往的产物。"[①]由此出发，马克思在制度变迁的历史分析中引入了唯物主义历史观，把制度纳入到历史、社会、人的存在方式中加以考察，通过生产方式和交换方式的相互作用，解释人类社会发展的经济制度和社会制度的基本特征。

马克思把制度理解为个人交往的历史的产物，把制度变迁理解为经济制度、社会制度以及人的存在和发展制度的互动变迁，形成了马克思制度哲学的基本结构。马克思这一思维方式上的革命性成果表现为：第一，把生产活动视为人类征服自然、改造社会的基本活动，从而形成了经济—社会互动分析的理论构架。第二，把再生产活动纳入到社会交往系统中加以考察，使生产活动带有了社会性的特点。第三，从社会交往的角度理解社会再生产，法权、科技、意识形态等要素被纳入到经济—社会发展的分析框架中。第四，从社会主体和客体的关系，分析经济活动中商品关系所掩盖着的人的关系，进而把人的存在和价值纳入到经济与社会相互作用的历史发展之中。这四个方面，构成了马克思经济哲学制度分析的理论方法。

## 二 制度分析的方法

### （一）制度分析的方法论

辩证唯物主义和历史唯物主义是马克思进行制度分析的基本方法论。马克思通过阐述生产力和生产关系、经济基础与上层建筑之间的辩证关系，把握住制度产生发展的客观历史过程，并且通过把握制度与人、社会之间的辩

---

[①] 《马克思恩格斯选集》第一卷，人民出版社2012年版，第202页。

证关系去解释制度的本质。这构成了马克思独有的制度分析方法。

马克思的制度分析以古典经济学理论为基础并超越了它。马克思从生存关系方面对经济制度进行分析。马克思认为，生产关系包括三个方面的内容：生产资料所有制、在生产过程中人与人之间的关系、产品的分配方式，其中生产资料所有制是最基础的。马克思按照生产关系的标准，把历史上各个阶段的不同制度划分为五个阶段，也是五种社会制度：原始社会制度、奴隶社会制度、封建社会制度、资本主义社会制度和共产主义社会制度。

他的制度变迁理论具体体现了辩证唯物史观的方法论。其理论中有关自然、社会、政治、经济、文化制度的方面，也坚持了辩证唯物主义的观点。同时，辩证唯物主义和矛盾分析方法贯穿于生产力与生产关系理论、经济基础与上层建筑理论、社会存在与社会意识理论的原理之中。在理论分析的过程中，他坚持从具体到抽象的逻辑分析方法。在史实的分析过程中，他坚持历史与逻辑相统一的分析方法。因此，社会制度和结构的变迁决定了个人的行为和选择，而非理性的个人选择导致了经济制度的变迁。

唯物史观和辩证法是马克思制度社会学的基础方法。这一方法认为，社会并非个人的单纯总和，恰恰相反，由于被社会整体所决定的独特的社会结构决定了个人的基本属性，并最终决定了个人的生存和行动空间。因此我们可以得出，社会制度不是以交易关系为基础的个人关系，不是个人之间基于各自的成本——收益计算的自由契约的结果。一定的社会制度是体现不同阶级或不同社会集团之间的生产关系，是社会系统结构中生产力和生产关系、经济基础和上层建筑的矛盾运动的产物。

(二) 制度分析的宏观框架

马克思的制度分析方法是整体主义的宏观框架。他批判个体主义的分析方法。虽然由于历史环境的局限及其理论任务的制约，使得马克思制度理论中的个别理论结论存在着现实问题，但是它在分析资本主义制度兴起、发展、灭亡的理论构建中所蕴含的制度分析方法仍具有很强的合理性和现实理论批判意义。马克思在《政治经济学批判》导言中指出："在经济学上从作为全部社会生产行为的基础和主体的人口开始，似乎是正确的。但是，更仔细地考虑起来，这是错误的。如果我，例如，抛开构成人口的阶级，人口就是一个抽象。如果我不知道这些阶级所依据的因素，如雇佣劳动、资本等等，阶级又是一句空话。而这些因素是以交换、分工、价格等等为前提的。比如资本，如果没有雇佣劳动、价值、货币、价格等等，它就什么也不是。因此，如果我从人口着手，那么，这就是关于整体的一个混沌的表象，并且通过更切近的规定我就会在分析中达到越来越简单的概念；从表象中的具体达到越来越稀薄的抽象，直到我达到一些最简单的规定。"[1] 所以一方面，我们不能仅仅从抽象的个人出发来了解制度等一些关于整体的范畴；另一方面，也不能离开具体的全体范畴孤立地来认识个体的本质。马克思指出，我们不仅不能把个体或整体看成绝对对立或绝对从属的关系，而且也不能把两者间的关系看成相互无限循环的作用体系。实践是人类社会系统作用于自然系统的枢纽，它决定着人类从自然界获取能量的多少和获取的方式途径，是人类生存的基础所在。马克思从人类社会系统作用与自然系统的角度来把握人的本质。应当明确的是马克思制度理论的目的是从逻辑上洞察人类社会整体制度发展变化的一般规律，证明资本主义制度必将灭亡，社会主义制度必将到来的革命结论。因此，马克思制度理论体系在本质上是一个宏观动态的整体制度理论。

关于某一制度是不是一种非绩效的制度，其关键的因素在于生产力的发展与现有的法权制度是否适应，或现实的权力体系能不能反映在效率约束下的对实际资源进行支配的权力结构。因此，权力是马克思主义制度理论的经济分析的主要核心概念。在马克思体系中，"权力"不是外部给予的单独变量，而是由在社会竞争和社会生产压力的作用下，由社会生产力系统决定的，一种强制结构、一种暴力体制或一种控制方式要能够在社会竞争和社会生存压力下较长期地存在，必须充分发挥社会潜在效率结构的力量，这样就赋予那些对社会效率有决定作用的社会集团以支配社会资源的能力。正是这种能力决定了社会强制和社会控制方式。

---

[1] 《马克思恩格斯选集》第二卷，人民出版社2012年版，第700页。

### （三）制度分析的微观基础

马克思把宏观和微观两种视角结合在一起分析制度。马克思的微观制度分析方法是建立在制度宏观动态分析方法和理论体系的基础上的。马克思认为："在社会历史领域进行活动的，是具有意识的，经过思虑或凭激情行动的，追求某种目的的人；任何事情的发生都不是没有自觉的意图，没有预期的目的的。"[1] 马克思的人类行为理论可以从两个方面来认识和理解：一是具体个体行为特征的层面，主要包括行为的目的性、有限认知性、内涵的动物机能性和社会机能性。二是从实践范畴来把握人的本质的方面，即人是实践的存在，在本质上是社会关系的总和，其行为的基本性质是由他所处的社会集团的性质决定的。

在人类行为理论构建的基础上，微观制度分析还必须界定"选择""限制""自由"等范畴间的关系。马克思曾经指出，在劳动实践中，劳动者本人可以随意从事这种或那种劳动，他的特殊的劳动的特殊关系不是社会决定的，他的意愿是他的天赋、爱好、他所处的自然条件下等决定的。正是这种在社会约束和自然约束下的个体的自由，使得劳动者具有能动性和创造性，使生产力得到改进，从而促使社会整体结构在积累变化的基础上发生质的变化。

马克思的微观权力分析框架是以他的宏观权力分析框架为基础的。以社会生产力为基础的宏观权力结构决定了社会集团的性质，从而决定了不同社会集团中的不同个体在相互作用的性质和谈判议价中的地位。在马克思体系中具体体现在他对资本劳动雇佣契约关系的分析之上，或者说是体现在解决"为什么是资本雇佣劳动"这个问题上。

### （四）整体主义与个体主义方法

马克思与新制度经济学的制度分析方法比较。这两种分析方法在本质上是互相对立的。都是以资源稀缺、生存竞争、信息不完全、有限理性为分析前提的。[2]

---

[1] 《马克思恩格斯选集》第四卷，人民出版社2012年版，第253页。
[2] 林岗、张宇：《马克思主义与制度分析》，经济科学出版社2001版。

表 3-1  马克思与新制度经济学的制度分析比较

| 比较的方面 | 马克思制度整体主义 | 新制度经济学个体主义 |
|---|---|---|
| 命题 | 1. 社会整体的性质及其相互关系决定了个体存在的本质、个人行为的内涵深受社会环境影响；<br>2. 形成社会力量的工作整体范围不但决定着个体利益的内容，还决定着个体行为的结果；<br>3. 部分的简单加总不等于整体，因此社会制度等整体范畴不能简单地还原为个体心理等个体范围；<br>4. 从客观整体的角度来把握制度的范畴，并由这些整体范畴的性质认识其中个体的内容 | 1. 只有个体才有目标和利益，才是社会历史中实在的范畴。因此，任何社会科学除了"个人"外不可能找到其他科学的解释基础；<br>2. 社会整体是个体行动的结果，所以社会整体是可改变的，对社会整体的认识则必须归结到"个体行为"的基础上才能达到理论的一致性和可驳性；<br>3. 个体行为的动力是由个体主观效用最大化构成的，个体行为的性质是由认知结构决定的，因此，对制度等整体范畴的认识必须从个体心理出发 |
| 出发点 | 制度整体主义<br>引入劳动实践 | 心理个人主义<br>利用交易契约论和博弈论 |
| 特征 | 强调整体 | 强调个体 |
| 优点 | 引入人类社会系统和自然系统相互作用关系——生产力，把握人与人的关系，认识社会整体范畴的性质，并通过整体范畴及其相互关系来认识具体个人动机形成的过程、社会作用的性质，以及人体利益决定的机制 | 1. 克服了新古典理论中财富最大化假设所导致的困境，扩展了个人理性选择的适用范畴；<br>2. 在人类行为中首次确立了认知结构，从根本上界定了人性不完善的根源所在 |
| 缺陷 | 过分强调整体的作用<br>忽略微观基础<br>导致个体行为社会决定论 | 易于主观、武断<br>片面地将社会看成抽象个体相互作用的产物<br>分析流于表面 |
| 本质上 | 相互对立 ||

## （五）制度的阶级分析法

马克思坚持用阶级分析方法分析社会制度。这也是马克思的制度分析不同于其他制度分析的地方。第一，马克思的阶级分析是建立在生产力与生产关系相互矛盾冲突的过程中。生产力与生产关系有相互适应的时候，也有不相互适应的时候。马克思指出，技术的发展变迁是制度（生产关系）变革的主要根源，是原来的制度与技术的潜在生产力之间出现了不适应，就是："一切历史冲突都根源于生产力和交往形式之间的矛盾。"[①] 第二，马克思的阶级分析也根源其产权理论。马克思经济理论根据人们在社会经济关系中对于生产资料的不同程度的占有，分为不同的阶级，即不同的利益集团。这些利益集团之间的冲突就构成了社会经济生活中的主要矛盾，而就是这些矛盾运动使得整个社会生活经济制度不断发生变化，其最高形式是革命式的激变。第三，马克思的阶级分析也是社会利益关系分析的重要组成部分，并且也是阐释人类历史上制度起源和演进的重要方法。在马克思看来，人们的利益关系由人们在社会生产中形成的生产关系（制度）所决定，当这种生产关系或制度进行调整和变革时，必然会导致人们之间的利益关系发生变化。在马克思的制度理论中，利益冲突被看作制度变革的直接动力因素，而进行制度变革必须通过要进行阶级斗争。需要指出的是，马克思从制度变迁的"利益冲突论"出发，认为当不同的利益集团之间的矛盾冲突积累到一定程度时，就将爆发激进的革命式的制度变迁。从而，马克思认为，制度变迁总的轨迹特征是突发的和激进的。马克思继承古典政治经济学的传统，他关注人与人之间利益冲突的一面，认为冲突解决的结果成了后来形成的制度。对比后来的西方新制度经济学，仅仅用新古典经济学渐进的观点去解释人类社会制度的起源，存在局限性，同时也是不全面的。马克思制度变迁的分析是站在唯物史观的立场上，充分肯定了人作为制度改革的主体力量，并且运用阶级分析的方法，完成了其关于制度变迁的一套体系化理论，丰富了马克思主义的社会运动观。

---

[①] ［德］马克思、恩格斯：《德意志意识形态》节选本，人民出版社2018年版，第62页。

### (六) 制度研究逻辑层次

马克思主义关于制度分析的理论在逻辑上由作为制度分析一般结构的理论命题和作为制度本身一般分析的理论命题两部分构成：前者为进行制度分析的理论前提，分别阐述了关于制度分析的总体解释框架，分析的逻辑起点和分析的核心环节，从而为制度分析提供了一个总体的解释框架和两个不同层次的基本理论支点，构成了一个完整的制度研究结构。后者为关于制度的一般理论分析，分别阐述了关于制度的产生及其静态结构，制度的动态变迁与演化，以及制度产生与发展的差异性、多样性问题的一般理论，从而系统地解释了制度的产生、发展及宏观体系等基本问题，形成了一个关于制度现象的完整的解释体系。[1]

**表 3 – 2　马克思制度分析的逻辑层次**

| 层次 | 作为制度分析的一般结构 | 作为制度分析的一般理论 |
| --- | --- | --- |
| 内容 | 制度分析总体解释框架分析的逻辑起点、分析的核心环节 | 制度的产生静态结构动态变迁与演化 |
| 作用 | 提供总体解释框架基本理论支点 | 系统地解释了制度的产生、发展及宏观体系 |
| 区别 | 完整的制度研究结构 | 制度现象的解释体系 |
| 意义 | 理论意义 | 现实意义 |

## 三　关于制度概念、起源和性质的分析

### (一) 制度的概念

马克思指出："共产主义所造成的存在状况，正是这样一种现实基础，它使一切不依赖于个人而存在的状况不可能发生，因为这种存在状况只不过是各个人之间迄今为止交往的产物。"[2] 马克思提出生产关系是一个社会的社会经济基础，并把建立在经济基础之上的法律的、政治的以及意识形

---

[1] 李省龙：《论马克思主义关于制度的一般理论》，《中国人民大学学报》，2003 年第 2 期。
[2] 《马克思恩格斯选集》第一卷，人民出版社 2012 年版，第 202 页。

态的上层建筑当作真正的社会制度。在马克思主义学说中,制度范畴包含着作为经济制度的生产关系和作为上层建筑的与经济制度相适应的政治、法律等制度体系两个层面。前者可以看作一种仅限于经济关系领域内的狭义的制度,后者则可以被视为一种广义的制度。经济制度本身因此构成了马克思主义政治经济学研究的对象和目的,并形成了一个宏大的制度分析理论体系。①

因此,马克思主义政治经济学中的制度,可以从两方面来理解。首先,制度是指现实的社会关系,是一种客观的社会存在。马克思主要是从这方面研究制度变迁理论的。其次,制度是客观社会关系在人们观念中或法律形式上的反映,表现为意识形态、道德、习俗、法律、法规等,这些作为观念或法律的制度,形成约束和调整人行为的规则。马克思主义经济学区分了作为经济基础的制度和作为上层建筑的制度,阐明了二者之间的决定与被决定,反映与被反映的关系。马克思指出:"这种具有契约形式(不管这种契约是不是法律固定下来的)法的关系,是一种反映着经济关系的意志关系。这种法的关系或意志关系的内容是由这种经济关系本身决定的。"② 马克思主义经济学揭示了社会存在与社会意识的区别和联系,就为科学地研究制度变迁理论和把握制度变迁规律奠定了基础。马克思认为,不能脱离人与人之间的社会经济关系来讨论制度的本质概念。马克思认为,各种伦理道德、法律制度、意识形态和国家中的规则都属于上层建筑,同时也体现了特定阶级的利益和意志要求,因为制度、产权、法律体现的是一定阶级的利益和意志要求和思想意志关系。这种思想意志关系并非凭空产生,而是生产关系的产物。因此,一定历史阶段的政治、经济乃至文化制度是由这个阶段的生产关系决定的,是这个时期生产关系的集中表现形式。"在不同的财产形式上,在社会生存条件上,耸立着由各种不同的,表现独特的情感、幻想、思想方式和人生观构成的整个上层建筑。

---

① 李省龙、张贵孝:《论马克思主义制度分析的一般结构》,《当代经济研究》2002年第12期。

② [德]马克思:《资本论》(纪念版)第一卷,人民出版社2018年版,第103页。

整个阶级在其物质条件和相应的社会关系的基础上创造和构成这一切。"①与生产关系演进的几个社会形态相适应,制度从低级到高级分别表现为原始共产主义制度、奴隶社会制度、封建社会制度、资本主义社会制度,而未来高级阶段的制度形式是共产主义制度。民主共和制是资产阶级采用的最好的政治外壳,因为它最适应以自由竞争为原则的经济关系的结构。就制度绩效而言,资本主义制度比封建制度、奴隶制度更有效率,社会主义和共产主义制度是最先进、最有效率的制度。先进的社会制度取代落后的社会制度是历史的必然。与制度经济学家关于制度的定义相比,马克思站在唯物辩证法的高度,对制度的定义更好地揭示出了制度的内容和本质,体现出了制度形式和内容的辩证统一。

(二) 制度的起源

马克思认为,制度产生于社会的需要。他认为:"在社会发展某个很早的阶段,产生了这样一种需要:把每天重复着的产品生产、分配和交换用一个共同规则约束起来,借以使个人服从生产和交换的共同条件。这个规则首先表现为习惯,不久便成了法律。"② 在探究制度的起源和本质时,马克思从人类与自然界的矛盾出发,从生产力的发展导出了第一个层次的制度起源,即社会生产关系(经济制度)的形成过程;进而又从社会生产关系中不同集团、阶级的利益矛盾和冲突出发,推导出第二个层次的制度起源,即包括政治、法律、道德规范在内的上层建筑。"随着法律的产生,就必然产生出以维护法律为职责的机关——公共权力,即国家。随着社会的进一步的发展,法律进一步发展为或多或少广泛的立法。这种立法越复杂,它的表现方式也就越远离社会日常经济生活条件所借以表现的方式。"③ 实际上,作为全部社会制度的基础的生产关系在本质上就是在社会分工体系中处于不同地位,对经济资源具有不同支配权力的各种集团、阶层、阶级之间的利益关系。

马克思认为,制度是在一定的社会物质资料的生产方式基础上产生

---

① 《马克思恩格斯选集》第一卷,人民出版社2012年版,第695页。
② 《马克思恩格斯选集》第三卷,人民出版社2012年版,第260页。
③ 《马克思恩格斯选集》第三卷,人民出版社2012年版,第260—261页。

的。社会制度的产生受到人类社会生产和再生产发展的制约。马克思曾经指出:"在人们的生产力发展的一定状况下,就会有一定的交换［commerce］和消费形式。在生产、交换和消费发展的一定阶段上,就会有相应的社会制度,相应的家庭、等级或阶级组织,一句话,就会有相应的市民社会。"[1] 马克思的观点从本质上揭示了社会制度的起源,也阐明了社会制度是一定的社会历史发展的产物。

(三) 制度的性质

马克思制度分析的一个突出点在于对制度性质的分析。在马克思看来,制度是有阶级性的,奴隶社会、封建社会和资本主义社会的制度都是人剥削人的制度,是不公正的制度。马克思主义追求的是有利于人的全面发展的制度。马克思关于人的"异化"的分析也可以用来分析资本主义制度问题。马克思的分析表明,资本主义制度是有效率的制度,但它是一个剥削、不公正、不公平的制度。马克思关于制度分析的宏大理论框架是以人类社会历史的总体性解释框架——历史唯物主义——为理论基础的。这就与新古典经济学为基础的新制度经济学不同。在制度性质的分析上,马克思的制度分析更全面、更客观、更科学。仅仅从效率(或绩效)方面去研究制度是不全面的。

(四) 制度产生的根源的研究逻辑

制度产生的根源及其基本结构规定了对其研究的逻辑次序:首先必须研究作为整个社会制度基础的生产力及与之相适应的生产关系,其次才可能对建立在这一基础之上的政治的、法律的,以及意识形态的上层建筑进行分析。为此,我们可相应地将社会制度划分为原生的,起决定性作用的,表现为生产关系的第一层次制度(经济制度)和次生的,起反作用的,主要表现为政治、法律制度和意识形态的第二层次制度(上层建筑)两大类,并分别进行说明。

根据马克思主义唯物史观对社会结构的理解,一方面,由作为根本的经济制度与作为派生的政治、法律制度和意识形态共同构成了一个社会的

---

[1] 《马克思恩格斯选集》第四卷,人民出版社 2012 年版,第 408 页。

宏观制度结构；另一方面，这一结构又反作用于社会中的每一个基本经济单位。因此，相对于社会的宏观制度结构，任何具体的经济单位都表现为，而且也只能表现为一个基于其内部具体的经济—技术关系的微观制度结构，并始终处于社会宏观制度结构的整体制约之下。正是由于这种制约关系的存在，对社会制度的研究只能从对宏观制度结构的分析开始。因为只有首先理解了前者，然后才可能理解并说明在其根本制约下的后者。更具体地说，根据生产力—生产关系—生产方式原理①，所阐明的三者之间的内部结构关系，对社会制度的分析必须，或者说只能从社会宏观制度制约下的分工环节开始。

表3-3 马克思制度分析的层次

| 方面 | 第一层次制度 | 第二层次制度 |
| --- | --- | --- |
| 内容 | 经济制度 | 上层建筑 |
| 作用 | 原生的，起决定性作用的 | 次生的，起反作用的 |
| 范围 | 仅限于经济关系领域内的狭义的制度 | 广义的制度 |
| 表现形式 | 表现为生产关系 | 表现为政治、法律制度和意识形态 |
| 关系 | 作用 | 反作用 |

## 四 关于制度类型和特征的分析

（一）制度的类型

马克思按照所有制的形式和社会发展的阶段划分了不同类型的制度。

1. 马克思按照社会制度变迁的类型，划分出了前资本主义制度、资本主义制度和共产主义制度。这些制度又具体表现为原始社会制度、奴隶社会制度、封建社会制度、资本主义社会制度和共产主义社会制度。

2. 马克思按照所有制类型标准划分出了部落所有制、古代公社和国家所有制、封建和等级所有制。

---

① 吴易风：《当前经济理论界的意见分歧》，中国经济出版社2000版。

3. 马克思按照资本主义经济运行制度划分出了产权制度、企业制度、生产过程中的制度。

(1) 产权制度

产权是新制度经济学中使用频率最高的词之一。马克思虽然没有直接使用产权、产权制度这样的名词，但马克思主义经济学中大量研究的所有权关系与产权关系的含义是相近的。因此，用产权或产权制度理论来概括马克思主义经济学关于所有权和财产权利的有关思想是恰当的。

(2) 企业制度

企业是现代经济中最基本的生产单位和经济单位，社会经济活动是以企业为主体进行的。企业作为社会生产的一种组织制度，是随着生产力的发展和人们对经济活动效率的追求逐步形成的。企业这一生产的组织制度又是资本主义生产的起点，所以，马克思在对资本主义经济进行研究的过程中，包含了他关于企业制度的基本思想和理论。

(3) 生产过程中的制度

马克思认为："一个骑兵连的进攻力量或一个步兵团的抵抗力量，与每个骑兵分散展开的进攻力量的总和或每个步兵的分散展开的抵抗力量的总和有本质的差别，同样，单个劳动者的力量的机械总和，与许多人手同时共同完成同一不可分割的操作（例如举起重物、转绞车、清除道路上的障碍物等）所发挥的社会力量有本质的差别。在这里，结合劳动的效果要么是单个人劳动根本不可能达到的，要么只能在长得多的时间内，或者只能在很小的规模上达到。这里的问题不仅是通过协作提高个人生产力，而且是创造了一种生产力，这种生产力本身必然是集体力。"[①]

(二) 制度分析的特征

马克思以制度分析为重点并将制度视作社会经济发展之外的产物。马克思揭示了生产关系一定要适应生产力的客观规律，这一规律能够合理解释人类社会的发展变迁历程。马克思认为，任何社会生产的进行都是在特定的生产关系和制度安排下进行的，同时不同的制度有不同的效率，例如

---

① ［德］马克思：《资本论》（纪念版）第一卷，人民出版社2018年版，第378页。

资本主义制度相较于封建制度和奴隶制度的效率更高。

1. 马克思的制度分析具有历史性

社会的变迁是多种因素长期累积的结果。如果要理解现在社会，展望未来社会就必须要重新认识过去。如果要研究长时间的社会经济发展和社会制度变迁则需要在历史长河中进行考察。在对社会制度的认识上，马克思主义在其最内在的本质上是历史的观点，而人的社会实践就成为马克思主义制度分析的理论视角。事实上，也只有从这一视角出发，才可能使研究接近社会历史发展的现实过程。①

2. 马克思的制度分析具有演进性和动态性

马克思在写给恩格斯的信中曾指出，达尔文进化论构成了他们学说的自然历史之基础。但马克思的制度变迁大纲拒绝达尔文的"渐进"观点，强调了社会制度以革命形式表现的突变，这与达尔文的思想不同，但是，这种观点却与现代生物学关于"突变"和"渐变"是进化形式的框架相一致。许多与马克思同时代的经济学家，都将制度作为经济分析的外生变量而不加以考虑。而马克思认为制度是经济分析的内生变量，他明确指出，古典经济理论的错误就在于"它把资本主义制度不看作是历史上过渡的发展阶段，而是看作社会生产的绝对的最后的形式，那就只有在阶级斗争处于潜伏状态或只是在个别的现象上表现出来的时候，它还能够是科学"②。马克思认为在生产力和生产关系，经济基础和上层建筑对立统一的矛盾运动下，制度是可变的。人类的经济制度、政治制度、法律制度等都处在不断的发展变化中。

鉴于制度的动态发展以及发展本身的复杂性，根据马克思的社会形态发展理论，以社会制度的宏观更替为标准，体现为制度演变，指社会制度宏观本质的质变，主要表现为五种社会形态本身的更替。在此，制度变迁构成了制度演化的基础，而制度演化则是制度变迁最终的、决定性的结果。

马克思指出，人类社会的发展过程既不是抽象的经验论者所鼓吹的是

---

① 李省龙、张贵孝：《论马克思主义制度分析的一般结构》，《当代经济研究》2002年第12期。

② 马克思：《资本论》（纪念版）第一卷，人民出版社2018年版，第16页。

一些僵死的事实的汇集，也不是一些唯心主义者所宣扬的是主体的想象活动，又不是可按长官意志随便改变的，偶然产生和变化的，机械的个人结合体。面对着千差万别的环境和条件，不能用一种单一的、僵化的模式随意剪裁多姿多彩的社会历史过程。即使是相同的经济基础，由于无数不同的经验的事实、自然条件、种族关系、各种从外部发生作用的历史影响等等，而在现象上显示出无穷无尽的变异和程度差别。因此，历史常常是跳跃式地和曲折地前进的。①

表3-4　不同社会形态下的社会制度类型

| 历史唯物主义框架 | 原始社会 | 奴隶社会 | 封建社会 | 资本主义社会 | 社会主义社会 |
|---|---|---|---|---|---|
| 文明程度 | 蒙昧野蛮 | 文明时代或阶级时代 | | | 高级文明 |
| 人与自然的依存关系 | 人的依赖关系 自然经济社会 | 物的依赖关系 商品经济社会 | | | 人的全面发展 产品经济社会 |
| 劳动的不同类型和人性的不同阶段 | 人具有类本质的人自身的阶段，即劳动和人的本质都还没有发生异化的阶段 | 劳动异化和产生私有财产的私有制社会阶段 | | | 扬弃异化劳动，消灭私有制，使人成为人本身，在更高形式上的复归的共产主义阶段 |
| 社会历史发展与地质相类比 | 石器时代 | 青铜时代 | | 大机器工业时代 | |
| 生产关系 | 部落所有制 | 古代公社国家所有制 | 国家所有制、封建所有制 | 等级所有制 | 现代所有制 |

## 五　制度变迁分析

马克思用"累积因果论"分析制度和制度变迁，即制度演进的每一步

---

① 季正矩：《正确认识马克思的社会形态理论》，《理论视野》，2009年第7期。

由以往的制度状况所决定,处在制度环境中的人的行为是由他过去的经历和所处的文化、宗教、环境和遗传等多种因素决定的,这些因素也具有累积性。这一理念至今仍是制度演化分析的核心。制度既然是一种精神态度或生活理论,它就带有文化传统的意味,其演变过程也就是人类思想和习惯的自然淘汰过程,或者是人类应付外界环境的心理变化过程。

(一)制度变迁的动力

制度变迁的动力来源于生产力发展。这始终是解释社会制度变革的首要和根本的原因。马克思认为:"一切历史冲突都根源于生产力和交往形式之间的矛盾。"① 因此,制度变迁的动因源于生产力和生产关系的矛盾运动。在生产力和生产关系的相互关系上,是生产力决定生产关系,有什么样的生产力就会有什么样的生产关系。由生产力决定生产关系,经济基础决定上层建筑两个基本原理构成了历史唯物主义关于社会结构统一的理论模型,即生产力—生产方式—生产关系(经济基础)—上层建筑。生产力常处于不断变化之中,它是社会生产中最活跃、最革命的因素。社会生产的发展变化总是由生产力的发展变化开始的,生产力发展到一定程度后,才有经济制度相应的变化。"社会的物质生产力发展到一定阶段,便同它们一直在其中运动的现存生产关系或财产关系(这只是生产关系的法律用语)发生矛盾,于是这些关系便由生产力的发展形式变成生产力的桎梏。那时社会革命的时代就到来了。"② 生产力和生产关系的矛盾运动不断积累,达到一定程度时,社会制度及其关系会发生变革。在《共产党宣言》中,马克思强调资产阶级的所有制关系带来了生产力的飞速发展,封建的所有制关系已不再适应发展的生产力,它已然成为束缚生产的桎梏,取而代之的是自由竞争及与之相契合的资产阶级经济和政治统治。

生产力和生产关系的矛盾运动的基本规律也能够解释资本主义制度的最终衰亡和社会主义制度的必然胜利。资本主义从自由竞争阶段到垄断阶段,社会中的有机构成不断提高,利润率持续下降,资产阶级的财富积累

---

① 《马克思恩格斯选集》第一卷,人民出版社2012年版,第196页。
② 《马克思恩格斯选集》第二卷,人民出版社2012年版,第2—3页。

和无产阶级的持续贫困扩大了生产与消费萎缩之间的矛盾，最终不断引发周期性的经济危机。这种危机是资本主义社会的内部发展无法解决的，这其实说明资本主义的生产关系无法适应其生产力的发展，将会引发激烈的社会变革取代已经落后的资本主义制度。

马克思将制度变迁的动因归结为生产力的发展，其实质是对社会结构及其一般运行机制问题的理解与回答。马克思系统分析了社会关系即经济制度的变革。由此可知，马克思是把社会生产力的变化发展视为制度变革的根本原因。从制度分析的角度看，上述模型同时也是解释全部制度现象，也就是具体制度的产生、结构，以及演变机制和规律的统一的理论模型。第一，它相当直观地表现了整个制度现象产生的根源、机制和结构；第二，它具有适应制度分析所需要的宏大的分析结构，长期的动态特性的研究特征。资本主义发展过程中，机器大工业之所以能取代家庭手工业，其主观因素是资本家追求产品利润最大化，尽力缩短工人的必要劳动时间，以便延长剩余劳动时间。但是，工厂制度的这种变革能够实现，是因为社会生产力发展到大机器生产阶段。这种新的劳动资料通过直接社会化的共同的劳动发生作用。这样，劳动过程的协作便是由劳动资料本身的性质所决定的技术上的要求。推动资本主义企业的组织形式从单个资本家所有到合伙制、股份制发展的直接动力，使资本家追逐剩余价值，而产生这种变化的根本原因，是技术的发展对资本规模越来越大的客观要求，这种要求不可能在旧的企业组织形式中得到满足，从而引进了企业制度的创新。因此，这种分析范式成为经济制度、非经济制度及一般制度分析的逻辑基础和起点。

经过以上分析，加上马克思主义经典作家的观点，一切重要历史事件的终极原因和伟大动力是社会经济的发展、生产方式和交换方式的改变，由此产生的社会划分为不同的阶级，以及这些阶级之间彼此的斗争。我们可以得出的结论是：第一，社会制度变迁的根本动力是生产力的发展；第二，在阶级社会里，推动社会制度变迁的直接动力是阶级斗争；第三，生产力发展虽然是社会制度变迁的最根本的原因，但不是社会制度变迁的唯一、可单独起作用的影响因素。

(二) 制度变迁的主体

马克思认为，社会制度变迁的主体是一定社会生产关系下的人。真正推动历史发展和制度变迁的是代表先进生产力的阶级或利益集团。社会是人的社会，人也就是社会的人，"正像社会本身生产作为人的人一样，社会也是由人生产的。"[①] "人的本质不是单个人所固有的抽象物。在其现实性上，它是一切社会关系的总和"[②]，即人的本质是人的社会性。在存在私有制的社会中，人的社会性又集中表现为阶级性，这是因为人总是处于由生产资料所有制决定的不同的经济地位上，人总是从属于一定的阶级。马克思的经济理论根据人们在社会经济关系中对生产资料占有的不同，把人们分为不同的阶级或集团。"自由民和奴隶，贵族和平民，领主和农奴，行会师傅和帮工，一句话，压迫者和被压迫者，始终处在相互对立的地位，进行不断的，有时隐蔽有时公开的斗争，而每一次斗争的结局都是整个社会受到革命改造或者斗争的各阶级同归于尽。"[③] 在这种斗争中，先进的社会制度取代落后的社会制度。阶级是包括国家在内的社会制度的承担者，也是制度变迁的主要代理人。资产阶级是资本主义制度取代封建制度的主体，资产阶级"在它的不到一百年的阶级统治中所创造的生产力，比过去一切时代创造的全部生产力还要多，还要大"[④]。这说明，资产阶级所创立的资本主义制度是比封建制度更具有历史绩效，因而，资本主义制度取代封建制度是历史的一大进步，而无产阶级又是共产主义制度取代资本主义制度的主体，当社会生产力的巨大发展使资本主义制度开始受到威胁时，"资产阶级用来推翻封建制度的武器，现在却对准资产阶级自己了"[⑤]。"资产阶级不仅锻造了置自身于死地的武器；它还产生了将要运用这种武器的人——现代的工人，即无产者。"[⑥] 所以，无产阶级是资本主义制度的埋葬者和社会主义制度的创立者。以人民群众作为制度变迁的主体，正是

---

[①] 《马克思恩格斯文集》第一卷，人民出版社 2009 年版，第 187 页。
[②] 《马克思恩格斯选集》第一卷，人民出版社 2012 年版，第 135 页。
[③] 《马克思恩格斯选集》第一卷，人民出版社 2012 年版，第 400 页。
[④] 《马克思恩格斯选集》第一卷，人民出版社 2012 年版，第 405 页。
[⑤] 《马克思恩格斯选集》第一卷，人民出版社 2012 年版，第 406 页。
[⑥] 《马克思恩格斯选集》第一卷，人民出版社 2012 年版，第 406 页。

马克思唯物史观的重要体现。在马克思看来，是人民群众而不是少数英雄人物是历史的创造者，是人民群众推动着历史的前进和制度的变迁。

（三）制度变迁的途径

1. 变迁途径选择的基本依据

马克思对经济制度的分析主要是从生产关系方面展开的。在马克思看来，生产关系的内容包含三个方面：生产资料所有制、在生产过程中形成的人与人之间的关系、产品的分配方式。其中生产资料所有制是最基础的。根据各种社会不同生产关系的划分，马克思将人类历史上各个阶段不同的社会制度划分为五个阶段：原始社会、奴隶社会、封建社会、资本主义社会、社会主义社会。

经济制度的绩效和存在的合理性体现在它是否适应社会生产力发展的内在要求。马克思在确认生产力在终极意义上决定着经济制度的同时，又十分强调经济制度在社会历史发展中的重要作用。首先，经济制度对社会生产力的发展具有反作用，这种反作用或表现为促进作用，或表现为阻碍作用。其次，马克思进一步指出，任何经济制度的产生、发展和灭亡都有其客观条件。他的一个著名论点就是：无论哪一种经济制度，在它们所能容纳的全部生产力充分发挥出来之前，是绝不会灭亡的；而新的更高形态的经济制度，在它存在的物质条件还没有在旧制度的胚胎里成熟以前是绝不会出现的。最后，强调所有制、所有权在社会制度及其变迁中的基础地位。马克思认为，生产资料所有制是社会经济制度的基础。生产资料所有制的变化是社会经济形态更替的基础与体现。关于所有权和产权问题，马克思认为，一定的产权关系是一定的经济关系的表现，财产关系、财产权利是生产关系的法律用语，所有权是所有制的法律用语；社会产权关系发展和变更的根源在于生产关系的变革，其中最根本的就在于生产资料所有制的变革。

2. 变迁途径选择的基本方法——阶级斗争

对于改良和革命，马克思更主张社会制度变迁应通过革命的手段来进行。虽然，马克思在其一生的革命生涯中，也曾为改良做过大量的努力工作。但总的看来，强烈的批判性和革命性是马克思学说的总的特征。马克思生平对各种各样的改良主义进行了坚决的批判,他曾对英国工联主义者狭隘的和抵制不革命的思想意识深感痛心与惋惜。恩格斯曾在马克思墓前说:"马克思首先是一个革命家。他毕生的真正的使命,就是以这种或那种方式参加推翻资本主义社会及其所建立的国家设施的事业……斗争是他的生命要素。"[1] 恩格斯的话,实际上指出了马克思主义作为一种政治学说首先就是要进行社会主义革命。"我们的利益和我们的任务却是要不断地进行革命,直到把一切大大小小的有产阶级的统治全部消灭,直到无产阶级夺得国家政权……对我们来说,问题不在于改变私有制,而在于消灭私有制,不在于掩盖阶级对立,而在于消灭阶级,不在于改良现存社会,而在于建立新社会。"[2] 在经典著作《共产党宣言》中,马克思开宗明义地写道:"至今一切社会的历史都是阶级斗争的历史。"英国著名政治学者拉尔夫·密利本德认为:"斗争的概念是马克思主义政治的核心。""马克思对待斗争的看法却很不同。认为斗争不是什么有问题需要去解决,而是要结束统治和被统治的状态——通过整个改变产生这种状态的条件来结束这种状态。"[3] 所以,在马克思主义者看来,阶级斗争是基础的、主要的焦点。从根本上讲,马克思认为,通过改良来解决资本主义的基本矛盾是不可能的,必须用暴力手段进行彻底性的制度变革即革命才能解决这种基本矛盾。从本质上讲,无产阶级和资产阶级之间的阶级斗争是一种零和博弈,斗争的结果是"剥夺剥夺者",制度变革通过革命来实现:资本主义制度的消亡和社会主义制度的建立。阶级斗争反映了经济制度的演化与生产技术进步之间的不断冲突,尽管马克思强调了生产力的变化(技术变迁)与生产关系的变化(制度变迁)之间的辩证关系,但他相信生产力的变化给社会组织变迁提供了更为动态的力量。诺斯也认为:"马克思企图将技术变迁与制度变迁结合起来。马克思最早阐述的生产力(它常常被马克思用来指技术状态)与生产关系(常意指人类组织和具体的产权方面)

---

[1] 《马克思恩格斯选集》第三卷,人民出版社 2012 年版,第 1003 页。
[2] 《马克思恩格斯选集》第一卷,人民出版社 2012 年版,第 557—558 页。
[3] [英]拉尔夫·密利本德:《马克思主义与政治学》,黄子都译,商务印书馆 1984 年版,第 19 页。

的相互关系,是将技术限制与制约同人类组织的局限性结合起来所作的先驱性努力。"①

## 六　所有制理论

马克思的所有制理论分析了劳动分工对所有制的影响。

第一种所有制形式是部落（stamm）所有制。它是与生产的不发达的阶段相适应的,当时人们是靠狩猎、捕鱼、牧畜,或者最多是靠耕作生活的。在后一种情况下,它是以有大量未开垦的土地为前提的。在这个阶段上,分工还很不发达,仅限于家庭中现有的自然产生的分工的进一步扩大。因此,社会结构只局限于家庭的扩大：父权制的酋长,他们所管辖的部落成员以及奴隶。隐蔽地存在于家庭中的奴隶制,只是随着人口和需求的增长,随着同外界往来（表现为战争或交易）的扩大而逐渐发展起来的。

第二种所有制形式是古代公社所有制和国家所有制。这种所有制是由于几个部落通过契约或征服联合为一个城市而产生的。在这种所有制下仍然保存着奴隶制。除公社所有制以外,动产的私有制以及后来不动产的私有制已经开始发展起来,但它们是作为一种反常的,从属于公社所有制的形式发展起来的,公民仅仅共同占有自己的那些做工的奴隶,因此就被公社所有制的形式联系在一起。这是积极公民的一种共同私有制,他们在奴隶面前不得不保存这种自发产生的联合形式。因此,建筑在这个基础上的整个社会结构,以及与之相联系的人民权力,随着不动产私有制的发展而逐渐趋向衰落。分工已经比较发达,城乡之间的对立已经产生,国家之间的对立也相继出现。这些国家当中有一些代表城市利益,另一些则代表乡村利益。在城市内部存在着工业和海外贸易之间的对立,公民和奴隶之间的阶级关系已经充分发展。

第三种形式是封建的或等级的所有制。古代的起点是城市及其狭小的领地,而中世纪的起点则是乡村。地广人稀,居住分散,而征服者的入侵

---

① ［美］道格拉斯·C.诺斯：《制度、制度变迁与经济绩效》,刘守英译,生活·读书·新知三联书店、上海人民出版社1994年版,第177页。

也没有使人口大量增加——这种情况决定了起点作这样的转移。因此，与希腊和罗马相反，封建制度的发展是在一个宽广得多的地盘上开始的，而这个地盘是由罗马的征服以及起初与此有关的农业的普及所准备好了的。趋于衰落的罗马帝国的最后几个世纪和蛮族对它的征服，使得生产力遭到了极大的破坏；农业衰落了，工业由于缺乏销路而一蹶不振了，商业停顿或被迫中断了，城乡居民减少了。在日耳曼人的军事制度的影响下，现存关系以及受其制约的实现征服的方式发展了封建所有制。这种所有制与部落所有制和公社所有制一样，也是以某种共同体为基础的。但是作为直接进行生产的阶级而与这种共同体对立的，已经不是古代世界的奴隶，而是小农奴。随着封建制度的充分发展，也产生了与城市对立的现象。土地占有的等级结构以及与之有关的武装扈从制度使贵族掌握了支配农奴的权力。这种封建结构同古代的公社所有制一样，是一种联合，其目的在于对付被统治的生产阶级；只是联合的形式和对于直接生产者的关系有所不同，因为出现了不同的生产条件。

马克思的制度理论强调所有制、所有权在社会制度及其变迁中的基础地位。马克思认为，社会经济制度的基础是生产资料所有制。生产资料所有制的变化是社会经济形态更迭的基础与表现。马克思认为，要研究社会制度，首先就要分析社会生产力和与之相适应的生产关系，即经济基础；其次才能对建立在这个经济基础上的道德和法律等上层建筑的性质做出合理的解释说明。马克思认为，人们在生产过程中形成的关系即社会的经济结构，构成了社会制度的本质或是基础。关于这一点，马克思有如此的论述："人们在自己生活的社会生产中发生一定的、必然的、不以他们的意志为转移的关系，即同他们的物质生产力的一定发展阶段相适合的生产关系。这些生产关系的总和构成社会的经济结构，即有法律的和政治的上层建筑竖立其上并有一定的社会意识形态形式与之相适应的现实基础。物质生活的生产方式制约着整个社会生活、政治生活和精神生活的过程。不是人们的意识决定人们的存在，相反，是人们的社会存在决定人们的意识。社会的物质生产力发展到一定阶段，便同它们一直在其中运动的现存生产关系或财产关系（这只是生产关系的法律用语）发生矛盾。于是这些关系便由生产力的发展形式变成生产力的桎梏。那时社会革命的时代就到来了。随着经济基础的变更，全部庞大的上层建筑也或慢或快地发生变革。"① 马克思的所有制理论从历史的、宏观的、动态的视角讨论了生产力及其发展水平与所有制之间的关系，揭示出了所有制演进的一般性规律。这种分析框架受到了新经济史学的代表人物道格拉斯·C. 诺思的高度赞扬："马克思主义分析的力量恰恰在于它着眼于结构变革及社会生产潜力与产权结构之间的关系；但强调阶级划分使经济组织所固有的阶级内部的冲突模糊了。"② 一方面，马克思认为，资本主义社会生产力迅速发展的前提条件是资本主义私有制的出现，他强调了资本主义私有产权的有效性及其助推资本主义经济增长和社会发展的历史功绩；另一方面，马克思也指出，随着生产力的逐渐社会化发展，资本主义私有制与之越来越不相适应，逐步转向制约生产力进一步发展的阻碍，成为制约经济增长和社会发展的重要因素。首先，以历史的角度来看，随着资本主义的不断发展，劳动者和生产资料根本性地分离，逐渐成为出卖自己劳动力的雇佣劳动者，而生产资料和资本还是集中在少数的资本家手里。这样，既使得新兴资本主义生产方式下的生产发展有了大量廉价的劳动力，又为以大规模的分工协作为前提的资本主义生产的社会化发展提供了现实条件和可能。恩格斯在《反杜林论》中指出："把这些分散的小的生产资料加以集中和扩大，把它们变成现代的强有力的生产杠杆，这正是资本主义生产方式及其承担者即资产阶级的历史作用。"③ 资本主义社会生产方式以雇佣劳动与资本家私人所有的生产资料的间接结合为特征，相应地，小生产者的占有规律被资本主义的占有规律所取代。而资本家对剩余价值追求的无限性和内在驱动及竞争的强制性和外在压力，则变成了迫使资本家"不断改进自己的机器，不断提高机器的生产能力"和不断"扩大生产规模"的"强制性指令"。从而在客观上推动了社会生产力的发展。可见，私有制的激励作用，

---

① 《马克思恩格斯选集》第二卷，人民出版社2012年版，第2—3页。
② [美]道格拉斯·C. 诺思：《经济史上的结构和变革》，厉以平译，商务印书馆1992年版，第208页。
③ 《马克思恩格斯选集》第三卷，人民出版社2012年版，第799页。

比过去大大增加了。其次，以资本主义私有产权为基础的市场制度的确立，为要素的流动提供了诱导机制，各种要素市场（劳动力、资本市场等）的出现，为潜在的获利机会与要素的结合提供了现实的制度装置，从而直接推动了经济增长。相对于封建生产方式下的超经济强制、等级制度、行会制度等对劳动者的诸多限制，以及占统治地位的自然经济对商品交易和市场发展的限制所带来的社会生产缓慢发展，长期处于封闭和停滞的状态而言，新兴的资本主义市场制度具有鲜明的"开放性"特征，它赋予了劳动者更大的独立性和更多的自由，增强了劳动力市场上劳动者选择职业的自主性和劳动力流动的自由性，极大地提高了劳动生产率。同时，随着资本主义市场的出现和发展，融资方式开始转向社会化，并通过资本集中，借助竞争和信用杠杆迅速形成规模经济，极大地突破了企业内部单纯资本积累方式的时间限制和数量限制。而企业制度的创新，公司法的正式实施，又使融资社会化行为得到法律确认。这样，行为主体获取一定规模经济有了现实的物质资本保障，相应地，整个社会也实现了更为优化的资本资源配置。

上升时期的资本主义制度在推动和发展社会生产力方面产生了举足轻重的历史作用，马克思在《共产党宣言》一书中也同样给出了高度赞扬。他指出："资产阶级在它的不到一百年的阶级统治中创造的生产力，比过去一切世代创造的全部生产力还要多，还要大。自然力的征服，机器的采用，化学在工业和农业中的应用，轮船的行驶，铁路的通行，电报的使用，整个大陆的开垦，河川的通航，仿佛用法术从地下呼唤出来的大量人口，——过去哪一个世纪料想到在社会劳动里蕴藏着这样的生产力呢？"[1]从中可以看出，马克思把制度看作影响经济繁荣和社会发展的要素之一，而且强调这种影响会产生两重效应：与一定的生产力性质相适配的经济制度，必定能够极大地促进社会的发展和经济的增长，成为社会发展和经济繁荣的强大的助推力；相反，与一定的生产力性质不相适配的经济制度，就会妨碍经济增长和社会发展。因此，制度因素既可以助推经济增长和社

---

[1]《马克思恩格斯选集》第一卷，人民出版社2012年版，第405页。

会发展，也可以阻碍经济增长和社会发展。正因为如此，马克思既肯定了私有权所具有的效率及其历史进步作用，同时又提出：随着资本主义社会生产力的发展，生产资料的资本主义私人占有制度又与高度社会化的生产力发展不相适应，阻碍了社会生产力的发展，因而，只有实现所有制关系的社会化才能适应生产力社会化的进一步发展。这表明，要解放生产力，就必须进行制度变革，消灭私有制。

## 赫伯特·斯宾塞

赫伯特·斯宾塞（Herbert Spencer，1820—1903）是英国著名社会学家、哲学家，是社会进化论和社会有机体论的早期代表人物，"社会达尔文主义之父"，著有《社会学原理》《社会静力学》等。他出身于教育家庭，祖父与叔父都是教育家，青年时做过铁路技术工，后卸任归乡弃工从文。他于1850年开始研究孔德的著作，1851年发表了第一部专著《社会静力学》，1852年依据拉马克的进化论撰写出版了《进化的假说》，阐述了他的社会进化思想。1858年他开始按进化论构思他的统一各门科学的"综合哲学"，并于1862—1896年陆续出版《综合哲学》。斯宾塞是一位多产的著作家，被称为学术界的"思想泰斗""维多利亚英国的亚里士多德"。他一生都投入写作。1902年，他被提名竞逐诺贝尔文学奖。

在《社会静力学》中，他认为，社会进化是一个不断个性化（individuation）的过程。在从无差别和简单的游牧部落向复杂的文明社会的发展过程中，劳动分化促进了人类社会的进化。社会的基本分为两种类型，即军事社会和工业社会。另外，他比较了动物有机体和社会有机体，发现两种有机体当中都有调节、维持和循环分配三个系统。这三个系统在社会有机体中分别表现为政府、工业和道路、电报和商业等手段。据此他把社会成员分为三等：一是从事生产职能的工人和农民，二是从事"分配与循环"职能的商人、企业家和银行家，三是从事"调节"职能的政府管理人员、官吏。他认为，这三种人同时并存是由社会有机体的本性决定的，他们共同维护社会的平衡和秩序。同时，在动物和社会有机体中也存在着重大差异：动物有机体只有一个与整体相关的意识，各个器官是为着整体的生存而生存的；而社会有机体中的每一个成员都具有意识，整体是为了它的各个部分而存在。社会是为了其成员的利益而存在，而不是其成员为了社会的利益而存在。

## 一 社会制度的产生

斯宾塞认为，社会制度的产生是来源于社会不平等。他用生物有机体的类比法解释了人类最早的聚集体制度——酋长制的产生。斯宾塞说，与生物学中的真理相似：无论是高级还是低级的任何有生命机体，他们产生过程中的第一步是一定的分化过程，在这过程中，次要部分与中央部分区别开来。社会聚集体也是这样的规律。随着社会聚集的进行，总会出现某种组织。在非常低级的阶段，聚集体非常小而且很松散，没有确定的从属关系——没有控制中心。只有当出现更大、更紧凑的聚集体之后，才出现稳定的酋长制。只有发展出权力不平等的关系，容貌才能进入社会聚集的状态之中；只有利用保证人民服从的机制，才能使绝大多数人行为协调。①

## 二 社会制度的功能

社会学家赫伯特·斯宾塞在其著作中，没有专门的章节论述制度，但是在其名著《社会学原理》一书中，论述到军事社会和工业社会的区别时，谈到了制度的作用。他认为，工业社会中，社会协调的原则是"自愿的合作，靠契约和正义原则的管理，对活动只作反面的管理"②。斯宾塞用制度一词来描述履行社会功能的机构，强调社会制度的实体方面。

斯宾塞认为社会是一个有机体，它的主要器官系统包括家庭制度、礼仪制度、政治制度和教会制度。他在《社会学原理》中详细分析了这些制度对于维持社会这个有机体的功能。③

---

① ［英］赫伯特·斯宾塞：《社会学研究》，张宏晖、胡江波译，华夏出版社2001年版，第50页。
② 贾春增：《外国社会学史》，中国人民大学出版社2000年版，第54页。
③ 王思斌：《社会学教程》，北京大学出版社2006年版，第12页。

### 三　社会制度的变迁

斯宾塞以社会进化论思想关注社会结构和制度的发展进化，认为人类社会通过其基本制度的结构和职能的不断变化而发展，而且制度的结构和职能遵循自然选择、性状遗传规律，从简单同质状态向复杂层次状态发展。

斯宾塞试图模仿物理学和自然科学的原理和研究方法，寻找社会制度变迁的一般规律。他认为，物理世界和自然世界的规律可以直接应用于解释人类社会的事物。但斯宾塞的理论[①]中没有一个统一的进化思路，而是在几种进化理论之间游离不定。

斯宾塞借鉴物理学和生物学理论，提出的第一个进化理论是"力的持续原理"。他认为，整个世界处在流动不定的状态中。这种状态源自"均匀物质的不稳定性"。持续的力作用于均匀物质就会导致复杂结构的出现，各个部分分化出来的同时，也彼此更紧密地结合。而这一原理不仅适用于自然界，也适用于人类社会。他运用这一原理，对自然界有机体的解释引出了"物竞天择，适者生存"的结论。

斯宾塞的第二个进化理论是"社会达尔文主义"。他在种群的概念下，讨论了包括人类在内的种族竞争和选择过程，在这一过程中，他不仅融入了基因遗传的思想，也融入了自然选择的原理。他认为社会进步一定程度上意味着"尽可能保持人类的健康和多产"。斯宾塞社会进化论的核心是："在社会结构方面，从无结构的同质体转变为结构化了的异质体。"他认为，无论是对于物质、自然界进化和人类社会而言"同质性都是无条理的，不稳定的"。不论是在自然界，还是在人类社会中，一个同质结构所具备的功能无法保持良好的适应，当外部环境发生变化时，同质体的结构会趋向分化，而彼此分化出来的各个不同部分之间彼此更加依赖而且紧密联系。

斯宾塞的第三个进化理论是"社会有机结构理论"。他认为社会如同有机体一样，起初是简单结构状态，然后不断分化成复杂结构状态，这个

---

[①] [英]彼得·狄肯斯：《社会达尔文主义：将进化思想与社会理论联系起来》，涂骏译，吉林人民出版社2005年版，第19—31页。

复杂结构中有不同的阶层。斯宾塞的理想社会是，每个人在不妨害他人自由的前提下，都拥有充分实现自己潜能的自由。个人、家庭、种族因为不适应社会所经历的长期淘汰的痛苦的过程，在特定阶段后，将会给人类带来幸福。斯宾塞认为，人类的一个显著能力就是适应环境的变化，因此，他坚决反对政府干预适者生存的优胜劣汰过程。他认为，自我实现最好是在个体的基础上进行。他最鲜明的观点就是：生存竞争是社会生活的核心特征，如果有人在路边倒下了，这不应该是一件令人遗憾的事。人要和自然做斗争，需要忍受很大的艰辛，而这一过程必然是个充满竞争和冲突协调以及淘汰的过程。

斯宾塞认为，制度变迁是为了适应社会特性。"大体上，在任何时代任何国家里的一般的观念，就反映了在那个时代和国家里的社会结构。正如我们在革命时代看到的，也许有一种明显的不和谐存在于流行的思想观念和现在的，非常适宜的社会安排之间，甚至这一不和谐表明了重新调整制度以适应社会特性的必要性。""对一个成一整体的社会来说，所需要的制度和通常流行的观念必须是比较和谐的。"[①]

"为了维持平衡，伴随着一个给定的人类性格特征，必须有一组适应了的制度以及和这些制度和谐共处的一套思想和感情。"[②]

"那些适应于过去的社会状态但与新的不相容的观念和制度，继续在这一它们使之成为可能的新的社会状态中存在，只有当新的社会建立起它自己的观念和制度时才会消失，在它们继续存在并和新的观念和制度冲突的过程中，它们是必需的——并且为人们的思想和行为提供了必需的矛盾的因素。"[③]"对一个社会而言，在新的制度尚未组织好以取代旧的之前，也是不能够去破坏旧的制度的。"[④]

---

① ［英］赫伯特·斯宾塞：《社会学研究》，张宏晖、胡江波译，华夏出版社 2001 年版，第 353 页。
② ［英］赫伯特·斯宾塞：《社会学研究》，张宏晖、胡江波译，华夏出版社 2001 年版，第 357 页。
③ ［英］赫伯特·斯宾塞：《社会学研究》，张宏晖、胡江波译，华夏出版社 2001 年版，第 358 页。
④ ［英］赫伯特·斯宾塞：《社会学研究》，张宏晖、胡江波译，华夏出版社 2001 年版，第 359 页。

# 斐迪南·滕尼斯

斐迪南·滕尼斯（Ferdinand Julius Tönnies，1855—1936），是19世纪末至20世纪早期德国著名的社会学家。《共同体与社会》既是滕尼斯的成名之作，也是西方社会学的经典之作。在此书中，滕尼斯以"共同体"与"社会"的著名区分，为后世社会学家留下了一个经典的思考范式。本文尝试从制度的角度，对滕尼斯的"共同体"和"社会"进行分析。

## 一 制度思想的缘起

滕尼斯见证了19世纪末唯理论和历史观点的争论。以启蒙时代的观点为依据而主张唯理论方式者，其特点是承认人的天赋权利和人民自治，承认人民有权建立符合于人本性的合理的规章和合理的社会制度。与此相反，主张历史观点者则强调人的社会生活的传统规范和准则的重要性，强调由国家和法来调节社会生活的必要性。在历史学派和理性主义的论争中，滕尼斯首先是作为一个旁观者出现的，在他还没有贡献出我们将他列为社会学家而受人尊重的知识时，他的思考是，"了解同这些方法的关系，对于当前尝试对社会生活的基本问题进行新的分析，也具有非同小可的意义"[①]。

为了获得这种非同小可的意义，又避免自己陷入以上论争中轻易落入遭人攻击的旋涡，滕尼斯并没有搅入论争的中央让思考受到纷扰，相反，论争启发了他寻求新的思维突破。他把唯理论的科学方法的优点同历史的社会观点结合起来，吸收理性主义和经验主义，对之进行调和，以心理学来统率二者的矛盾，化解论争的敌意。

在社会学界近乎有一种通行的默认，一旦提到滕尼斯的"共同体"与"社会"，将它们当成两种不同的组织类型加以区分，而且将滕尼斯作为这两种"多数中的统一"，由意志表达出来的相互关系的内在结构作为这两

---

① ［德］斐迪南·滕尼斯：《共同体与社会》，林荣远译，商务印书馆1999年版，第4页。

种类型的外显形式加以区分,以体现出它们类型迥然不同的特征。这并不是滕尼斯的意图,尽管他受到进化论的影响,但无意将进化论带入他的学说作为支持其思想的一种源头或基调。进化论认为与其肯定人类从与动物相似的状态中发展起来的观点,在滕尼斯这里做了不同的回应,"按其本质,与其说它是一种生物进化学说的应用,不如说这种应用是它的普遍化"①。滕尼斯更感兴趣的是,"强调要更严格地区分天然的联合体和文化的或人为的统一体,哪怕后者可能产生于前者。当然,天然的联合体对于社会的生活具有非常重大的意义"②。在《共同体与社会》第二版的序言中,滕尼斯很谨慎地用"可能"修饰了他对单线进化论的保留意见,而且也没有将社会推向共同体的对立面,更没有在历史和现实里寻找经验的素材作为他构思的验证,"即除了人的可能的现实的统一体和相互关系外,也有一些统一体和相互关系基本上是由他们自己的意志确立和制约的,即基本上是思想性质的"③。这两种类型的关系,本质上是统一于个人意志的不同形态,由此滕尼斯引出了本质意志和选择意志。

他给社会学下的定义是从集合形式、规范、价值及关系形象来考察人类的共同生活。他在社会学上比较重视意志的分析。他把人的意志分为"本质意志"和"选择意志",根据意志的这两种基本类型,主张把社会分为"社区"和"社会"。他的社会学归根到底是根据这个类型来分析社会的,认为这两种类型是具体的历史范畴,是对社会进行历史的考察的原理。

## 二 制度思想的心理学引入

滕尼斯将理性主义的思维构想和经验主义的判断相结合,使这两种方法在要求上互补,在相互斗争中结合,"然而,这些倾向只能被理解为心理学上的事实"④。接着他解释道:"因为我们把人的意志理解为我们自己

---

① [德]斐迪南·滕尼斯:《共同体与社会》,林荣远译,商务印书馆1999年版,第24页。
② [德]斐迪南·滕尼斯:《共同体与社会》,林荣远译,商务印书馆1999年版,第29页。
③ [德]斐迪南·滕尼斯:《共同体与社会》,林荣远译,商务印书馆1999年版,第29页。
④ [德]斐迪南·滕尼斯:《共同体与社会》,林荣远译,商务印书馆1999年版,第11页。

的意志，并且把人生的命运理解为由这种意志组成的整体，哪怕受到其他的自然界的不断的和严格的制约，因此，这两种方法只有在人的普遍的和个体的心理学里经受检验。普通心理学的事实就是历史的和现实的文化，这就是人类的共同生活及其事业。"① 滕尼斯小心地将理性主义和经验主义的论争统一到心理学的框架下，绝妙地回避了这种论争两方容易疏漏之处。因为基于心理学反应的事实，它既是跨历史的也是经验的。从德国的古典哲学出发，将一场论争纳入心理学领域，注重经验的事实和时间的跨度，从而让滕尼斯的学说具有了严谨的场域结构，这样的结构虽然不能使它无懈可击，却在纯粹哲学论争中，为社会学开辟了一个新天地，从人的本性和意志出发，丰富了古典社会学二元结构的思维模式。如韦伯的价值理性和工具理性，涂尔干的有机团结和社会团结，都是类似思维的知识成果。

滕尼斯为了避免人们对他著作的误读，力求作出了他尽可能引导和善意防范："一切社会的实体都是心理学的本质的人造物，它们的社会学概念必然同时也是心理学的概念。"② 在第二版前言中，滕尼斯也以一种欣然接受的笔调摘要了霍夫丁对《共同体与社会》的评价："它以奇特的方式把社会学和心理学结合在一起，因为它显示出，社会的发展必然与人的精神能力的相应的发展息息相关，而且从后者的发展中得到补足。"③ 滕尼斯似乎乐意于这样读他的作品，体察出作品的心理学意味而不要单纯取概念的经验意义。《共同体与社会》具有心理学的思维却没有更多心理学理论，诚然，它也并非严格意义上的心理学著作，因此人们容易将滕尼斯的引导忽略：本书的主题以个人的心理学为出发点。④

因此，滕尼斯的制度思想，与其说是出于历史的、经验的或实证的，不如说它忠实于一种基于笔者个体化假设的人类共通的心理表现。他不打算告诉我们心理学知识，但是他确实偏好于心理分析，因此他制度思想的

---

① ［德］斐迪南·滕尼斯：《共同体与社会》，林荣远译，商务印书馆1999年版，第11页。
② ［德］斐迪南·滕尼斯：《共同体与社会》，林荣远译，商务印书馆1999年版，第31页。
③ ［德］斐迪南·滕尼斯：《共同体与社会》，林荣远译，商务印书馆1999年版，第32页。
④ ［德］斐迪南·滕尼斯：《共同体与社会》，林荣远译，商务印书馆1999年版，第243页。

形式意义要优于对其实体化。我们在洞察"共同体"与"社会"这一对重要概念时，将之当成一种推演的思维辅助，比对之单纯夸大作用甚至实体化要重要得多，"共同体"与"社会"只是一种思维风格，一种观念的假想模型，并不具有多少历史的和经验的色彩。他的制度观也只是一种纯粹思维的演绎而不是一种事实观察。

### 三　两种基本的制度模型

（一）共同体与社会

在滕尼斯关于社会类型的设想下，人类社会生活类型划分为"共同体"与"社会"两种类型，这也是两种不同社会关系的生成和组建模式，体现出两种基本的制度框架。为了更好展开滕尼斯关于制度分析的思想，按其学术论述的旨趣，我们有必要了解其"共同体"和"社会"的概念。

滕尼斯认为一种共同的生活秩序，只要是建立在意志的协调一致，基本上是建立在和睦的基础上，并通过习俗和宗教产生和改良，它就表现着同另一种共同生活秩序的对立。这种对立的两个方面，一个就是共同体，另一个就是社会。二者既是对立又是统一的，它们之间有着积极的关联，并且出于促进、方便和成效，形成统一的关系即结合。这种关系本身，也可以理解为现实的和有机的生命，就是共同体的本质。"共同体的理论的出发点是人的意志完善的统一体，并把它作为一种原始的或者天然的状态。"[1] 可见，共同体就是人们在相互关系中的有机结合，是切实的、生动活泼的、变化的、发展的。"一切亲密的，秘密的，单纯的共同生活，被理解为在共同体里的生活。"[2] 反之，建立在思想的和机械基础上的结合，就是社会。

（二）本质意志与选择意志

为了很好说明"共同体"与"社会"的差异和为其寻找依据，滕尼斯认为把这两种人类共同生活形式联系在一起的共同意志是不一样的，即本质意志与选择意志的差别。"共同体是持久的和真正的共同生活，社会只

---

[1] ［德］斐迪南·滕尼斯：《共同体与社会》，林荣远译，商务印书馆1999年版，第58页。
[2] ［德］斐迪南·滕尼斯：《共同体与社会》，林荣远译，商务印书馆1999年版，第52页。

不过是一种暂时的和表面的共同生活。因此，共同体本身应该被理解为一种生机勃勃的有机体，而社会应该被理解为一种机械的聚合和人工制品。"[1] 因此，前者是萌芽于本能又区别和高于本能的本质意志范畴，它不完全是一种生物性的本能，而是一种"社会的本能"，他举例道："性欲的本能不会使得某种程度上持久的共同生活成为必然。"[2] 这个例子很好地说明了本质意志和本能的差异。本质意志主要基于情感动机，指的是人们在传统和自然的感情纽带基础上的一致性和相互融洽。而选择意志，则主要基于思想动机，指的是人们那种尽量感情因素和纯理智思维的袪除，对个人目的性打算及人与人之间利益关系的考虑。前者对应着人类生活类型的共同体模式，后者则体现于社会。本质意志也具有选择性，它将那些难以统一于群体生活中的潜在本能进行思维摒弃，而保留和发挥那些可以统一和结合到现实生活中的，"或者被理解为现实的和有机的生命——这就是共同体的本质，或者被理解为思想的和机械的形态——这就是社会的概念"[3]。因此，他说只可能有坏的社会，没有坏的共同体。以在制度上为现代人所诟病的父权和夫权制为例，滕尼斯认为"父亲的地位是文明状态的普遍形式，"[4] "尤其在这种血缘的有机的关系之内，存在着一种强者对弱者的本能和天真的温柔，一种帮助人和保护人的兴致，这种兴致与占有的欢乐和享受自己的权力在内心里浑然结为一体了"[5]。滕尼斯用一种近乎超然冷漠而冷静地审察来培育知识。在人的意志表现出的肯定或者否定的相互关系中，滕尼斯明确了他的宏旨：仅仅是把研究相互肯定的关系作为他的研究的课题。[6]

## 四　社会规范

滕尼斯认为，当规定以一种命令的形式体现时，它便形成一种规范，当它又得到遵循它的人同意时，便成为社会规范。社会规范与社会本质性

---

[1] ［德］斐迪南·滕尼斯：《共同体与社会》，林荣远译，商务印书馆1999年版，第54页。
[2] ［德］斐迪南·滕尼斯：《共同体与社会》，林荣远译，商务印书馆1999年版，第59页。
[3] ［德］斐迪南·滕尼斯：《共同体与社会》，林荣远译，商务印书馆1999年版，第52页。
[4] ［德］斐迪南·滕尼斯：《共同体与社会》，林荣远译，商务印书馆1999年版，第62页。
[5] ［德］斐迪南·滕尼斯：《共同体与社会》，林荣远译，商务印书馆1999年版，第64页。
[6] ［德］斐迪南·滕尼斯：《共同体与社会》，林荣远译，商务印书馆1999年版，第52页。

相联系,鲜明而集中地表达了一定社会关系以及社会集合体和社会集团的意志内容。滕尼斯在《共同体与社会》中提出,社会的形式是诸如股份公司、大城市、民族国家以及整个市民经济社会和正在展开的工业社会,是把常规、政策、公众舆论和特殊利益的联系作为基础的。他认为,社会规范是指社会行动的规则,是行动或日常行为的一般规则。它规定了一个理性的生物人,即一个社会化了的人,在什么情况下该做什么,在什么情况下不该做什么。

滕尼斯认为,规范的本质是一种否定或限制,即理解为对人的自由的某种限制。即使是正面的命令,也表现为对任何随意违反此项命令的行为的否定与禁止。命令人遵从一定方式行动,就等于对按其他方式行动的限制。滕尼斯在此引证了斯宾诺莎的话:"任何规定即是否定。"

但是,个别的命令或禁令哪怕有许多人遵守,也还不足以成为规范。如果禁令只是针对一时一地的事情,只有一时一地的效用,那还不是规范。滕尼斯举例说,如果只是在某种具体场合如酒宴上不准喧哗,这还不是一种规范,但如果把这种要求作为规定向大家公布出来并要求所有人都必须遵守,它就成为一种规范了。因此,规范总是具有普遍性这一本质特征。

滕尼斯进一步指出,成为规范的关键不在于制定规范的人数的多少,而在于规范所针对的人本身有无建立规范的要求,不管这种要求是直接来自他们本身,基于自决和自律的原则,还是间接来自他们之外,即由外部向他们提出的规范,都要经过他们的同意或承认,才能成为对主体有效的行为准则。

滕尼斯把社会规范分为三种形式,即秩序、法和道德。"秩序是自然法"[1],"一种共同的和有拘束力的现行法,在各种意志的相互关系方面作为强制准则的一种制度"[2],"道德是共同生活规则的一种纯粹思想的或者灵感的体系:这个体系一方面基本上是宗教的观念和力量的表示和机关——在这里,必须同家庭精神和习俗的条件和现实相结合;另一方面,

---

[1] [德]斐迪南·滕尼斯:《共同体与社会》,林荣远译,商务印书馆1999年版,第329页。
[2] [德]斐迪南·滕尼斯:《共同体与社会》,林荣远译,商务印书馆1999年版,第328页。

它完全是公众舆论的产物和工具"①。滕尼斯又按"公社"与"社会"的不同，进一步讨论了它们各自赖以存在的基础。在"公社"的形式中，秩序基于和睦（风俗），在"社会"的形式中则基于常规（时髦）；法在前者中基于伦理（习惯），在后者中则基于法律与立法程序；道德在前者中基于宗教，在后者中则基于公共舆论。

## 五 习俗是共同体意志的实质

### （一）习俗的起源和沉淀

关于共同体，滕尼斯认为："风俗和习俗是人的共同体的动物性意志。"② 它们以一种经常反复的共同活动为前提，包括生育、婚礼等，通过实践和传承，继而成为特定环境必不可少的社会规范，维护着共同体的和谐有序，增强集体归属感和增加成员积极行动的活力。滕尼斯非常看重风俗和习俗对一个共同体的约束和规范性力量。他认为这种风俗和习俗起初都是自然的、简单的，部分是一种思想的象征或者感性标志，随着反复行动和时间的推演，进一步抽象为空洞无物的形式，或者类似于记忆物被遗忘。滕尼斯充分肯定了这种抽象化风俗和习俗的重要性，认为"是建立，确认或者保持一个共同体，因此也是与此相关的感情作为记忆的爱，敬畏，孝敬加以维护并使之保持神圣的意志；或者是扬善抑恶的一种尝试，采取一种与占统治地位的，认为因果有相互关联的信念相适应的形式"③。习俗作为共同体意志的真正实质，经由共同体居民精神的或心理学的价值坚持，成为整个生活区域的共同意志，不仅表现出并存居民的相互关系，也展示出先后居住者，共同意志产生规范和约束人们的前后时代关系。

滕尼斯将宗教、部落等都视为共同体成员习俗行而上学的外显。如果我们将共同体理解为出于和谐而建的社会秩序，那么滕尼斯再三强调和乐于描述的习俗就是维护秩序，促成和谐的社会规范。无论属于共同体类型的家庭、家族还是社区，都是在围绕亲源、血缘、劳作而建立的社会关系

---

① ［德］斐迪南·滕尼斯：《共同体与社会》，林荣远译，商务印书馆1999年版，第329页。
② ［德］斐迪南·滕尼斯：《共同体与社会》，林荣远译，商务印书馆1999年版，第301页。
③ ［德］斐迪南·滕尼斯：《共同体与社会》，林荣远译，商务印书馆1999年版，第301页。

中得以表达，而该相互关系的核心就是包括宗教在内的一系列风俗习惯的综合作用和延伸。习俗既是共同体存在的内核，也支撑和规范共同体行动符合建立时的初衷；既是制度性规范和约束，又是制度本身。因此，共同体更多是由精神的、情感的、自发意志生成的社会关系的结合。

(二) 习俗的作用

相比于被感觉和舆论的习俗，滕尼斯看重的是习俗的实践性，而舆论对习俗进行监督和维模，防止习俗被破坏或违背。因此，在以血缘、宗法以及共同区域劳作为基础的村庄社区，习俗和习惯取得统治地位，以普遍而有效的意志驾驭着人们被服从和遵守，而也有效树立了习俗执行者或得势者的权威和非人格化意志。这类权威把各种不同的威严以明显可感知的和不言而喻的方式集中于一身，传统地和通过思维的媒介得以表现，有效解决由于发生违反或侵犯自由，财产和名誉的现存领域而产生的纠纷。权威和节庆、仪式相结合，增强了调解、缓和形式的适当性、活泼与和谐，即让传统习俗权威仲裁的刚性带上温和与普遍默许的色彩，激发出村社成员献身于一种更崇高、更神圣的事业；习俗也显得更加鲜活、形象和具有表征性，也便于习俗在记忆里的巩固和不断更新。

(三) 宗教是习俗的重要组成部分

习俗中最重要的组成部分是宗教，而且由传统、传说和年老长者作为切实的和必要的东西流传下来。它通过授圣礼仪式，对人的性情和良心具有和保持着种种真正的影响，也使共同体神圣化，提高和巩固法的效用。在人民这个大家庭里，通过共同的宗教崇拜以及场所集聚，保持着对先辈意志的尊重，保留着有关亲戚的回忆。滕尼斯认为宗教公团的广泛意义就在于此。通过宣誓借助神灵力量谕示忠诚和诚实的重要性，构成共同体生活的道德支撑。顺此思路，滕尼斯按道德的特殊性质，将道德看成宗教的产物，而宗教是习俗的一部分，恰如法是习俗的产物一样，"社会交际被设想为与市场和股市的交往相似，这一切都提高为普遍的法则，构成一种道德法典"[①]。

---

[①] [德] 斐迪南·滕尼斯：《共同体与社会》，林荣远译，商务印书馆1999年版，第324页。

## 六　共同体的分化与社会的形成

滕尼斯认为，共同体属于时间意义概念，而社会更多体现空间色彩。共同体成员通过习俗和宗教等意志力量，在实践和记忆的交合中将共同体扩大化，结果被另一种生活形式即社会接替。而在一个民族或一批民族里，社会的状况越是普遍，这整个"国家"或者这整个"世界"就越趋向于空间的延展。

共同体内容是习俗和法，对成员们具有无条件和永恒的适应性，他们自己的权利只能在其中引申。如果与现代法律类比，"习俗和法"是上位的，而被引申出的个人权利是下位的，因而在此基础上，滕尼斯认为即使冲突和对立的双方，都各自拥有自己的权利，因为他们的权利统一归属于"上位法"——习俗，整体意志优先于单一意志，人们的自由和财产仅仅作为公团的自由和财产的变化形式存在。但是，作为共同体的一种表现形式——合作社，并非孤立和非意志约束的，在时间上它受从前合作社规矩，等级上它受高级合作社制约。滕尼斯认为，教会理念和帝国精神就属于"最高合作社"。他甚至推测，属于这种最高的，整体意志范畴的理念可以作为持久不灭的理念而变为事实。

可见滕尼斯对共同体和社会的分析尚有疑虑。一方面，如果单纯按照共同体的逻辑延伸，就有可能出现一个唯意志的王国和一种超然和凌驾一切的精神世界；另一方面，基于经验性的心理学演绎，又导出社会作为共同体的扩大和演变形式不可逆转和消除的结论。

而社会因为其是机器的、工具的结合，因此严厉而缜密的契约就尤为重要，而且契约关系和权利维护、实现，比起习俗而言，也要复杂得多。

滕尼斯在关于社会的分析框架中，已经从包括庞杂到国家的生活类型，深入社会结构内部，从组织角度对社会的存在和运行进行了详细的组织社会学意义分析。社会—协会—章程—规章，在这一组概念中，滕尼斯完成了对与共同体对应状态生活类型的分析。虽然他认为社会有工具性和机械性，但是它并非处于无序和松散状态，仍然是人们相互关系的关联。契约精神整合社会中心，围绕契约，人们为了目标达成，建立理性的机构层级，让需要实现目标的人在契约的谅解上，让他们的意志通过协会和章程赋予具有其人格化特征的契约精神，追加物质保证和行动准则，一个组织体系得到确立。包括国家、大城市都按照这种范式进行，在行动的实施中实现人格强制，同时也是自由的保证。

国家获取的这种强制更加严格。虽然国家的建立和存在的目的是保护各种主体的自由和财产，因此国家也是表现了、执行了建立在契约的有效性之上的自然法，但是国家的社会意志是更多人利益诉求的人格化表达。这更容易出现争议和反对。为了国家意志有效贯彻，法院作为调解和仲裁者，还有，"国家无非是暴力，是一切天然的强制权利的持有者和代表"[①]。正是在这种意义上，滕尼斯认为国家可以制造任何的法。当然滕尼斯也不认为国家就此失去了任何制约和监管，对其产生约束性或相反力量的是社会。社会一方面作为所有个人的总数，可以通过国家的法，或者其他政治选择出发，捍卫社会权利，反抗国家立法权的无限扩大，这时国家和社会这一对矛盾的斗争性更加明显。另一方面，国家就是社会本身，就是社会理智，它的存在本来就是受社会主体赋予的。因此在这个意义上，滕尼斯又认为不存在什么法可以对抗国家的法，政治的法就是自然的法，二者有统一又有谅解的一面。

社会作为共同体的扩大形式出现的同时，也对共同体进行消解和分化，当社会获得完整和独立性时，培育和引导其产生的共同体精神也开始失去。因此，二者是延展的，却不是共生的。社会虽然仍然由自由的人组成并产生相互交往，却没有产生共同体和共同意志，但是由于基于和谐而存在的习俗、宗教等情感色彩淡漠，而以契约、法律作为社会规范的社会表现出无机性、等级和作为政治产物纯粹意义的法律虽然随时发号施令，但是不能促成社会的有机性，"出现精神生活的彻底颠倒"[②]。它们正在失去习俗的支撑，原先根植于幻想的精神生活，现在依附于理性，让位于思维，内在的敌对和对抗，契约关系统统被掩盖在表面的秩序中。同时代的齐美尔、韦伯和迪尔凯姆，虽然针对工业社会采取了不同的分析类型，却

---

① ［德］斐迪南·滕尼斯：《共同体与社会》，林荣远译，商务印书馆1999年版，第319页。
② ［德］斐迪南·滕尼斯：《共同体与社会》，林荣远译，商务印书馆1999年版，第332页。

都得出了几乎一致的结论,即现代社会因为道德真空,信仰缺失,情感匮乏而导致人们生活积极性受挫。

## 七 对制度思想的评价和启示

滕尼斯超然冷峻地慎思,尊重于思维表达和心理惯性的风格,尊重于人的思维和意志的"本来"面目,认为这要比带着强烈是非和善恶观念来进行价值判断和取舍更有意义,至少在追求纯粹的知识中应该是这样的。思维不一定必然会忠诚于价值的逻辑,滕尼斯着眼于对思维的绝对服从下从思维统一性和结合的角度考察制度。我们无法在他那里寻求到任何明确关于我们该怎么办的答案。他的著作只在乎呈现大众心理的普遍性,并不打算告诉我们在现实中该建立什么样的制度,也无意引导什么样的制度值得遵从。在尊重历史和现实面前,滕尼斯更尊重他思想中的意志。因此,与其说他的制度与现实紧密相连,不如说和他的纯思维推演更具有天然的亲近。简而言之,共同体与社会的提出,是一个知识活动的理想型。它根植于意志观念,却不扎根于实践。那种企图在实践中发展和建立什么具体类型的社区,又追捧为受滕尼斯的知识所托,其实已经与滕尼斯无关和遥远了。

滕尼斯的制度思想对有中国特色社会主义制度建设的启示表现在三个方面。第一,社会是建立在共同体基础上的,因此当我们对一个共同体认识还不成熟时,不应急于对其进行规范化、效用化。如此可能不仅破坏了一个"好"的共同体而且还造就了一个坏的社会治理模式。第二,制度建设和制度设计要以人为本,尊重人性里的自然状态。在我们还没有发现共同体的危害时,应保持对共同体的尊重和对其人为状态的不干涉,任其自为状态。在还不太了解它之前,我们要做的不是深入共同体内部进行粗暴制度干涉,而应对共同体生成和存在的外围环境保持距离而不至于渗透强加的制度力量,破坏共同体环境。第三,制度建设要确保共同体的稳定性与和谐状态,不能以破坏共同体形成的本质精神为代价。依靠制度内生力量对制度的维模,比外在的威权强加和秩序的强权巩固更加重要和有意义。换言之,一个好的制度不依靠外在力量和胁迫保持稳定而生效,而应该是基于一个组织内在固有力量维护稳定与和谐的结果。

# 凡勃伦

托斯丹·邦德·凡勃伦（Thorstein Bunde Veblen，1857—1929）美国经济学巨匠，制度经济学鼻祖。其代表作是《有闲阶级论》。凡勃伦受到其同一时代的帕累托思想启发之外，还受到其老师萨姆纳将经济学作为社会学的一个重要方面，注重天性本能、习惯行为、心理过程对社会机构形成作用思想的影响。他开始明确非理性因素与制度之间的关系，将"制度"归结为人的本能行为所形成的思想，习惯积累的产物。他认为，人类本能地树立行为的最终目的，并推动人类努力地要达到这种目的。他提出，个人的行动和社会的行动都受本能的支配和指导，并且逐渐形成思想和习惯，之后成为稳定的社会制度。

## 一　制度理论的历史和学术背景

### （一）历史背景

美国的资本主义发展晚于欧洲的资本主义国家，19世纪末，随着以汽车产业和化学产业革新为特征的"第三次产业浪潮"的到来，美国开启了强劲的"镀金时代"马力，石油产业的有增无减使得美国的工业发展速度超过了其他资本主义国家，跃居第一位。随后，垄断组织逐渐控制了国家主要经济动脉，它们获得巨额的垄断利益，中小企业不断破产，失业人数剧增，贫富差距巨大，阶级矛盾尖锐，工人运动此起彼伏。古典经济学理论不能解释自由市场经济下的这些社会问题，为资本主义制度辩护，因此人们积极寻找缓和劳资矛盾，适应美国经济增长的新理论，凡勃伦的制度经济学应运而生。

### （二）学术背景

自19世纪70年代产生的新古典经济学理论与经济现实严重脱节，解释力日益下降。这是因为其关于孤立的个人主义假设和完美的市场假设。在这样的假设之下，随机和偶然因素被排除在市场分析体系之外。凯恩斯主义引入了不确定性思想，但是之后的新古典综合学派抛弃了凯恩斯关于风险，不确定性和预期等革命性的思想。这种理论范式长期占据了经济学理论的主流，使得整个经济理论的根基并未有根本性的触动。制度经济学在批判传统经济学的过程中逐步成为主要的理论学派。

制度经济学对资本主义提出了责难与批评，提倡资本主义制度的改良，这触动了资产阶级的一些利益，因此已无法得到他们的认同。最初它被欧洲经济学界视为异端学说。到20世纪20年代和30年代，制度经济学才兴盛了起来。凡勃伦所开创的制度分析学派，康芒斯进一步发扬光大，逐渐成为美国经济学界的一大主流学派，对政府经济和社会政策产生了重要影响。这在经济思想史上被称为"制度主义运动"。

（三）制度学说的理论根源

凡勃伦制度经济学理论来源于四种理论，即达尔文进化论、德国历史学派、庸俗经济学和职能心理学，他把这四种理论综合在一起，将经济分析的核心转向制度，形成了制度主义的研究方法。

1. 达尔文进化论。凡勃伦把达尔文进化论引入经济学中，他认为社会结构的演进是一种制度的自然选择过程[1]。社会进步是适者生存的思想习惯和个人被迫适应环境变化的结果。制度必须随着情况的变化而变化。这些制度的不断发展就是社会的发展。同时，他又将人类社会制度的演变最终归于思想习惯的不断变化的结果。

2. 德国历史学派。德国历史学派深刻地影响了制度经济学的产生和理论观点。凡勃伦的制度经济学是德国历史学派在美国的一个变种。凡勃伦强调，经济学的任务是研究和考察制度的历史进化过程[2]，这正是历史学派主张的对社会经济制度进行归纳的历史研究方法的应用。

3. 庸俗经济学。凡勃伦也认为，社会经济的发展是取决于主观的心理上或精神上的原因。从人们心理或精神出发解释社会经济现象，而对于隐藏在经济现象背后的阶级矛盾，凡勃伦认为，矛盾会随着思想和习惯的转变而改变，是人的思想意识在制约着整个社会[3]。

---

[1] ［美］凡勃伦：《有闲阶级论》，蔡受百译，商务印书馆2004年版，第5页。
[2] ［美］凡勃伦：《有闲阶级论》，蔡受百译，商务印书馆2004年版，第5页。
[3] ［美］凡勃伦：《有闲阶级论》，蔡受百译，商务印书馆2004年版，第5页。

4. 职能心理学。凡勃伦吸收了杰文斯的"职能主义"心理学理论,他认为本能是天赋的、不变的,本能决定了思想和习惯,思想和习惯逐渐形成了制度,受本能决定的制度在本质上也是不变的,变化的只是制度的具体形态。①

## 二 制度的概念

凡勃伦把制度看成:"由社会和团体认可的风俗习惯,在本质上,制度就是惯例。"②"制度实质上就是个人或社会对有关的某些关系或某些作用的一般思想习惯;而生活方式所由构成的是,在某一时期或社会发展的某一阶段通行的制度的综合,因此从心理学的方面来说,可以概括地把它说成是一种流行的精神态度或一种流行的生活理论。"③ 由此可见,凡勃伦认为,制度是人们的心理动机和生理本能所决定的思想和习惯,制度是由"为大多数人普遍接受的固定的思维习惯所组成的"。它包括"惯例,习俗,行为规范,权利和财产的原则"④,既然制度是一种思维习惯,是逐渐形成的,那么制度本身有历史继承性和连续性。现代的一切制度都是从远古时代的"历史胚胎"中产生、发展、演化成现代的各种形态。因此,要认识现存的各种制度,就必须全面地考察它们的演进历程。

凡勃伦也认为,制度总是同过去的环境相适应,因此迟滞于现实的要求。人们一般情况下会坚持现有的思想习惯,除非遇到环境的逼迫不得不去改变。⑤ 所以遗留下来的这些思想习惯成了社会进步的阻力,社会的进步过程就是不断地克服这些保守因素阻力的过程。

## 三 制度的类型

凡勃伦认为,在人类经济活动中,存在产权和技术这两种最基本的制

---

① [美]凡勃伦:《有闲阶级论》,蔡受百译,商务印书馆2004年版,第5页。
② [美]刘易斯·A. 科瑟:《社会学思想名家》,石人译,中国社会科学出版社1990年版,第288页。
③ [美]凡勃伦:《有闲阶级论》,蔡受百译,商务印书馆2004年版,第138页。
④ [美]凡勃伦:《有闲阶级论》,蔡受百译,商务印书馆2004年版,第5页。
⑤ [美]凡勃伦:《有闲阶级论》,蔡受百译,商务印书馆2004年版,第5页。

度。这两种制度，即财产所有权制度起源于人类的"虚荣本能"或者"获得本能"；满足物质生活的生产技术制度起源于人的"工艺本能"或"工作本能"。本能虽然是制度产生的基础，但是制度一旦形成却反过来约束经济行为。

(一) 财产所有权制度

凡勃伦认为所有权的最初形态是群体中健壮男人拥有对女人的所有权。在人类早期阶段，这种所有权是从对女性俘虏的夺取开始的。这种做法形成了"占有制婚姻"，最终产生了以男性为主的家庭制度。这样的奴役范围随后逐渐扩大，除妇女外还包括别的俘虏和居于劣势地位的人们，而占有制婚姻也逐渐扩展到了从敌方俘虏的妇女以外的妇女。由此，在掠夺生活的环境下，争斗的最终结果造成了一种强制为基础的婚姻形式，也形成了所有权的习惯。这两种制度助长了征服和统治的欲望。因此，所有权从对妇女的占有扩展到了对妇女劳动果实的占有，这就产生了对人和对一切事物的所有权，形成了"所有物不得侵犯"的道德观念和制度。在这样的情况下逐步确立了明确的财产所有权制度。

财产所有权制度出现以后，人与人之间就发生了占有商品的竞争。凡勃伦认为，人们占有财富就博得了荣誉，所以就要占有财产。开始，财产被看作战果的纪念品，获胜一方以此来炫耀。后来，生产活动进一步取代了掠夺活动，于是财产就越来越成为成就和优势的象征。随着生产事业的日益发展，财富对荣誉获得的重要性越来越高。财富本身也内在地具有了荣誉性。所以说财产所有权制度是建立在人类的"虚荣本能"之上的。

(二) 生产技术制度

财产所有权制度是出自人类"虚荣本能"，生产技术制度则是基于人类的"工作本能"。生产技术制度是财产所有权制度发展的一个产物。在掠夺阶段，用以炫耀的财富从最初的敌方妇女逐渐扩大到对敌方所有的人与物的占有，而一个部落中有地位的男子是置身劳动事外的，在人们的思想习惯中，劳动与懦弱或对主人的服从这类现象是连接在一起的，因此劳动是屈居下级的标志。在准和平时期，当生产处于最初级阶段，财富的内容主要是奴隶，利益的主要形态是个人的劳役及其直接成果，这时生产事业有了进一步的发展,提供物质生活资料和物质生活工具。与有闲阶级的出现相对应,出现了专门从事生产劳动的阶级,从而就出现了生产技术制度。

竞争心理也影响生产技术制度的产生。在定居的农业生产生活社会里,有着严格的财产的划分制度,劳动阶级在其中可以获得相当确定份额的生产成果。劳动阶级不能摆脱劳动,劳动是他们既定的、公认的生活方式。当他们可以从劳动中获得一定的财富,当他们在工作上获得好评时,劳动往往成为他们唯一的竞赛方式,生产技术制度就在这种自傲心态下得到了发展。

### 四 制度的变迁

至于制度的变迁,凡勃伦认为:"制度必须随着环境的变化而变化……而这些制度的发展也就是社会的发展。""制度要变化,要发展,要同改变了的形势相适应,只有通过社会中各个阶级的思想习惯的变化,或者说到底,只有通过构成社会的各个个人的思想习惯的变化,才会实现。""制度与习惯观念因环境改变而作出调整,是对于外来的压力的反应,其性质是对刺激的反应。"[1] 可见他的制度演进观点是建立在他对制度定义的基础之上的。既然制度是思想和习惯长期积累的结果,那么制度的演进也就应该是人类适应外界环境的心理的变化过程。而且凡勃伦还认为,在制度变化的过程中,制度的本质是不变的,改变的只是制度的具体形式。

制度的演进没有任何目的和指向性,仅仅是一条因果链条的延续,制度演变的仅仅是形式而不是质的根本改变,决定制度演进和社会结构变化的根本因素是变动的生产技术。

凡勃伦关于制度变迁的认识主要抓住剩余产品的掠夺和统治者对权力的追逐,对工艺才能的压制及对奢侈消费的推崇这样一个互为因果的过程,他突出的是作为经济发展后果的财富与权力分配格局。

---

[1] [美]凡勃伦:《有闲阶级论》,蔡受百译,商务印书馆2004年版,第141页。

凡勃伦认为，制度变迁是社会突破原有的制度局限，适应环境变化的过程。在这个过程中，除了制度本身的惰性，制度中的既得利益集团最为保守。在不同的时代，利益集团表现的主体不同：王公贵族、武士、僧侣是"掠夺阶段"的利益集团；商人是手工业时代的利益集团；"缺位所有者"是现代工业社会的利益集团。他们都不从事劳动生产，维护现有的制度，执行仪式性的职能。与之相对应，在每个阶段都有一个受制度约束最大的群体，他们都从事劳动生产，执行工具性的职能。

凡勃伦提出技术条件的变化导致了环境的变化，此时"劳动本能"表现最强烈的那个集团，摆脱现有制度约束的意愿最强，他们突破现存制度的阻力，推动技术变革。在这个过程中，环境又产生与之相适应的思维习惯，形成新的阻力，所以克服制度阻力的活动就持续不断，制度也在不停地进化。这种情况周而复始。凡勃伦认为，只要制度演化提高了共同体整体的生活便利程度，这种制度变迁就是进步的。

凡勃伦是在资本主义制度的框架内进行的制度分析。他认为，社会经济发展的基本动力是科技，科技的发展引起制度变化，表现最为显著的是生产技术制度，科技进步促进生产技术制度的演进，进而促进经济的发展。生产技术制度和财产所有权制度在资本主义工业大机器生产时期进化为"机器利用制度"和"企业经营"。"机器利用制度"的全部目的是无限扩大商品生产，追求效率和产品适用性，出于"做工"的人类本性和竞争目的，会使"劳动阶级"提高劳动生产率，促进"机器利用制度"的演进。所以凡勃伦认为，技术是社会的动态力量，而工业工程师是推动现代经济发展的真正动力。"企业经营"则相反，凡勃伦认为"企业经营"是生产力发展的障碍，"企业经营"的目的是使企业主获得最大的利润，所以"企业经营"往往不顾社会生产系统所要求的均衡，策划竞争和组织垄断，阻碍生产力的进一步发展。

## 五　制度的功能

财产所有权制度造成了财产分配不公。在较低的未开化阶段，一个部落的财产是部落中所有部落成员共同拥有，财产分配公平，无差别；在

"掠夺"阶段，人们开始对所掠夺的财物进行拥有权的宣誓，财产所有权开始，社会产品的分配出现了不公平。"有闲阶级"伴随着财产所有权制度出现，他们不参与生产劳动却享有社会生产产品。进入农业生产阶段，"有闲阶级"开始占有大部分的社会产品，而另一部分的生产者无法得到与其付出劳动相对等的社会产品。到了大机器工业化生产阶段，极少数的"有闲阶级"占有绝大多数人的社会劳动产品，而占人口大多数的"劳动生产者"仅仅占有极少量的社会劳动产品，社会产品分配的差距加大，两个阶级的矛盾激化。

### 六 制度的分析方法

凡勃伦的制度思想可以概括为本能——制度链环思想。

凡勃伦将制度纳入生存竞争分析的框架之中，认为社会结构的变迁本质上是制度的自然淘汰过程。人类制度和人类性格上一些已有的正在取得的进步，是最具适应性的，在自然淘汰过程中留存下来的一些思想习惯，是众多个人对环境强制的适应过程。凡勃伦主张制度分析的整体主义方法，着重从社会制度发展的角度论述社会制度变革与社会经济之间的关系，强调制度因素对经济活动的重要作用。

凡勃伦坚持社会进化论，特别是思想方法的进化观点，反对传统经济学的抽象演绎方法，采用整体的和演进的方法，对社会学和经济学问题进行制度分析，其中特别注重技术和社会结构变迁的作用和制度的约束作用。

# 格奥尔各·齐美尔

格奥尔各·齐美尔（Georg Simmel，1858—1918），德国社会学家和新康德学派哲学家。主要著作有《货币哲学》《社会分化》《社会学的根本问题》等。齐美尔1858年3月1日生于德国柏林一个犹太家庭，父亲是位成功的商人。在齐美尔十六岁的时候，父亲去世，随后他受家庭的一位朋友的监护，继承了监护人一大笔遗产，这笔遗产成为齐美尔潜心追求学术成就生活的重要基础。齐美尔一生交友甚广，如马克斯·韦伯等人都是他家中的常客，并经常参与到他举办的沙龙当中。齐美尔在1881年获得柏林大学博士学位，之后在该校任副教授、编制外教授，1914年到斯特拉斯堡大学任教授，卒于1918年9月26日。

齐美尔的学术名声主要来自有关社会学方法论的作品。齐美尔的社会学通过艾尔宾·斯莫尔（Albion·W. Small, 1854—1926）的首次翻译和评论在美国产生了影响。齐美尔试图将社会互动的一般或反复出现的形式从更具体的活动种类中分离出来，如政治、经济和审美。他对权威和服从的问题给予了特别关注。在《货币哲学》中，他将他的一般原则应用于一个特定的主题——经济学，强调货币经济在社会活动专业化和个人与社会关系非人格化中的作用。在他生命的最后十年，他致力于形而上学和美学的研究。

齐美尔认为社会学应该被分为一般社会学、形式社会学和货币社会学，并主张建立纯粹的形式社会学，以纯粹的社会交往形式作为研究主题。他用形式社会学考察社会群体，创立了小群体形式研究，对比了二人群体和三人群体，极大地开拓了社会学领域中对群体和社会结构的网络分析两方面的系统研究。此外，他还从复杂性这一社会交往性质出发，认为社会中调和与冲突、斗争共存，他认为社会冲突并不会妨碍社会协调，反而会增进社会协调。他对统治与服从的论述成为"冲突理论"的直接理论来源。齐美尔围绕文化社会学有相关的论述和见解，也推动了文化社会学的发展，他分析了以货币交换取代实物交换的转变对于文化的深刻影响。他认为，货币经济的产生和发展标志着人类自身的理性化，但是，货币经济的长足进展使得社会交往中人际关系产生了非人格化的发展；文化与人之间以及人与人之间的关系逐渐走向淡漠乃至异化，文明转变成威胁社会人类的力量之一，因此他对人类发展前景持悲观态度，并依据此提出人的精神的衰退是现实客观世界发展的代价，这就是"文化悲剧"。他对主观文化、客观文化和社会分化的分析，尤其是对货币的社会学分析，充分体现了其文化社会学理论对现代社会内在矛盾的解释力。

齐美尔的社会学关注广泛，视野开阔，但是也显得琐碎。他似乎并无兴趣建立自己的社会学研究框架，给自己圈出一块适合自己的学术领地，好像有意给他人做出更多自由的学术保留，而自己则游刃其间，乐意于作无门无派的独行侠。因此，齐美尔研究的出发点就是那些看似平常、庸俗的生活碎片：时尚、旅行、距离、情感、妓女、货币、陌生人、社会空间、秘密社会、大都市生活等。他将生活的碎片学术化，并乐此不疲，这给后人研究其学术思想带来了难度。然而有一点毫无疑问，齐美尔关于形式社会学的思想，"从方法论和研究对象角度上对社会学作了有意义的界定，对社会学研究专门化和制度化起着积极的推动作用"[①]。

在其庞杂且主题散漫的社会学著作中析出其制度相关的思想，几乎不可能。而且，通过以碎片化的生活为切入点来反映现代性的总体特性必然会受到一定的限制。好在齐美尔提出社会个体应当在碎片化的生活中发挥积极的作用："从日常生活实践的琐碎活动到智性的顶峰，从整体来看，我们的生活有一个公式，即在我们一切的所作所为中，我们都有一个规范，一种标准，一个在观念上预先形成的总体性，我们试图通过行动将这个总体转化为现实……。我们现实的生活，虽然既不充分，又不完整，但通过分担一种总体性的实现，由此获得了明确的意义和内在关联。"[②] 可见，齐美尔并不是要否认社会结构、社会关系等"宏观叙事"表现现代性的能力，他只是更关注"微观叙事"，关注生活世界本身。与前人比较的话，齐美尔认为通过这些支离破碎的生活元素更能洞悉现代性的味道。因此，在其学术碎片中获得一种印象的体认，描绘出其制度相关的思想，或者将其思想朝制度语言和思维习惯转化，此文为此付诸尝试和努力。

## 一 制度思想分析总纲

齐美尔制度思想是在分析社会交互作用中抽象出一般的"社会形式"，从中把握社会制度。

齐美尔反对那种强调时间连续性的时间顺序分析，而赞成强调与事物有密切关联的共时相互作用，因果关系的范畴由相互关系和相互作用的逻

---

[①] 贾春增：《外国社会学史》，中国人民大学出版社2000年版，第90页。
[②] ［英］D. 弗瑞斯比：《现代性的碎片》，卢晖临等译，商务印书馆2003年版，第67页。

辑形式所替代，在这种相互作用中，"现在对过去发生作用的同时，过去也对现在发生作用"。在齐美尔看来，社会无外乎是互动着的个体统一，而社会交往是诸个体走向统一并在其中实现其旨趣的形式。因此，在他看来，社会学只能是研究这些互动，以及社会交往的类型和形式。在齐美尔的社会交往的类型与形式研究中，他并没有将群体和社会做出明确的区分。在他看来："社会要么是所有的社会交往形式涵纳其中的抽象的一般概念，要么是指在某一特定时间所运作的社会交往形式的总和。"① 他力求避免社会实体化和泛化为人类互动的背景，而着力于社会互动本身，从而他的社会学走向经验和具体的社会生活中。尽管单独看来，散落于不同社会形态之中的社会交往形式和互动类型，有些甚至看似琐屑和无关社会宏旨，在他眼里，正是这些细微之处的聚合，才使社会呈现出我们所看到的样子。这种研究方法，使后来人要想在其庞杂的"社会形式"分析中，抽象和整合出他的思想脉络，也增加了一定难度。

齐美尔关于社会形式的理论很可能得益于康德。康德哲学的重要贡献是区分了形式和内容（form versus content）。康德认为，空间和时间就是感性的纯粹形式，"形式"是把现象的诸多方面按照某种秩序组织起来的那种东西，被组织起来的是"内容"。在康德看来，"形式"在"内容"之前，并且对"内容"起到组织作用，心灵是"形式"存在的处所。在齐美尔的形式社会学（formal sociology）中，"世界由无数内容组成，这些内容通过接受人类在其生活经验过程中创造出来的形式而被赋予了确定的身份，结构和意义"②。这些"形式"能帮助我们更好地理解当代社会的性质和变迁过程，而我们过去对社会的误解是认为"内容"比"形式"重要，而"形式"无关紧要，关注"形式"则会导致"形式主义"。

齐美尔这种带有社会哲学色彩的理论，其目的是指明社会学这门学科的基本范畴和前提，在他碎片式的叙事风格中，无不显露出他关于这种社会观的影子。齐美尔在对社会带有现象学意味的分析中，互动是他着眼的

---

① 成伯清：《格奥尔格·齐美尔：现代性的诊断》，杭州大学出版社1999年版，第43页。
② Levine D. Georg Simmel：*On Individuality and Social Forms*，Chicago：University of Chicago Press，1971，p. 32.

关键。他认为社会并非一种绝对实体，是形式化表现。互动和交往形式本身，也不是社会的"先行原因"，需要预设社会的存在，以使其成员的所有个体关系能在它的框架内形成。这样，齐美尔是将互动或交往形式作为社会的综合部分来理解的。但是，抽象的互动并不存在，它总是在社会生活中借助各种类型和形式的交往来实现，如统治、服从、竞争、合作、党派、分工、亲密、疏远等。既然互动总是表现为特定的形式，因此齐美尔主张社会学应研究社会形式，这也是一些学者将齐美尔的社会学冠以"形式社会学"的原因。实际上，在齐美尔关于不同社会类型的分析中，也可以看出他注重互动过程，而形式是他把握这种过程的喜好手段。而且，关于他所处的现代社会生活风格研究，以及由此推导出的"文化困境"，都是他社会交往形式先验条件内在矛盾在具体环境下必然结果的演绎。

## 二 学术中的制度"形式"

社会形式使得单数个体转向复数个体，由单个的个体行为转向为某类个体的行为。最重要的一点是，他通过"形式"体现了社会学的方法，通过群体观念串联起个体与社会。社会存在的基础必然在于个体间的彼此互动，而个体间的互动内容又繁多，研究个体间的互动的具体内容并不是社会学的目标。齐美尔在形式社会学的论述中主要论述了以下七种社会交往形式：顺从（支配者与顺从者，支配与顺从之下又可以分为三类：对某个体的顺从，对某一群体的顺从，对非个体性原则比如法律的顺从）；反对（冲突与斗争，竞争游戏，法律竞争，非个人性利益冲突，冲突后群体内部结构的变化，并指出冲突以胜利、调和、允诺三种方式终结）；社会形式的数量关系（数量与互动内容的关系，单个个体自由与孤立，二人关系，三人关系，大群体与小群体内互动规范和交流方式的不同）；社会形式的空间关系（社会化的空间组织，空间隔离与非隔离群体，社会边界，空间固定，群体的空间流动，比如移民、领土控制、空地的中立作用）；社会维系；社会分化；个体与群体。[1]

---

[1] N. J. Spykman and D. Frisby: *The Social Theory of Georg Simmel*, Transaction Publishers, 2004, pp. 93 – 213.

T. 阿贝尔指出齐美尔的社会形式有七种：描述复杂的情况（诉讼、奴役、交换），规范（法律、风俗习惯、道德、荣誉），社会类型（外地人、穷人、教师、平民），集团（家庭、秘密社团、政党），集团结构的成分和性质（等级制度、固定性、灵活性、集中），个人之间的关系（冲突、统治、服从），最后还有大规模的历史进程。D. N. 莱文将齐美尔著作中的形式分为三类：社会过程、社会类型和发展模式，在这三种分类中社会过程，指不跟随实现社会过程的具体情况而固定不变的社会现象；社会类型，指参加某种关系中的个体，具有的某种特殊品质，这种本质对他来说是本质的东西；发展模式，包含了更为复杂的社会过程，群体的扩大和群体成员个性的加强就是发展模式的范例。而科恩则认为上述对于齐美尔形式的分类是没有逻辑根据的，科恩认为应当按照距离生活的远近程度，将齐美尔著作中的形式分为两类：距离生活最近的自生的形式；距离生活稍远的更为稳定和独立的形式。①

D. N. 莱文关于齐美尔思想的表述中，将齐美尔社会学著作中的"形式"概括为四种类型：（1）基本的社会互动形式，即个体在试图实现其直接的需要、目的、旨趣和情感时所创造的某些形式，如竞争、联合。（2）作为体制化结构的形式，即形式脱离个体最初的愿望和需要而独立自主，形成自己的行为规则。这是第一种形式的客观化、制度化。如国家、工会、教会、家庭、军事组织等。这种形式更具有规范的、组织性的制度特征。（3）自主的游戏形式，也就是某些互动形式的实现不是为了什么实用目的，而纯粹是为了形式本身。个体参与这种互动，只是为了展示互动规则，带有游戏的取向，如社交、体育、竞技、娱乐等。（4）作为"世界"的形式，也就是社会本身的一般形式，带有审美和价值取向，如艺术、宗教、政治、科学。

## 三 制度三要素

齐美尔认为，社会交往的先验条件的基础，不只是自我，还包括同自

---

① N. J. Spykman and D. Frisby: The Social Theory of Georg Simmel, Transaction Publishers, 2004, pp. 195–197.

我存在一样具有自主性的他人。

齐美尔认为社会交往形式至少有三个先验条件：角色、个体性和结构。

第一个先验条件是角色。它是指行动的社会中介，人们从群体赋予的角色，将其他社会成员类型化，在群体强加于每一参与者的先验性原则的基础上，人们获得对他人的基本认知，也获取了社会关系得以构成的条件。

第二个先验条件是个体性。它是指一个群体的任何要素不仅是一种社会性成分，而且也还有其他的色彩。个体性概念的提出是对角色的补充，并非个体特征总可以完全在社会角色中彻底充分得到表现，社会角色之外，总有一些未经社会化的个体内在特性。因此，齐美尔认为个体既在社会之内，作为社会的成员、产物和内容；同时也在社会之外，以自身为中心和以自我为目的。个体融入社会的程度，是对个性的放弃换取社会角色一般性来实现的，至于具体的程度则因个体和情境而异。

第三个先验条件是结构。它是指"社会的现象结构"，也就是说："社会可以视作一个经由空间、时间、概念和价值而联系起来的内容和行动的纯粹客观体系。"[①] 在这个体系中，个体人格大可忽略不计，重要的是从个体互动中突生出来的客观结构。这种客观结构可用科层制来解释，也属于迪尔凯姆所指的"社会事实"之中一种类型。它先验于个体人而存在且对应着每一个社会参与者一个具有明确规范的角色，个人则需接受和适应。社会中的位置一旦给定，人格化个人很难更改的同时，它在变化中也具有一定的客观性，朝着特定的，基于内在结构而存在方向转化。它为个体成员提供生活的基础和可能，是个体社会生活的制度框架。理想的模型是，社会生活预设了个体和整体社会之间的和谐。但实际上，这种预设的"完美"，在其他因素的干预下并不能很好地实现。

## 四 关于制度的生成

齐美尔认为，制度是在群体互动中实现的，群体互动的扩大形式促成

---

[①] 成伯清：《格奥尔格·齐美尔：现代性的诊断》，杭州大学出版社1999年版，第30页。

制度的生成。

在论述群体数量方面时，齐美尔注重以不同群体类型中的互动形式为研究对象，揭示了不同数量的个体联合所对应的互动形式有着不同特征。他认为二人群体不存在超个人的结构，二人群体的生存直接取决于双方的合作。而三人群体，则有可能出现新的互动形式。三人群体可以出现两人结合，对第三者进行排斥、否定或控制；其中一人也可能利用他的中间人地位，进行对己有利的整合或者借用一方力量对抗另一方，在群体中获得某种支配地位。无论是二人还是三人群体，互动都是小群体形式，典型特征是直接相互作用，群体比较集中，个人参与程度高，主观的感情需要和习惯是维系和约束群体的主要方式。群体规模一旦扩大，由于人数增大和功能变化，群体就会产生复杂的相互作用关系，导致群体成员的相似性减弱，而个体的个性更加外露。尤其是大群体为了协调和控制群体的生存和发展，必须制定出各种分工和交换制度，将群体成员之间的互动制度化。这种状态下，群体成员之间的互动是建立在客观的制度化结构上，生活的碎片化就具有了相对稳定的类型共性，以形式化表现出来。社会学家在不知道群体成员本身意识的情况下，可以在把握群体互动形式中，就能推演出成员可能的反应，以及他们之中存在的相互关系。这样一来，一方面使社会群体的统一性得到加强，有利于分工和合作；另一方面使得成员的自由个性受到束缚，客观的制度化结构制约了社会互动，也使成员个性难以伸张。齐美尔的形式社会学研究主旨就在于此，通过研究"个体如何在于他人互动的基础上与他人融合成一个社会整体，来指明个体的位置和命运"[①]。

齐美尔认为，随着群体的扩大，有关人与人之间关系的规范，也日益带有一般化倾向，这与帕森斯的说法极其相似，即由特殊主义转向普遍主义。也就是说，个体越是更多地走进社会客观的形式结构，走进社会交往的中心，对摆脱狭隘生活空间的束缚越是有益的，但是却越走向人类普遍品质和道德义务，普遍人性化观念在个人身上表现出来的印记越发明显。

---

① 成伯清：《格奥尔格·齐美尔：现代性的诊断》，杭州大学出版社1999年版，第64页。

必然结论是，个体化与一般化总是相互交织、相互促进的。实际上也道出了个性化和社会化的矛盾。个性化需要摆脱束缚，追求与心灵相抵的自由和个体性灵自由发挥，而社会化又并不能保证个体自由极大舒张。因此，群体的扩大必然导致群体个体要素的分化，否则群体的统一性就无法实现。群体总体培育出诸多倾向、驱动力和兴趣，也为个人力求个性伸展确定了边界，而且群体的日趋扩大，再考虑到理性的广泛运用和科技因素的融入，这种差异越发明显。如果客观上存在歧异要素的分化不落实到不同个人、体制和群体，则整体的统一性以及整体的存在，都会受到威胁。这和迪尔凯姆的看法有相通之处，如果社会分工在加剧一般个体化过程中，不能有对应的以道德为主体的社会规范的伴生和凝聚，社会就处于道德真空状态，这对社会的整合和团结一样是不小的危险。在此，齐美尔在"偶然生成的东西"中发现的规则是，群体的发展会导致个体性的发展，而个体要素的分化，也是群体扩展必要的条件。

## 五 制度生成和扩大的结果

齐美尔在对群体扩展进行分析的同时，也对分化——与他人形成差异，有独特的见解。他认为，当群体成员在群体中的地位较低时，也就与群体有较多的共性。具体而言，就是所有群体成员所共有的，也就是那些拥有最少成员所共有的，因此，任何拉平过程都是向下进行的。对应着社会阶层，齐美尔认为下级秩序对于整体的统一，是不可取代的。在政治类型中这一特征尤为明显，"一个领主的上级地位是一种一般不能达到的，没有任何其他关系能实现的共性的原因。此外，不仅是各种下级人员的平等关系，而且还有他们与占统治地位的最高领导的不平等的关系，给予这种如此富有特征的社会形式以牢固性"[①]。

关于这一点，齐美尔有着独特的分析。以罗马法为例，法律的服从者大致在立法过程中参与发挥过作用，法律的产生虽然貌似是特权和权威意志的公开，但是它的产生仍然是服从者参与互动的结果，服从者自己也分

---

[①] ［德］盖奥尔格·西美尔：《社会学——关于社会化形式的研究》，林荣远译，华夏出版社2002年版，第101页。

解为立法的主体和客体，尽管人民只能感受到那种单方面的作用，但是，他是一方的缔约者。因此，这个似乎自身就坚定地排除相互作用性的观念，通过法律条文叙述，就已经被选定来表示这种相互性了，也就蕴含着对服从者本身意味的承认。大众行动的"客观性"源于主观意愿的合成，一切等级秩序和权威意志都是被卷入的全体成员共同交互作用的结果，虽然这种交互作用结果往往被少数人或规则控制话语权，其中并不否定地位较低群体成员的意志。这就派生出齐美尔"一切领导人也是被领导者""主人是他们奴隶的奴隶"的观点。鉴于他分析范式的高度概括和抽象，它的适用程度也就有了普遍性，如老师和学生，记者和媒体受众，领袖和追随者，党派意志和成员。随着社会圈子的扩大，集体法则比之个人行动就更加具有客观性和刚性，也具有一般性，这种个人自由的交付和个体独特性的部分放弃，在社会关系的持续互动中个体会得到一定安全感，会有相应的归属感作为补偿。

但是齐美尔也关注了与以上可能产生的相反结果。

齐美尔认为个体所属不同圈子的数量，是文化的尺度之一。如果不同的群体之间是离散的，异质成分较大，则个体在不同领域中持有不同地位和身份，角色重叠度较低，个人人格发展的可能形式越多，个体分化的范围就越广。这样，在文化日趋多元化的时代，人们同时介入相互冲突的圈子的可能性也日益增多。这也可能出现个人人格外在表现的复杂化，甚至相悖价值观在同一个体身上出现的现象。个体特征也不再是单向度和刻板的。但是，恰恰是因为群体圈子向个人人格的扩张，同时也剥夺了联系紧密的领域所给予的支持和优势，个体如果拒绝限制，就意味着孤立和产生疏离感，富有人情味的生活方式和制度被机械的、外在的、不带温情的方式和制度取代。个体要素本身不再包含更高的理想，抽离了活动中的精神要素的分化，产生了广泛的影响，使精神层面与有机层面对峙而立，社会体制、等级和交往越发变得机械、客观和外化。只有共同兴趣和目标迎合外在客观结构，群体才会给予补偿。

实际上，这里齐美尔将作为社会分工结果的个体分化，作为社会群体对立面来展开论述的。个性化和专门化的对立，情感和效率的对立，自由和机械的对立。虽然圈子越大越鼓励个体自由,却越陷入个体性限制自由的奴役中。齐美尔在这里流露出忧郁甚至悲观色彩。与之不同的是,迪尔凯姆对社会分工造成的社会分化,认为通过在分工中培育出职业道德和新的社会规范,增加社会凝聚力和张力,则是可能的。

在对社会分化的研究中,齐美尔还提出了他关于社会冲突的思想。群体的扩大加剧个体之间的生存竞争,而竞争又导致个体的专门化。在社会群体层次,两个群体之间的竞争往往导致两者的相似。社会交往的两种主要形式分别是合作与冲突,最终通过竞争体现出来。他认为合作的过程也是一个伴随着冲突对立的过程。因此,任何社会合作的形式都存在冲突,完全和谐、没有矛盾的合作是不存在的。人们相互之间的交往越密切,反而加剧冲突出现的可能。爱和恨在密切的社会交往中共生存在,因此真正密切的关系并不掩盖冲突,反而允许冲突的表达,反而促成关系的亲密和维持。"如何帮助促成整体的统一,在和睦的情况下也好,在对立的情况下也好,都促进整体的统一。"① 冲突的活跃性能量在最终进行统一化的力量方面,却远远优越于某些和平的,然而却是冷淡的共处。在一个社会系统中,各群体之间的相互冲突,可以促进群体之间保持相当的独立性和一定界限,因而有利于保持整个系统各因素之间的平衡,使社会产生一定的分化和整合。局部范围的冲突实际就是社会关系的调适,有利于敌对情绪和紧张矛盾的缓解,有利于社会稳定。齐美尔关于冲突的相关思想,催生了科塞社会冲突理论的产生。

## 六 制度扩大悲剧后果的应对策略

齐美尔还将其关于冲突的思想应用到文化冲突的分析上。

在文化创造形式上,齐美尔认为当个体产生用以表达和实现自身的形式时,便有了我们所谓的文化,即艺术作品、宗教、科学、技术、法律等。这些形式蕴含了生命之流,并为之提供形式和内容、规范和秩序。齐美尔认为文化的产生是基于心灵的诉求和个人愿望的舒张,最终形成一个

---

① [德]盖奥尔格·西美尔:《社会学——关于社会化形式的研究》,林荣远译,华夏出版社2002年版,第102页。

社会体系。但是一旦其获取了固定的形式，就有可能与其存在的初衷发生分裂，不能很好地表达它原初产生的意义，而且具有了一定的自主性，这就有可能与文化的创造力之间产生紧张。而且文化体系越是变得自主，文化创造力越是不能在既有的文化制度中实现自身，则对抗的力度越大。由于这个原因，文化创造力和文化形式总是处于一种潜在的对抗之中，并随即在生活和活动中得以爆发。而且这种对抗并不处于同步对等状态，文化创造力比文化体系变化得要快，生命本质能量不懈涌动，而形式则相对凝固和滞后。而且这种对抗贯穿于社会互动本身，根本不能最终解决对抗，似乎只要社会意义人出现，这种矛盾就开始滋生。尤其在现代社会，"文化不适"更趋明显。个体创造者不再满足于根据自己的需要来改变现存的文化制度，而是对现存的一切文化制度，都可能提出疑问、拒斥和反对。这不仅是生命反对旧形式的斗争，而是生命反对一般形式，反对形式原则的斗争。它不局限于某一制度领域，而是对一切可以借用形式表现出来的规范的抵制。结果，新旧文化变迁的交替过程被打断，例如在性爱关系领域，文化制度和文化创造力之间的对抗，既没有导致制度创新，也没有陷入一种无节制、无政府的纵欲。对制度性的敌意，因为制度剥夺了个体的独特性，也没有哪一种赋予理想的文化选择能够涵盖创造者所有的期待，从而在反对制度性的缺陷和对独特性的剥夺中，表现出来的却是对所有文化制度性设计本身，这也是齐美尔借以表达的"个体性与标准化的斗争"。

  关于文化制度的冲突，齐美尔的解释是文化制度与文化创造力之间断裂，使得文化制度日益自我封闭，而个体日益感觉到其文化诉求也不能在既定的形式中得到满足，于是转而舍弃整个文化体系，以彻底的个人中心主义方式进行文化突围。一旦文化创造力在寻找中获得了自己独特的表达渠道，既定的文化体系更加得不到个体的维护和能量输入。结果，鸿沟日益扩大，彼此朝着适合于自己的方向发展，越走越远。这既不利于文化的有序变迁和涵养丰富张力，个体的创造力也日益分崩离析；各自满足于"自我指涉"，个体在文化体系中失望地剥离，文化体系又无法失去创造者尚可和谐稳固发展，结果只能是断裂后的彼此冷漠和自我毁灭。

  造成以上的根本原因是双方赖以生存和发展的社会生活内涵和特性受

到剥夺。如果考虑到文化形式的自主性，那么双方都应对其负责；文化制度只能从社会生活中汲取营养才显意义，而文化创造力要想获取丰富的能量也得扎根于现实生活。齐美尔认为这样的困惑也不是完全不可避免，那就是个体可以采用保持距离的社会策略使文化客体与自己处在不同的距离上。

审美知觉就是这样的社会策略之一。通过审美知觉，个体可以操纵文化客体与自我距离，从而可以维护个体性。齐美尔的"审美化"可以看成一种特殊的技术，力求将社会生活的风格化和艺术化分开，同时又把握好之间的度，寻找合适于个体，又不失去整体弹性的距离。风格化往往具有实用功能，而艺术性则游离于实用性之外。前者对应一般性原则，后者对应个体性原则。虽然齐美尔做出了这样的策略设想，但同时他又承认没有这样的个体，在一般性和个体性之间维持一种平衡，而成为社会认可的个体。在他看来，生活受到两种对立倾向的支配，一种是一般性，即社会适应性、从众性、相似性、一致性、普遍性、静止性；一种是个体性、唯一性、变异性、叛逆性、新颖性、专门性、运动性。社会的发展就是在两极中来回摇摆和振荡。社会生活好比战场，而社会制度就好比和约，由此两种原则之间的恒定对抗变成了一种外在的合作形式。但是二者固有的张力，使彼此又不能在社会现实中得到充分的合作和谅解，人们就这样在创造和摆脱创造的痛苦中前行。齐美尔带着现代性诊断的努力，通过社会形式的分析，并没有实现他的初衷，反而流露出建立在其学理上的伤感和无奈。

由此齐美尔提出"文化悲剧"的概念。他将文化分为客观文化和主观文化两种。客观文化是指精心制作，提高和完善的事物，可以引导人类灵魂走向自身的完善。主观文化是由通过客观文化的方式而达成的个人发展程度。主观文化是最高目标。齐美尔认为现代社会，客观文化不再具有"培养"人的功能。客观文化和主观文化之间的相互独立和分裂，和谐已经破碎。客观文化越来越朝自主方向发展，变为一个自成体系的王国，按照自己内在逻辑，沿着专门分工的标准不断衍生。随着社会化的加速，这种僵化的积累过程也随之加速。加上单一个体接受能力的有限，个人的能力和思维总是屈服于日趋繁荣的文化。因此，现代人总是处于过度的刺激状态，但又不能有效地将这些刺激消化，转化为文化创造力，又无力将它们吸收和整合进自己的人格结构，甚至异化和越发无能。尤其客观文化的霸权，远离它的起源和目的，现代人的选择能力变得麻木。当社会破坏是这种社会单位的必然结果时，齐美尔称之为悲剧性关系，人类也就不可避免地堕入文化悲剧。

齐美尔认为追求分化的人格，是为了适应社会分工的要求。经济圈子的扩大、人口的增加、跨越地理界限的竞争，这些因素加剧了分工的扩大，也直接推动了行为的专门化，自由人格和被限制性的人格的鸿沟还在扩大。基于此的社会形式齐美尔并不满意，但也没有为未来之路做出明确指向，只是认为人类无法预料的创造，将会日益产生丰富多元的变化形式，借此，人类可以肯定和证明自身价值。

## 七　对制度形式不同分类的理解

不同学者对齐美尔社会形式的分类，显示出齐美尔学术本身的争议性和可解读性强，也颇有趣味，给后人的理解带来无限饶有兴趣的理解空间。齐美尔学术，大多数就是如此具有独立结构和对象化的学术小品，如关于陌生人、穷人、时尚、冲突以及合作的精彩描述。后人对这些形式进行总结和分类所形成的成果并无太大意义。在齐美尔的体系中，"形式"更像是一种类型学模板，"形式"的研究是从个体间的互动关系出发，依据抽象层次的高低对互动关系进行分类，并以"形式"分类便于找出不同个体行为背后的相同点。

社会形式只是用社会学的视角去理解生活，不是将生活归类复制，仅仅是一种对生活的理解。齐美尔写道："我们把每一个人都想象为人的类型，这对于我们对他的实际态度有着特殊的后果，他的个性使他属于人的类型，除了整个他的独一无二性外，我们在一种普遍的范畴下想象他，当然，普遍的范畴与他并不完全吻合，而他与普遍的范畴也不完全吻合。"[①]

---

[①]　[德]齐美尔：《社会是如何可能的》，林荣远译，广西师范大学出版社2002年版，第364页。

一方面，个体之间看起来像是自由自在、毫无约束的交往，实际上只要个体被包含在群体当中，个体的表现都受到或多或少的来自外部的或内部的制约。比如在一个宴会的场合，无论个体特性如何，个体都会注意自身的讲话方式以及相关的肢体语言，呈现出遵守基本社交规则的场景。另一方面，每个个体不仅具有社会的普遍性，还具有个体的特殊性，特别是在现代社会中，群体规模的扩大使得群体内对个体的约束削减，个体的个性得到进一步的释放。"个人的心灵永远不会处于一种结合之内而又不同时处于结合之外，它不可能被置于一种秩序之内，又不发现自己与之相对立。"[①] 社会规范使得人们都依从某些基本的、默认的形式而进行交往，个体以这些形式为准则来分辨别人和自身的行为的正确与否。当我们从社会的整体角度去审视个体的交往时，我们就会看到存在于交往当中的形式。然而，个体又永远也达不到这些"形式"，只是做到很类似或是接近于这些"形式"。当我们用放大镜看个体的交往时，会在里面看到丰富多彩的各种内容，我们永远无法完全达到理想中交往的实际内容。用社会形式来理解生活，强调的是一种理解，目的并不是发现行动的规律，更多时候只是一种社会学的观察视角。而社会形式也只是观察视角中的一种类型，个人可以通过"形式"来观察和理解生活，但生活中并不以单独社会形式存在，因为"形式"是抽掉诸多生活的因素而来的，"形式"不可能脱离生活而完全存在。

可见，齐美尔"社会形式"的制度痕迹突破了我们的常规思维。他是将制度的形式相似作为制度划分依据，至于制度的功能、范围他并没有作为严格的划分标准加以区分。如此标准，不同功能的、不同性质的制度完全可能被纳入同一制度体系，且允许不同的价值选择共存。实际上，这些形式也确实无不影响着个体在社会中表达方式，社会也得以在这些不同形式中外显全貌。虽然以上划分的第二点更具有"制度"性，但是又不能将其他形式完全忽略在制度视野之外，否则对他的社会学思想完整把握并不公允。齐美尔也认为，这些基于社会互动得以表现的社会形式，虽然蔚为

---

① [德] 齐美尔：《社会是如何可能的》，林荣远译，广西师范大学出版社 2002 年版，第369页。

大观,人们却并不能对此做出自由选择,找不到一种有效的方式,让人们逃离和避免社会形式的规范之中。

而且,随着社会发展,不同的形式更加加速急剧出现,人可以做出支付的自由选择越发受到压榨,显得格外机械和麻木,即主体的客体化正在加强。纵使社会形式表现或"设计"得更科学,迎合了主体的乐观,也无法避免形式束缚和彻底逃离。齐美尔也没有因此为改变和解决做出系统化的努力,似乎他的社会学研究本身,就是在说明社会人的无能为力和社会的悲剧必然色彩。

与其说齐美尔在进行社会学理论的构建,不如说他在对现代性做着冷峻,又确实无奈的谕示。他并不太热衷于像一些社会学家那样,为了使其理论更有说服力和便于构建,而事先规范和设计一些服务于他理论的概念,也不注重于那些社会学史中社会学家不敢疏忽的主题,如政治集中、社会分层、社会团体、正义、法律等。甚至如"社会结构""社会系统""社会体制"之类的概念,也只是为了便于陈述而处于从属地位。他所关注的主题是:现代生活的状况对个体人格的完善有何影响?如同后人对齐美尔的研究一样,这样的追问还在继续。

齐美尔关于形式社会学的思想,"从方法论和研究对象角度上对社会学作了有意义的界定,对社会学研究专门化和制度化起着积极的推动作用"[①]。

## 埃米尔·迪尔凯姆

埃米尔·迪尔凯姆(Émile Durkheim,1858—1917),是现代社会学的奠基人之一。他针对19世纪欧洲剧烈社会变迁所引起的社会冲突提出了"社会团结"的思想。迪尔凯姆不仅从正面探讨了如何用集体意识去维持社会团结,同时他还从反面分析了面对变态分工和社会解组等,并提出了相应的解决策略。而贯穿于他整个社会学宏旨的是其在严谨的社会学分析

---

① 贾春增:《外国社会学史》,中国人民大学出版社2000年版,第90页。

方法—社会事实—基础上的制度分析和制度实践指向。在审视迪尔凯姆主要的社会学思想的基础上，这里想展示出迪尔凯姆强烈的改良社会秩序的实践意向，概括出他的社会学制度框架和制度的价值指向。①

## 一 制度：社会学的研究对象

社会学领域，"社会事实"几乎是迪尔凯姆的思想名片。他说："一切行为方式，不论它是固定的还是不固定的，凡是能从外部给予个人以约束的，或者换一句话说，普遍存在于该社会各处并具有其固有存在的，不管在个人身上的表现如何，都叫做社会事实。"② 社会事实是外在于心理和思辨的社会产物，它根植于社会，在个体存在之前就已经产生，是社会存在物，需要一定的社会交往促成社会事实产生。由于这种相互之上通力合作的综合是先验于每个人自身之外，所以其结果就是不以单个个人意志为转移的行为方式和判断方式。这种特殊的存在方式就是制度，它是集体信仰和行为的总和。迪尔凯姆认为"要把社会事实作为物来考察。"③ "这样就可以把社会学界定为关于制度及其产生与功能的科学。"④ 可见，迪尔凯姆认为社会学无外乎就是从社会事实着手，力求把握住制度的因果关系和功能的科学，从而确立了一套制度社会学的方法和准则。《劳动分工论》和《自杀论》则是迪尔凯姆制度社会学方法的代表著作。

在《劳动分工论》中，迪尔凯姆认为社会团结是一种基本的社会事实，它影响和决定着其他社会事实，因此，社会团结具有根本的制度性，他的社会制度分析就是围绕此展开。

迪尔凯姆把社会学定义为"关于制度的科学"，定义经济学为"关于市场的科学"。他说，社会制度是由符号系统——知识、信仰和"集体情感和集体观念"系统——构成的。这些系统是人类互动的产物，但又被个

---

① 笔者与第二笔者方旭东分别以"迪尔凯姆的制度分析范式"为题目在《中共济南市委党校学报》2008年第3期上发表、以"迪尔凯姆'集体意识'的现代性与和谐社会"为题目在《甘肃理论学刊》2009年第1期上发表为基础，此处做了进一步的修改。
② [法] E.迪尔凯姆：《社会学方法的准则》，狄玉明译，商务印书馆1995年版，第34页。
③ [法] E.迪尔凯姆：《社会学方法的准则》，狄玉明译，商务印书馆1995年版，第35页。
④ [法] E.迪尔凯姆：《社会学方法的准则》，狄玉明译，商务印书馆1995年版，第19页。

人以客观和强制的方式所经验。①

他指出人出于天性的需要发展了社会聚合的基础——社会制度。

迪尔凯姆主张，制度研究方法要注重功能分析和因果分析。功能分析采取整体论的社会观，认为局部只有与整体联系起来才能考察其意义和作用。迪尔凯姆在研究中尤为关注教育制度。他的《道德教育》就是对教育制度进行功能分析的典范。他从功能的角度对教育进行了界定，认为教育是共同生活的产物，教育是年青一代系统地社会化的过程，体现了对共同生活的需求，表达着社会结构，并与社会的其他制度协调一致。②

## 二 集体意识：制度形成的必要条件

以社会成员共同价值观、共同道德规范为基础的社会纽带，迪尔凯姆称之为集体意识，它是"一般社会成员共有的信仰和情感的总和"③。正是因为集体意识的存在，社会才得以获取完整的存在和独立的生命。集体意识的提出，在伸张迪尔凯姆关于社会基本看法的同时，也否定了卢梭社会契约论和斯宾塞社会出于个人利益的自由竞争的观点，而肯定了社会是同一社会一般公民共同的信仰和情操的总体。

这样一来，社会团结的基础就是社会成员在最基本的道德规范上的一致性，理性契约、自由竞争、法律制裁、国家权力的实现都以此确立。因此，不同社会类型的差异，本质是道德规范的差异；不同社会进行区分和比较，主要是对各自道德规范进行区分和比较；深入社会结构内部的研究，也必须从对人们行为和欲望进行规范和约束的道德规范着手；同样，要想拯救和矫正一个边缘化和破败的社会，关键在于重整混乱状态的道德规范，加强道德的社会规范和社会整合作用。

由以上简单的概述我们不难看出，在迪尔凯姆的观点里，社会的存在是一种带"物"性质的社会事实，而最基本的社会事实则是集体意识，即社会成员在最基本的道德规范上的一致性。它是社会制度存在的根本，也是衡量

---

① ［日］青木昌彦：《比较制度分析》，周黎安译，远东出版社2001年版，第5页。
② ［法］迪尔凯姆：《道德教育》，陈光金等译，上海人民出版社2003年版，第229—235页。
③ ［法］雷蒙·阿隆：《社会学主要思潮》，葛智强译，华夏出版社2000年版，第216页。

社会团结和分工的准绳。换言之，社会规范是集体意识的外在表现，而这种外在表现一旦稳定且为共同的道德心理所认可，就导致集体意识外在形式的制度化。制度化社会规范融入基于社会交往实现的分工协作中，对社会人的行为进行规范和调适，制度开始形成并产生作用。当然，这里的道德规范广义上可以看成一种普遍的社会事实，具有不同社会类型的同质性，也有其具体发生作用的适用范围。它与一定的社会条件相联系，并随着这些社会条件的改变而变化，其中影响道德规范最大的因素是社会分工。

迪尔凯姆认为法人团体的性质是由在不同环境中发挥作用的一般根据决定的。一旦人们发现了与之有着共同和类似观念的人存在，不同情感和价值倾向也得以区分，各自都在交往中结合，发现自己的同盟者而使共同或类似意识的队伍更加壮大，核心凝聚更加加强，赋予特定意义和取向的群体就在整个社会中慢慢形成，呈现出与众不同的特征。特定群体形成过程，也是道德趋同的吸引过程，不可避免的道德生活便卷入其中，彼此的期望和道德诉求也具有了一致性。成为群体一员的人，他的道德关注虽然可以使他从中获利，却并非出自利己的明确算计，而是以公共道德或利益作为出发点，将个人的特殊利益纳入普遍利益之中，这是所有道德作用的源泉，也是迪尔凯姆道德规范的形成观。"如果这种情感在诉诸于普遍的生活境遇的过程中，变得更加明朗，更加确定，那么我们便会逐渐看到一个道德规范总体的出现。"① 这种总体的呈现，最终都体现为制度。

## 三 社会团结：制度起源和表现形式

无论是对原始宗教的考察，还是对工业社会的现实观察，迪尔凯姆对构成社会规范主体的道德进行了溯源，从中也可以看出相关制度起源的思想。首先，迪尔凯姆对"法人团体"进行了历史的回顾，他从早期的宗教社团展开，认为它是一种古老的法人社团。因为神灵的认同产生宗教组织，进而形成宗教集体意志和偶像，相继产生不同的职业崇拜形式，同时不同功能的仪式也产生。也正是在这个意义上，迪尔凯姆说："几乎所有

---

① ［法］迪尔凯姆：《社会分工论》，渠东译，生活·读书·新知三联书店 2000 年版，第二版序言第 27 页。

重大的社会制度都起源于宗教。"① 其次，法人团体为每一种职业制定了明确的规范，明确了雇主和雇工的各项责任。迪尔凯姆认为，这些规范不以部分人的利益为前提，而是以整个法人团体的利益为前提，"凡是在私人利益归属于公共利益的时候，道德的性质就会突显出来，因为它必然表现出某种牺牲和克制精神。许多规章也都是从我们所共同具有的道德情感中产生的"②。接着不难看出，迪尔凯姆认为社会规范的产生建立在集体意志基础之上，对集体意志的归属衍生了规范实体。而规范实体，也是带有制度色彩的法人团体，作为集体道德的表现和依托形式而存在，而规范的作用在于更好地进行团体整合。

当然，迪尔凯姆也不否认制度的功能具有相对性，一旦产生，它并不是一成不变的就可以在发挥作用中顺利实现其存在的初衷，而在特定历史条件和环境中方显积极效果。因为曾经作为制度建立起来的社会事实内涵的变化或者历史事件的变迁，都有可能导致制度滞后和不适，甚至出现退化和变质，曾经的积极效用部分还可能作为消极的表现，原因在于"集体生活的节奏控制并包括了所有各种不同的基本生活节奏，它就来自于这些生活节奏"③。制度一旦产生，它相对的稳定性和内在的聚合力有可能使其朝单一方向发展，不再有能力胜任职责，因此就有必要增强制度的张力和弹性，进行局部的调整甚至根本的改造，而不是在整个历史中去否定它，破坏它。迪尔凯姆虽然没有向我们呈现历史上制度变迁的风貌，但是谨慎严格地提到了制度变迁的必要性和必然性。

迪尔凯姆认为道德规范的特性在于它阐明了社会团结的基本条件。道德的基础并不是一种自由状态，而是建立在依赖关系基础之上。因此，他认为道德不会使人获得解放和自由，不会使个人从周遭环境中摆脱出来，它的主要作用在于把个人变成社会整体的整合因素，个人部分的行动自由

---

① ［法］爱弥尔·涂尔干：《宗教生活的基本形式》，渠东、汲喆译，上海人民出版社1999年版，第552页。
② ［法］迪尔凯姆：《社会分工论》，渠东译，生活·读书·新知三联书店，2000年版第二版序言第25页。
③ ［法］爱弥尔·涂尔干：《宗教生活的基本形式》，渠东、汲喆译，上海人民出版社1999年版，第579页。

反而受到剥夺，"每时每刻，我们都面对着一种思想或行动的类型，它们以同样方式作用于特定的意志和智力，这种施加在个体上的压力，充分说明了集体的介入"①。而制度的意义也不是要保证人极度自由的张扬，而是因为某种需要使人们过着有节制的规矩生活，并使他们形成一个有机的整体。在这一点上迪尔凯姆道出了制度的一种特征：内在的共同凝聚力和外在的有机团结。

## 四 社会规范：社会制度的维模

在《社会分工论》中，迪尔凯姆详细围绕他的社会规范理论进行了论述。首先明确提出了"规范"的概念："所谓规范不仅仅是一种习惯上的行为模式，而是一种义务上的行为模式，也就是说，它在某种程度上不允许个人任意行事。"② 他认为只有完整意义社会的建构，才能确保道德和物质支撑，道德因此获得了对个人的强制性质，集体构成的道德实体才能，也应该凌驾于个人之上，而且这种集体强制唯有不断连续，而不是暂时和偶然的，才能维持规范的存在。集体角色不仅在于人们的相互契约的普遍性中确立绝对命令，还在于它主动积极地涉入了每一规范的形成过程。它是指定的仲裁者，调解人们的利益纠纷，为各自必需的遵守和权责划清界限，它的另一重要职责就是维持社会秩序和维护和平。假如失范，社会将失去合理的权威规范，社会就会陷入混乱，而最终的受害者则是社会成员。因此，道德规范和法律制度在本质上是自我同一性的要求。这种自我同一性，一方面表现于经过理性规划的制度，"如果我们想在各种各样的经济职业中确立一种职业道德和法律准则，来代替支离破碎，混乱一团的法人团体的话，就得建立一种更加完善的组织群体，简言之，就是建立公共制度"③。

社会规范的作用在于防止共同意识以及社会团结发生任何动摇。但要实

---

① [法] 爱弥尔·涂尔干：《宗教生活的基本形式》，渠东、汲喆译，上海人民出版社1999年版，第570页。
② [法] 迪尔凯姆：《社会分工论》，渠东译，生活·读书·新知三联书店2000年版，第二版序言第17页。
③ [法] 迪尔凯姆：《社会分工论》，渠东译，生活·读书·新知三联书店2000年版，第二版序言第19页。

现这一功能，道德就要成为这种规范本身，它在积极维持和巩固社会团结的同时，也具有抵抗企图将道德朝反方向拉动的反抗力。当社会进化到特定阶段后（迪尔凯姆主要指社会发展到工业化时期。因生产变革引起的社会关系巨变），由于生产劳作方式的改变，客观上需要社会分工，需要打破传统的社会机械团结，朝异质化的劳动分工协作方向发展。这种环境下，迪尔凯姆并没有忽略或看轻道德的社会功能，认为道德只是顺应环境以相反的形式表现出来而已，而且这两种不同表现形式的规范都是为了满足同一社会的需要，因为连接人们的方式有有机结合和无机结合两种相逆方式的存在，因此与之相辅的道德基于同一个目的，而指向反向。具体说来，迪尔凯姆将道德规范划分为两种类型：一种是与压制性制裁有关的规范，包括分散类型和组织类型；另一种是与恢复性制裁有关的规范。前者表现出来的是从相似性中产生的团结条件，称作机械团结；后者表现出来的是一种否定团结，称作有机团结，建立在社会分工基础上。任何社会团结的根源，任何促使人们去体谅他人的动力，任何对自身行为不带私心的规定，都可以称作道德，这些纽带的数量越多，力量越强，道德本身也就越牢固。[1]

迪尔凯姆认为所谓的道德规范和法律并列，二者在社会中都具有类似功能，都能够把人们和社会紧紧相连，以抵御松散的状态，加强社会凝聚力。

## 五　制度整合：矫正社会失范的途径

关于社会分工的观察，迪尔凯姆并没有在分工的经济学意义上用多少笔墨。他认为社会分工主要的价值在于它的社会意义，认为分工的道德影响要比其经济作用来得重要，它的意义首先在于它构成了另一种与传统相对的道德价值和社会秩序。虽然社会分工造成了个人的原子化和对集体意识的游离，人们个性的自由得到彰显，但是迪尔凯姆并不担心现代社会人因为疏离于集体意识而让社会秩序变得更加危险。他的解释是，一方面，在分工中出现的法团机构中伴生着职业道德的出现，这对于个人的集体归属仍然起着积极作用，也是对传统社会表现出的伦理实体弱化的补偿和修

---

[1] ［法］迪尔凯姆：《社会分工论》，渠东译，生活·读书·新知三联书店2000年版，第356页。

复；另一方面，迪尔凯姆虽然认为社会分工尽管扩大了人的自由个性，并不失去人的社会意义，还是社会人。他这里所说的社会人是指在集体意识里疏离的人没有对集体道德规范完全逃逸和背离，仍处于它的监督和制约之中。社会人依然遵循的"不仅仅是一种习惯上的行为模式，而是一种义务上的行为模式"[1]。这有利于促进社会的整合和秩序的优化，日益凸现的个体意识在保证独立人格实现和自由性延展同时，对社会分工背景下新的环境更能够向整体性社会规范做出呼应。自由是一系列规范的产物，当然是一种合理的自由，是社会应该得到尊重的自由。社会规范能够限制人们滥用特权，防止他人自由受到限制，"我们要保证个人的经济独立地位，一系列繁琐复杂的规范总归是必需的，否则，自由也只不过是一种虚名"[2]。社会分工的专业化，使人更加成为"社会人"。曾经在共同意识里赋予的角色现在靠分工得到维系和强化，社会的凝聚力也基于专业合作得到加强。

迪尔凯姆也承认，道德意识要达到普遍的，绝对的一致是不可能的，原因在于每个人所处的直接的自然环境不同，遗传差异，还有社会影响不同，因此每个人的意识也就不同，人们就不可能在道德意识上完全一致。为此他佐证道："就是在个人的独创精神极不发达的未开化的民族那里，也不是完全没有个人的独创精神。"[3] 顺此逻辑思路，迪尔凯姆认为犯罪就不可避免也容易理解，一些犯罪是一种社会常态，它不是总是有益的但是必需的。恰如以上所述，即使是高度统一的集体精神，也不能保证集体以及集体类型之间没有分歧。摆脱社会危机的方法，是通过职业群体，或法人团体的组织方法彻底拯救日益败落的伦理道德，并以此搭建起一个功能和谐与完备的新型社会。可以看出，迪尔凯姆认为，即使社会出现混乱或者有病态化趋势，依然要在构成社会事实的道德支撑那里寻找突破口和补救办法。在社会分工社会，寄希望于基于分工而存在的职业道德，合作伦理，分工价值的强化和巩固，加强道德规范，促进社会整合。而整合价

---

[1] ［法］迪尔凯姆：《社会分工论》，渠东译，生活·读书·新知三联书店2000年版，第二版序言第17页。
[2] ［法］迪尔凯姆：《社会分工论》，渠东译，生活·读书·新知三联书店2000年版，第二版序言第15页。
[3] ［法］E. 迪尔凯姆：《社会学方法的准则》，狄玉明译，商务印书馆1995年版，第87页。

值，树立道德，改善和重塑社会形象，有效的办法就是借助有效的制度设计，蕴含集体道德，建立有机合作，达到社会矫正和巩固的目的，要想治愈失范状态，就必须首先建立一个群体，然后建立一套我们现在所匮乏的规范体系。[①] 这里"建立一个群体"，没有比以制度的规范作用来组合，凝聚一个价值共同体的群体更好的解释了。可见，社会规范是制度稳定和延续的保证，而失范又需要制度威权和规范群体来改善，二者是相辅相成的。由此我们可以进一步推导出一个结论：具有善德的社会必然有好的制度，而好的制度不必怀疑没有善德。

## 六 制度分析对当代的启示

迪尔凯姆关于社会制度的分析，无不看重基于社会事实的伦理道德和法律规矩等一系列社会规范。这里的社会规范是一种制度性安排，也是促成社会正常态势发展和秩序的必要条件。在他的视野里，一切社会秩序的确立和稳固都需要道德的支撑，共同得以认同和遵守的道德是制度的良心，必须得到肯定和涵养。迪尔凯姆直言不讳地指出："人们的欲望只能靠他们所遵从的道德来遏制。如果所有权力都丧失殆尽，那么剩下的只会是强者统治的法律，而战争，不管它是潜在的还是突显的，都将是人类永远无法避免的病症。"[②] 如果产生社会失范，无论是法律的还是道德的，都将带来严重的后果，如社会混乱、秩序破坏、冲突群起、纠纷交织、互相对抗、防范、削弱，社会的安宁和平将随之失去，人们将陷入混乱和绝望之中。因此，制度的设计，也是良心的拯救。

迪尔凯姆社会制度的分析思想对当今我国社会转型期的司法改革和制度建设也有一定启发性。法律的制定和实施不但要与社会认同的价值观和伦理观相吻合，而且还要随时关注社会生活的变化和社会集体意识的变化。法律作为维系社会秩序的强制性手段，是社会团结的外在表现形式，法律是一定

---

① 参见［法］迪尔凯姆《社会分工论》，渠东译，生活·读书·新知三联书店2000年版，第二版序言第17页。
② ［法］迪尔凯姆：《社会分工论》，渠东译，生活·读书·新知三联书店2000年版，第二版序言第15页。

意义上社会道德和团结的载体。代表国家行使审判权的法院作为表达社会集体意识即道德最高阶段——法律——的机构，应当随时对社会的集体意识做出积极而有组织的反应。对大众生活可能产生重要影响的制度设计应将公德即集体道德作为优先考虑，力求与之保持相一致的立场，从而让制度内涵和实施体现出公共道德精神。否则，即使制度创新再具有技术上的先进和工具性便利，也会使社会陷入道德真空和价值虚无，使个体意识失去内在限制和约束，陷入规范缺失状态，社会和个人都成为最后和最大的受害者。

虽然在迪尔凯姆的社会学研究方法中，反常的、病态的、特殊的现象不属于他的社会学研究对象，但是在他关于一些社会事实的研究，如自杀、社会分工等主题中，社会失范导致的社会反常是他研究结果的一种事实例证。也可以看出，迪尔凯姆作为一位古典社会学家，其社会制度的分析是建立在其理论构建基础上对社会观察而发出的精幽慎思和人文关怀，这份治学中人文精神的蕴涵贯穿其思想之中，对于今天的社会学研究也是一种不要抛弃人道和正义的榜样和期待。

## 乔治·赫伯特·米德

乔治·赫伯特·米德（George Herbert Mead，1863—1931）美国社会学家，社会心理学家及哲学家，符号互动论的奠基人。他是一位哲学系教授，如今却被戴上思想家、社会学家、社会心理学家、实用主义带头人、"传播学鼻祖"等桂冠。其主要著作有《心理的定义》《心灵、自我与社会》等。米德出身于一个中产阶级家庭，父亲是一位大学教授，母亲为社会活动家，致力于争取妇女权益、黑人或移民待遇。1887—1888年成为哈佛大学研究生，后去欧洲学习心理学和哲学。1891年任密歇根大学副教授，1894年执教于芝加哥大学。米德认为自己是社会行为主义者，认为象征符号是社会生活的基础。人们通过手势、表情、语言和文字等象征性符号进行交往沟通，达到相互认识和共同理解。社会意义建立在对他人行为的反应基础上。他重视日常生活情境中人们交往和理解社会关系的方式。米德认为，"自我"来自社会的相互作用。儿童并不具有天生的自我意识，而是在对语言等符号的学习中理解和掌握他人扮演的角色,并获得社会反馈过程中,学会把自己作为客体的思维,产生自我意识。米德指出,自我发展经历了三个阶段:模仿、游戏和竞赛。人格发展是社会存在通过对个体的思维和行为施加影响并引起变化的过程。

## 一 制度的概念

对社会制度的含义理解上,米德认为,在一个共同体中,人们在相同的情境下会出于本性对某种活动做出共同的反应,这种反应就是制度。"在我们所生活的共同体中存在许多这样的共同反应系列,而这些反应也就是我们所谓的'制度'。制度表现了共同体的所有成员对一种特定情境所做出的共同反应。"[①]

## 二 制度的类型

制度是多样的。由于个体特征的差异,各人对一种共同事物会产生不同的反应。对一种共同事物的反应可以表现为各种各样的形式,这些形式就是各种各样的制度。而这些变化正像不同官员的反应所具体表明的那样,形成了一种把这些各种各样的反应统一起来的组织。

惯例是一种特殊的社会制度。米德把惯例视为制度的一种特殊形式。"惯例都是孤立存在的社会反应,而就共同体那通过各种社会性反应表现出来的基本特征而言,这些惯例既不会进入这种共同体的本性,也不会构成这种共同体的本性。"[②] 虽然惯例不在共同体中体现其本性,但它还是共同体成员对特定情境独特的共同反应——制度。这些各种各样的制度作为对个体在其中进行社会活动的各种情境的社会反应,都是以惯例并非如此的某种有机方式互相联系在一起的。[③] 惯例的这种有机联系是人们把握共同体的其他表

---

[①] [美]乔治·赫伯特·米德:《心灵、自我与社会》,霍桂桓译,华夏出版社2003年版,第281页。

[②] [美]乔治·赫伯特·米德:《心灵、自我与社会》,霍桂桓译,华夏出版社2003年版,第284页。

[③] [美]乔治·赫伯特·米德:《心灵、自我与社会》,霍桂桓译,华夏出版社2003年版,第284页。

现和制度的主要途径。米德认为如果历史学家能够把握真正的经济情境,那么他们就能够从这种经济情境出发,理解和把握共同体的其他表现和制度。他指出:"中世纪的经济制度是人们能够解释这个事情的其他制度。人们可以直接了解和掌握这种经济情境,而且通过彻底研究它,就可以发现其他制度是什么,或者必定是什么。从某种意义上说,各种制度,礼仪,或者词语,都表现共同体本身的生活习惯;而且当一个个体——比如说,从经济方面——针对其他人进行活动时,他就不仅会引起某种单一的反应,而且会引起整整一组有联系的反应。"① 这点也可以看出经济学与社会学制度分析范式的融汇,即社会学家通过对经济制度的分析来认识和分析其他社会制度。

### 三 制度的特征

米德认为,制度具有压制性和保守性。他说:"制度为什么一定是具有压制性的或者僵化保守的,或者说它们为什么不能像许多制度那样灵活和进步,是扶植个性而不是压抑个性,并不存在必然的或者不可避免的原因。"② 制度是对个性的压制,其保守的特性也没有什么必然的原因。制度还有随意性。惯例作为制度的一种特殊表现形式,"惯例具有随意性"③。"有许许多多制度化的反应具有随意性,诸如一个特定共同体的礼仪就是如此。"④

### 四 制度的功能

(一) 制度保护财产权

他认为制度的功能之一是保护个人财产权,"这些反应却都是维护财产权的反应,都包含着对其他人的财产权的承认"。

---

① [美] 乔治·赫伯特·米德:《心灵、自我与社会》,霍桂桓译,华夏出版社2003年版,第284页。
② [美] 乔治·赫伯特·米德:《心灵、自我与社会》,霍桂桓译,华夏出版社2003年版,第282页。
③ [美] 乔治·赫伯特·米德:《心灵、自我与社会》,霍桂桓译,华夏出版社2003年版,第284页。
④ [美] 乔治·赫伯特·米德:《心灵、自我与社会》,霍桂桓译,华夏出版社2003年版,第282页。

## （二）制度是组织形成的基础

"一种共同的反应可以表现为各种各样的形式。而这些变化正像不同官员的反应所具体表明的那样，形成了一种把这些各种各样的反应统一起来的组织。""因此，社会制度就是有组织的社会活动形式或者群体活动形式——这些活动形式的组织程度很高，所以，只要社会的个体成员采取其他人针对这些活动的态度，他们就能够进行适当的，符合社会生活之要求的活动。"[①] 米德认为社会制度是一种有着高度组织性的社会活动形式，个人对这些活动形式的认同就可以社会化。

## （三）制度使人格完善

米德认为社会制度存在于人类进化层次上的社会生活过程内部，是这种生活过程的特殊的和形式化的表现形式。因此，它对社会个体成员是有益的。它促使个体人格得到完善。米德指出："无论如何，没有某种社会制度，没有构成各种社会制度的有组织的社会态度和社会活动，就根本不可能存在任何完全成熟的个体自我或者个体人格；因为各种社会制度都是一般的社会生活过程之有组织的表现形式，只有当这种社会生活过程所包含的每一个个体，都通过其个体经验反映或者理解了社会制度所体现或者表现的这些有组织的社会态度和社会活动时，这些个体才能发展和拥有完全成熟的自我或者人格。"[②]

## 五 制度实现的手段和机制

作为符号互动主义之父，米德认为符号是人们的心灵对共同体各种特定情境反应过程中表现的手段和机制。什么是符号？米德的定义是这样的："个体心理发展所具有的，与我们所谓的'语言'同时出现的理性方面，就是符号；而且，这种符号就是人们用来实现反应的手段和机制。"[③]

---

[①] ［美］乔治·赫伯特·米德：《心灵、自我与社会》，霍桂桓译，华夏出版社2003年版，第282页。

[②] ［美］乔治·赫伯特·米德：《心灵、自我与社会》，霍桂桓译，华夏出版社2003年版，第282页。

[③] ［美］乔治·赫伯特·米德：《心灵、自我与社会》，霍桂桓译，华夏出版社2003年版，第289页。

也就是制度表现的手段和机制。他用符号来打通个体的自我的内在心灵与外在的社会情境之间反应的通道,而在共同体中的人们对特定情境所做出的共同反应就是米德所说的"制度"。米德论述道:"因此,对各种社会反应的组织,不仅使个体有可能在他自己的内心之中导致——可以说——作为一个整体而存在的共同体的反应。这就是我们所谓的'心灵'使一个个体得到的东西。"① 他发现了体现个体心灵对外在社会情境反应的表达方式,这就是"符号"。"做任何一件事情都会导致某种有组织的反应;而且,只要一个人在自己的内心之中具有这种反应,他就具有我们所谓的'心灵'。我们用各种符号来指涉这种反应,而这些符号则发挥导致这些反应的手段的作用。"②

# 马克斯·韦伯

马克斯·韦伯(Max Weber,1864—1920),德国著名社会学家、政治学家、社会理论家,也是现代一位最具生命力和影响力的思想家。

韦伯和马克思等人的社会学理论,其主要内容都是对制度的本质、形式与分类的阐释,是对制度的变迁、建构与批判的概括。韦伯的研究重点是现代社会制度的构成要素及其发展趋势。他的《经济与社会》可以说就是韦伯留给后人的一部内容十分丰富的制度社会学论著。本节主要通过对韦伯《经济与社会》的研究,来把握其制度思想,力争从原著中梳理其制度理论。当然本研究仅仅是对韦伯制度思想的一点肤浅的片面研究。

## 一 制度的概念

韦伯认为:"只有当行为(一般地和接近地)以可以标明的'准则'

---

① [美]乔治·赫伯特·米德:《心灵、自我与社会》,霍桂桓译,华夏出版社2003年版,第288页。
② [美]乔治·赫伯特·米德:《心灵、自我与社会》,霍桂桓译,华夏出版社2003年版,第288页。

为取向,我们才想把一种社会关系的意向内容称之为一种'制度'。"① "制度应是任何一定圈子里的行为准则。"② 因此,他认为制度是一种社会行为发生的根据和准则,社会行为就是以制度为取向而发生的,制度对社会行为具有约束力或榜样的作用。

## 二 制度的起源

制度是如何产生的呢?韦伯认为制度是被创造的。他首先做了神学的解释,他说:"有意识地创造新制度,原先几乎总是预言性的神谕宣示,或者至少预言所认可的和它本身被认为是神圣的宣告,直至古希腊仲裁者们制订了规章。"这样,制度从神的预示和宣告而确立,随着人类历史的推进,制度从神的宣告转为人为的制订。人们对制度的服从是出于对预言者的合法性的信仰。如果对预言者不信仰,就没有对制度的遵从。预言者必须取得人们对其合法性的认可和尊重才能达到其制订的制度的适用。这样新的制度才能产生。"在严格的传统主义适用的时代,如果没有对制度作出新的默示,新的制度亦即被视为'新的'制度的产生,只能通过这样的途径,即把这些制度当作在实际上历来就适用,只是尚未被正确地认识,或者一时被埋没,现在有重新被发现。"③

就有章程的制度而言,制度的产生还有别的途径。"社会化的具有章程的制度的产生,可以,a)通过自由协议,或者,b)通过强加和服从。"④ 这两种途径产生的制度也就有差别。

## 三 制度的功能

韦伯认为,制度的目的是满足日常需求。父权家长制、官僚体制都是为了满足日常的需求。"尤其是父权家长制的权力扎根于对经常反复出现的,一般日常需求的满足里,因此其原始的发祥地在经济里,即在那里必

---

① [德] 马克斯·韦伯:《经济与社会》(上卷),林荣远译,商务印书馆1997年版,第62页。
② [德] 马克斯·韦伯:《经济与社会》(上卷),林荣远译,商务印书馆1997年版,第345页。
③ [德] 马克斯·韦伯:《经济与社会》(上卷),林荣远译,商务印书馆1997年版,第67页。
④ [德] 马克斯·韦伯:《经济与社会》(上卷),林荣远译,商务印书馆1997年版,第78页。

须用一般的，日常的物资去满足的部门里。父权族长是日常生活中'天然的领导者'。"① 在这方面，官僚制仅仅是家长制的理性对应生物。官僚制也是一种恒定结构，"它也是一种持久的机构，而且它具有自己理性规则的体系，是为了用一般的手段满足可以计算的，持久的需求"②。

韦伯还认为制度调节市场。"市场调节应该叫做通过制度在实质上对于可能的交换物的市场畅销，或者对于可能的有关交换者来说，市场自由作了有效的限制之状况。"③ 市场只是一个平台、一个场域，在这个场域中是制度在制约人的经济行为。制度的调节通过不同类型表现实现的。一是传统习俗的制约，二是惯例的制约，三是法律的制约，四是唯意志的制约。④ 这些都是制度的不同类型表现。通过这些制度类型，实现制度对市场的实质调节。

习俗的功能。"单纯的'习俗'的共性对于社会交往共同体的产生和联婚可能是至关重要的，它们往往可能给予'种族'的共同感情的形成某种在其深远意义上难以确定的影响，因而也可能产生着促进共同体形成的作用。"⑤ 可见，习俗能够促进共同体形成，也能够促进婚姻的联婚。

法的功能。韦伯认为法的功能在于保护各种利益。"法（总是在社会学的意义上）绝不仅仅保障经济的利益，而且保障各种各样的利益，一般地说，从最基本的利益：保护纯粹的个人安全，直至纯粹的思想财富，如自己的'荣誉'和神力的'荣誉'。它首先也保障政治的、教会的、家庭的或者其他权威的地位，和各种社会的优越地位。"⑥ 这种被保护的利益从

---

① ［德］马克斯·韦伯：《经济与社会》（下卷），林荣远译，商务印书馆1997年版，第444页。
② ［德］马克斯·韦伯：《经济与社会》（下卷），林荣远译，商务印书馆1997年版，第444页。
③ ［德］马克斯·韦伯：《经济与社会》（上卷），林荣远译，商务印书馆1997年版，第104页。
④ ［德］马克斯·韦伯：《经济与社会》（上卷），林荣远译，商务印书馆1997年版，第104—105页。
⑤ ［德］马克斯·韦伯：《经济与社会》（上卷），林荣远译，商务印书馆1997年版，第356页。
⑥ ［德］马克斯·韦伯：《经济与社会》（上卷），林荣远译，商务印书馆1997年版，第370页。

个人的到社会活动领域的,从安全到荣誉和权威地位。这就是法的功能。"当然法的保障最广泛地直接服务于经济的利益。"①

## 四 制度的类型

韦伯著作大部分都是围绕着各种制度类型展开的,如在《经济与社会》中的绝大部分章节就是关于制度的内容,即解释各种社会行为所反映的某种社会关系的意向和取向,包括法律制度、经济制度、政治制度、宗教制度、家庭制度等。

韦伯认为习俗、习惯、时尚、惯例、法律都是制度的不同形式。

韦伯认为:"一种调节社会行为规律性的实际存在的机会应该称之为习惯。如果并且只要这种规律性存在的机会仅仅由于事实上的实践而在一定范围内的人当中存在。要是事实上的实践是建立在长期约定俗成的基础之上,那么习惯就应该称之为习俗。"②

惯例是这样一种情况:"对一种特定的行为,虽然存在着某一种影响,但是并不是由于任何有形的或心理的强迫,而且至少在正常的情况下,甚至也不是直接由于构成行为者特殊'环境'的某些人的仅仅是赞同或不赞同的反应。"③

"我们想把'习俗'理解为一种在类型上衡稳的行为的情况,这样行为仅仅由于它的'习惯'和不假思索的'模仿',在传统的常轨中得以保持,亦即一种'群众性'行为,没有任何人在任何意义上强求个人继续进行这种行为。""'习俗'是一种外在方面没有保障的规则,行为者自愿地事实上遵守它。"④

"'时尚'也属于习惯。"⑤

---

① [德] 马克斯·韦伯:《经济与社会》(上卷),林荣远译,商务印书馆1997年版,第371页。
② [德] 马克斯·韦伯:《经济与社会》(上卷),林荣远译,商务印书馆1997年版,第60页。
③ [德] 马克斯·韦伯:《经济与社会》(上卷),林荣远译,商务印书馆1997年版,第356页。
④ [德] 马克斯·韦伯:《经济与社会》(上卷),林荣远译,商务印书馆1997年版,第356页。
⑤ [德] 马克斯·韦伯:《经济与社会》(上卷),林荣远译,商务印书馆1997年版,第60页。

"'法'是一种具有某些特殊保证其经验适用机会的'制度'"①,"法的制度天衣无缝地,没有任何阶梯地过渡到另一个领域,这就是'惯例'以及'习俗'领域。"② "惯例应该称之为在一定范围内的人当中被作为'适用'而赞同的,并且通过对它的偏离进行指责而得到保证的'习俗'。与法相反,这里没有专门为了强制而设立的人的班子。"那么什么是法呢?韦伯明确地提出:"对于我们来说,'法'是一种具有某些特殊保证其经验适用机会的制度。"③ 但是,韦伯对这种机会做了区分,并不是所有"在根据政治暴力保障才能预计法的强制的地方,才说是'法'"④。在哪些情况下或者说哪种机会下的强制手段才能称为法的制度呢?韦伯也做了明确的区分:"凡是预计可能应用某些强制手段——有形的或者心理的强制手段——的地方,这些手段由一个强制机器来实施,即由一个或若干在出现有关事实的情况下准备适应这种需要的人来执行,也就是说,凡是为了'法的强制'的目的而存在着特殊方式的社会化的地方,我们都想说是'法的制度'。"⑤

韦伯对制度的具体形式及其各种形式之间的相互关系做了进一步的研究。韦伯认为,习惯、习俗、惯例以及法律都是制度的具体形式,其间还互相转化,互相过渡,而且它们之间相互转化、相互过渡的界限是模糊的。"显而易见,对于社会学来说,从'习俗'到'惯例',从'惯例'到'法',其过渡界限是模糊的。"⑥

韦伯认为,制度的类型是多种多样的。任何一种具体的社会情境、社会行为、社会领域都可能有一种制度制约。"一种'制度'也可能仅仅作

---

① [德]马克斯·韦伯:《经济与社会》(上卷),林荣远译,商务印书馆1997年版,第347页。
② [德]马克斯·韦伯:《经济与社会》(上卷),林荣远译,商务印书馆1997年版,第356页。
③ [德]马克斯·韦伯:《经济与社会》(上卷),林荣远译,商务印书馆1997年版,第347页。
④ [德]马克斯·韦伯:《经济与社会》(上卷),林荣远译,商务印书馆1997年版,第352页。
⑤ [德]马克斯·韦伯:《经济与社会》(上卷),林荣远译,商务印书馆1997年版,第352页。
⑥ [德]马克斯·韦伯:《经济与社会》(上卷),林荣远译,商务印书馆1997年版,第362页。

为一个具体情况的制度出现。"① 对此,韦伯从法律社会学角度进行了实质法领域的区分。这些制度的形态包括了以下法律制度、公法和私法;刑法和民法;政府法律和管理法律等。②

在城市和农村的经济领域,制度类型也根据不同情况,其制度类型也不一样。只要在实质上干预货物生产的方式,就可以算作一种制度。他指出:"所有流通领域的'农村'或'城市经济的'制度,只要它们在实质上干预货物生产的方式,就是一些类型。"③

韦伯认为,制度还有"行政管理制度"和"调节制度"。

"一个规范团体行为的制度,应该叫做行政管理制度。一个规范其他社会行为并保障给行为者们提供通过这种规范所开创的机会的制度,应该叫做调节制度。"④ 行政管理团体和调节性团体的产生就是由于这两种不同的制度取向为标志的。

韦伯还根据统治的类型把制度进行了划分。他把统治的类型划分为合法型、传统型、魅力型。这三种统治类型有对应的制度类型。"典型的合法型的统治者即'上级',由于他发号施令,所以要服从非个人的制度,他的号令是以这个制度为取向的。"⑤ 一般实行的是官僚体制。传统型统治的合法性来自继承的制度和对统治权力的神圣。"如果一种统治的合法性是建立在遗传下来的制度和统治权力的神圣的基础之上,并且也被相信是这样的,那么这种统治就是传统型的。"⑥ 与此相对应的制度,不可能有意通过章程,重新制定法律和管理原则,而是依照传统遗传下来的规则。这包括了"老年人政治以及原始的家长制"⑦。这种统治有可能走向世袭苏

---

① [德] 马克斯·韦伯:《经济与社会》(上卷),林荣远译,商务印书馆1997年版,第66页。
② [德] 马克斯·韦伯:《经济与社会》(下卷),林荣远译,商务印书馆1997年版,第1页。
③ [德] 马克斯·韦伯:《经济与社会》(上卷),林荣远译,商务印书馆1997年版,第145页。
④ [德] 马克斯·韦伯:《经济与社会》(上卷),林荣远译,商务印书馆1997年版,第80页。
⑤ [德] 马克斯·韦伯:《经济与社会》(上卷),林荣远译,商务印书馆1997年版,第243页。
⑥ [德] 马克斯·韦伯:《经济与社会》(上卷),林荣远译,商务印书馆1997年版,第251页。
⑦ [德] 马克斯·韦伯:《经济与社会》(上卷),林荣远译,商务印书馆1997年版,第256页。

丹制度和采邑封建制度。魅力型统治是基于一个人非凡品质的基础上形成的统治类型。"'魅力'应该叫做一个人的被视为非凡的品质。""他被视为[天分过人的],具有超自然的或者超人的,或者特别非凡的,任何其他人无法企及的力量或素质,或者被视为神灵差遣的,或者被视为楷模,因此也被视为'领袖'。"① 与魅力型统治对应的制度是"没有规章,没有抽象的法律原则,没有以法律原则为取向的寻找合理的律例,没有以传统的先例为取向的司法判例和司法判决,而是在形式上根据具体案例,现时地创造法律。原先只有神的宣判和默示是决定性的。"②

法律制度。韦伯对法律制度是从法学意义上进行界定的。他提出:"法的观察,更确切地说,法律教条式的观察,给自己提出一个任务:要研究人们遵守法律原则的正确的意向,法律原则的内容作为一种制度,而制度应是任何一定圈子里的行为准则,所以要研究人们服从它的事实以及服从它的方式。同时,观察是这样进行的,以那些原则的无庸置疑的,经验的适用为出发点,力争[按照]逻辑上正确的意向,来确定各种不同的原则,它们因此而纳入一个在逻辑上本身没有任何矛盾的制度之中。这个制度就是法学意义上的'法律制度'。"③

经济制度。经济制度的观察得出了经济制度的概念。韦伯认为,从社会经济学的角度看,"人的实际行为受到以'经济的实际情况'为取向的必要性所制约,它把人的实际行为放在经济的实际情况的相互联系中加以观察。通过利益平衡的方式,默契地产生的对货物和经济劳务实际支配权力,按照所认为的意向,实际上如何使用货物和劳务的方式,我们把这种分配称之为'经济制度'"④。

---

① [德]马克斯·韦伯:《经济与社会》(上卷),林荣远译,商务印书馆1997年版,第269页。
② [德]马克斯·韦伯:《经济与社会》(上卷),林荣远译,商务印书馆1997年版,第271页。
③ [德]马克斯·韦伯:《经济与社会》(上卷),林荣远译,商务印书馆1997年版,第346页。
④ [德]马克斯·韦伯:《经济与社会》(上卷),林荣远译,商务印书馆1997年版,第346页。

## 五　制度的特征

制度具有稳定性。官僚制的结构与父权家长制最重要的特性之一就是具有稳定性。"尤其是父权家长制的权力扎根于对经常反复出现的、一般日常需求的满足里，因此其原始的发祥地在经济里，即在那里必须用一般的、日常的物资去满足的部门里。父权族长是日常生活中'天然的领导者'。"在这方面，官僚制仅仅是家长制的理性对应生物。官僚制也是一种恒定结构，"它也是一种持久的机构，而且它具有自己理性规则的体系，是为了用一般的手段满足可以计算的、持久的需求"[1]。

制度的稳定程度不同。制度虽然有稳定性，但是不同类型的制度具有不同的稳定性。习俗稳定性大于合法性制度。韦伯指出："一种仅仅出自目的合乎理性的动机而被遵守的制度，一般来说，比那些仅仅依照习俗，即举止的习以为常，而发生的以习俗为取向远为不稳定：大家最为常见的内心态度的形式。但是，它还是比一种以榜样的，或有约束力的'合法'的威望出现的取向不稳定得多。"[2]

制度具有普遍性和抽象性。"并非任何一种适用的制度都必然具有普遍的和抽象的性质。"[3]

制度具有伦理性。制度要有内在的保证才能稳定。这内在的方面就是伦理。因此伦理也就成为制度内在的特征。"法、惯例和'伦理'之间的关系，对于社会学来说没有任何问题。在它看来，'伦理的'尺度就是这样一种尺子，用它来衡量人的价值合乎理性的信仰的特殊方式，所谓衡量'好习俗'这个评价所要求的人的行为的准则，正如'美好'这个评价所要求的行为要因此而用美学尺度来衡量一样。在这个意义上的伦理的准则观念可能对行为具有很深刻的影响，然而却缺乏任何外在的保证。""所有

---

[1] ［德］马克斯·韦伯：《经济与社会》（下卷），林荣远译，商务印书馆1997年版，第444页。
[2] ［德］马克斯·韦伯：《经济与社会》（上卷），林荣远译，商务印书馆1997年版，第62页。
[3] ［德］马克斯·韦伯：《经济与社会》（上卷），林荣远译，商务印书馆1997年版，第65页。

在惯例上或法律上得到保证的制度都应该具备伦理准则的性质。"①

## 六 制度的"适用"

韦伯用在经济与社会的第一章用了大量笔墨来说明制度的"适用"。在他看来，制度的"适用"是一种机会。这种机会是以一种行动的发生为条件的。而这种行动是以一种观念的存在为取向的。这种观念必须是以一种合法制度的形式存在的。他对此是这样叙述的："行为，尤其是社会行为，而且特别是一种社会关系，可能以参加者的一种合法制度的存在的观念为取向。这种事情真正发生的机会应该称之为有关制度的'适用'。"② 这里"制度的合法性"是理解制度"适用"范围的关键。

韦伯进一步说明了制度"适用"的范围。他说："一种制度的'适用'，其含义应该超出仅仅受习俗或利害关系所制约的社会行为的规律性。"也就是说，习俗或者有利害关系的社会行为，并不受制度的制约。也不是制度的"适用"范围。"（一般地也是）由制度（职务规章）的适用作为戒律所制约，一旦违反不仅带来不利，而且——正常的情况下——在价值合乎理性方面（尽管其影响程度极为不同）也为他的'责任感'所断然唾弃。"③ 那么哪些情况才能称为制度的"适用"呢？韦伯进一步明确指出了制度的"适用"情况："只有当这种以那些准则为实际取向至少也（即在实际上具有重要性的程度上）因此而发生，因为它们在某一种程度上被看作对于行为是适用的：有约束力的或榜样的，我们才想说这个制度的'适用'。"④ 他说，行为者的动机很多，但是只要他以制度为取向，以制度为榜样，那么制度就对其行为适用。这种情况强化了行为者对制度的认同。

制度有其适用的情况，但是人们也可以选择行为取向来适应制度的取向。这种行为选择是遵循制度的意向，而不一定严格按照制度的规定选择

---

① ［德］马克斯·韦伯：《经济与社会》（上卷），林荣远译，商务印书馆1997年版，第66页。
② ［德］马克斯·韦伯：《经济与社会》（上卷），林荣远译，商务印书馆1997年版，第62页。
③ ［德］马克斯·韦伯：《经济与社会》（上卷），林荣远译，商务印书馆1997年版，第62页。
④ ［德］马克斯·韦伯：《经济与社会》（上卷），林荣远译，商务印书馆1997年版，第62页。

行为。例如，小偷以刑法的适用作为他行为的取向，因为他要掩盖他的犯罪行为。但是刑法的取向是为了惩治犯罪行为。"一个特定的制度的适用于不适用之间，并不存在着绝对的二者必居其一的情况，而是存在着两者之间的模糊过渡。"①

总之，制度是有其适用范围的。"不言而喻，在行为以一种一般地如此这般理解的制度的适用的观念为取向的机会与经济行为之间（同样地）存在着一种非常一般意义上的因果关系。但是，对于社会学来说，正好仅仅以这种观念为取向的那种机会'是'适用的制度。"②"制度的适用基于对传统的神圣维护，是最普遍的和最原始的适用。"③

社会学必须探讨制度适用的典型方式。韦伯认为："通常在制度里的服从，除了受形形色色的利害关系的制约外，还受到传统的束缚和合法观念的错综复杂的制约，只要所涉及的不是崭新的章程。在很多情况下，服从的行为者们当时自然甚至没有意识到，究竟那是习俗，惯例还是法。于是社会学必须探讨适用的典型方式。"④

## 七 制度的合法性

在理解制度是"适用"时，制度的合法性是个关键。那么什么是制度的合法性呢？韦伯也进行了论述。他认为制度的合法性是由两种情况得到保证的。

第一种情况是"纯粹内在的"，这又分为三种表现途径。第一种途径是"纯粹情绪的：通过感情的奉献"；第二种途径是"价值合乎理性的：通过信仰的绝对适用作为最后的、负有义务的价值（习俗的、美学的或者其他的价值）的表现"；第三种途径是"宗教的：通过信仰对救赎无的占有取决于对制度的遵守"⑤。

第二种情况是"也（或者仅仅）通过期望出现特别的外在的结果，即

---

① ［德］马克斯·韦伯：《经济与社会》（上卷），林荣远译，商务印书馆1997年版，第63页。
② ［德］马克斯·韦伯：《经济与社会》（上卷），林荣远译，商务印书馆1997年版，第63页。
③ ［德］马克斯·韦伯：《经济与社会》（上卷），林荣远译，商务印书馆1997年版，第67页。
④ ［德］马克斯·韦伯：《经济与社会》（上卷），林荣远译，商务印书馆1997年版，第68页。
⑤ ［德］马克斯·韦伯：《经济与社会》（上卷），林荣远译，商务印书馆1997年版，第64页。

通过利害关系；然而也通过特别形式的期望"①。

## 八 制度的变迁

对于习俗来说，"习俗的改变只能慢慢地通过模仿另一些人的某一种别的习俗来实现"。

制度变革的障碍。制度变革的障碍不是来自外部，而是来自心理和精神。"'有约束力的规则'的观念，与在他们的心理现实中为我们不得不接受的，受器官制约的'规律性'密切相联系着。内心和精神上对那些规律性的'适应'本身包含着可以感觉到的阻止革新的'障碍'。"② 基于此，韦伯认为制度变迁的障碍来自人对制度规律性的适应所产生的心理和精神的依赖。

那么形成了这种依赖是不是就不能产生制度的"革新"呢？韦伯认为不是。尽管有内心和精神对制度的恒定依赖，制度依然可以革新。制度的"革新来自外部：由于外部生活调节的改变，这是无庸置疑的"③。但是，外部条件不是决定的力量，它是必要的，但不是绝对条件。决定的力量，充分的条件来自个人的影响。"革新的最重要的源泉似乎是个人的影响，他们肯定有过某些形式的'不正常的'经历，并且拥有受这些经历制约的，影响他人的能力。"④ 正是这种不正常的经历影响了制度革新的方式。

制度革新的途径是心理、行为相互作用的过程。克服人们对于制度心理和精神的依赖"惰性"的影响，可以通过极为不同的心理学途径来实现。"一种行为的观念作为一种'应该的'行为；另一种形式是，通过被影响者一起感受影响者自己内心的态度，即'移情'。"⑤ 以这两种形式产

---

① ［德］马克斯·韦伯：《经济与社会》（上卷），林荣远译，商务印书馆1997年版，第64页。
② ［德］马克斯·韦伯：《经济与社会》（上卷），林荣远译，商务印书馆1997年版，第358页。
③ ［德］马克斯·韦伯：《经济与社会》（上卷），林荣远译，商务印书馆1997年版，第358页。
④ ［德］马克斯·韦伯：《经济与社会》（上卷），林荣远译，商务印书馆1997年版，第358页。
⑤ ［德］马克斯·韦伯：《经济与社会》（上卷），林荣远译，商务印书馆1997年版，第359页。

生的行为类型变化多端。但是，这两种形式常常引发一种共同体行动的"默契"，一旦这种默契适应了外部生活条件，它们就能持之以恒。"移情"尤其是"直觉"的作用属于贯彻实际的制度革新的主要源泉。这种制度革新既成事实以后，作为制度又会转而强化有可能相伴而生的"约束感"，"移情"和"直觉"伴随约束感而生。这又成为新的制度变革的条件和基础。制度变革的行动就这样在人的心理和精神活动中进行着。

## 九 制度分析的方法

用个体主义方法论研究制度。韦伯在探究新教伦理与资本主义精神两者关系时发现，新教伦理的制度性安排约束和限制了新教徒个人的理性行为，他从这一观点出发，进一步解释了资本主义精神和资本主义社会兴起的原因。虽然韦伯认为制度对个人的社会行为有约束力，但是制度却是一种人们能够理解社会关系的意义与内容。

用解释社会学方法研究制度。韦伯的解释社会学从个人的社会行为视角出发研究制度，系统地研究了制度的含义、制度的各种具体形式及其相互关系等内容。

韦伯在《经济与社会》里，开卷就提出了社会学的概念。"社会学应该称之为一门想解释性地理解社会行为，并且通过这种办法在社会行为的过程和影响上说明其原因的科学。同时'行为'应该是一种人的举止，如果而且只有当行为者或行为者们用一种主观的意向与它相联系的时候。然而，'社会的'行为应该是这样一种行为，根据行为者或行为者们所认为的行为的意向，它关联着别人的举止，并在行为的过程中以此为取向。"[1]之后韦伯对社会行为的解释就更加详尽，特别是决定社会行为的"意向"和"取向"的解释。他说："社会行为可能是以其他人过去的，当前的或未来所期待的举止为取向。"[2] "在社会行为之内，可以观察到实际的规律性，亦即在相同的行为者中相同类型的，所认为的意向上重复出现的或者（也可能同时）在众多的行为者传播开来的行为过程。社会学研究行为过

---

[1] ［德］马克斯·韦伯：《经济与社会》（上卷），林荣远译，商务印书馆1997年版，第40页。
[2] ［德］马克斯·韦伯：《经济与社会》（上卷），林荣远译，商务印书馆1997年版，第54页。

程的这些类型。"① 韦伯认为社会学对"法""法的制度""法的原则"的研究方式是"在一个共同体内,事实上因此而发生着什么样的事情,因为存在着这样的机会,即参加共同体行为的人们,尤其是其中那些手中拥有对这种共同体行为在社会方面有着重大的实际影响的人们,主观上把一定的制度视为是适用的,而且在实践中,也是这样对待的,即让他们的行为以之为取向"②。社会学研究这些就是要对社会制度进行理解,即把握意义;进行解释,即把主观意义组织成观念;进行说明,即指出社会制度的规律性。

# 拉德克利夫 - 布朗

拉德克利夫 - 布朗(Alfred Reginald Radcliffe-Brown,1881—1955)是英国现代社会人类学的奠基人之一,结构—功能主义的创始人。他把迪尔凯姆的法国社会学引进了英国人类学领域,构建了一个富有活力的社会人类学框架。由于受到迪尔凯姆作品的极大影响,他把人类早期社会作为自己研究的对象,并对其社会结构进行概括性研究。他把制度看作保持一个社会秩序的关键要素,并且通过对社会功能的研究,分析了各种风俗习惯和制度是如何帮助一个社会保持稳定的。作为结构功能主义的拓荒者,他的制度研究思想和研究方法对后来的人类学、社会学有着很大的影响。本文试图追本溯源,分析布朗研究制度的方法及其制度思想,为梳理社会学制度分析范式提供一些基础性内容。③

## 一 关于制度是社会人类学研究对象的思想

(一) 制度的概念

布朗认为:"制度就是用来指:一个已建立的制度,社会公认的规范

---

① [德] 马克斯·韦伯:《经济与社会》(上卷),林荣远译,商务印书馆1997年版,第60页。
② [德] 马克斯·韦伯:《经济与社会》(上卷),林荣远译,商务印书馆1997年版,第345页。
③ 笔者曾与第二笔者方旭东以"布朗社会人类学制度思想分析"为题在《新疆社科论坛》2008年第4期发表,此处做了修改。

体系或关于社会生活某些方面的行为模式。"① 他认为一个具体制度的出现，是特定时间、特定社会中某些特定事件的结果。因为它们具有一定的偶然性，因此对制度起源的考察，往往都是不能被实证证明的假设，对于探寻可证的规律没有多大作用，"在讨论任何制度时，我们都应当这样来使用'起源'这个术语，即将它看成为历史的过程，通过这个历史过程，制度开始存在"②。被某个社会接受的这些制度，是对某种关系中人的正常行为的匡约。布朗还以家庭制度为例，认为一个社会的家庭制度，就是家庭成员在相互之间的行为关系上，被期望遵从的行为模式。社会期望包含于社会结构的本身，一个人应遵守哪些规则和行为模式，社会结构都已经给定了比较明确的期待和规范。换言之，人的行为模式已经被社会结构制度化。

（二）制度是社会人类学的研究对象

布朗赞同迪尔凯姆的主张，认为社会人类学"它的兴趣在于人类社会制度的发展"，"毫无疑问，社会人类学的目的之一是认识人类社会制度的本质以及这些制度是如何运行的"③。他认为，"制度"是指一个已建立的社会公认的规范体系，或者是关于社会生活某些方面的行为模式，"社会结构"是指在特定的地域范围内，在一起活动的人们，按照不同的角色、不同的群体、不同的组织，依据一定的制度关系所联系起来的关系网络。特定地区社会生活的结构是由处于制度关系中的个人所拥有的那些世代相传的配置组成的，通过总体上构成社会生活的行动和相互行动可以发现该社会的制度关系④。在制度分析上，布朗赞同迪尔凯姆的整体论和功能论分析方法，但是，他没有遵循迪尔凯姆探究制度起源的传统。

---

① ［英］拉德克利夫－布朗：《社会人类学方法》，夏建中译，华夏出版社2002年版，第165页。
② ［英］拉德克利夫－布朗：《社会人类学方法》，夏建中译，华夏出版社2002年版，第59页。
③ ［英］拉德克利夫－布朗：《社会人类学方法》，夏建中译，华夏出版社2002年版，第45页。
④ ［英］拉德克利夫－布朗：《社会人类学方法》，夏建中译，华夏出版社2002年版，第165—167页。

布朗在《社会人类学方法》中明确提到，关于社会制度和社会反应的研究，是社会人类学的专门任务[1]。基于对历史假设构拟社会的方法的摒弃，他认为社会人类学应该把文化看成是一个整合的系统，"并且研究作为这个系统各部分的所有制度，习俗和信仰的功能"[2]。类似表述还很多，布朗无外乎是想阐明一点，就是他理解的有别于历史学、心理学的"新的社会人类学"，应将"制度"作为其研究的核心。他认为社会人类学关于制度的研究，不应该给制度起源以更多的关注，社会人类学，它的兴趣是人类社会制度的发展，它的目的之一是认识人类社会制度的本质以及这些制度怎样运行[3]。这样的理解，也吻合他强调社会人类学功能研究思想和方法的逻辑，因为制度作为社会的一种内在的隐形支持，更体现出结构的特征。

（三）制度研究的内容

社会结构、社会组织和社会分层是布朗制度研究的重要内容。

布朗提出，社会结构应被定义为：在由制度即社会上已确立的行为规范或模式所规定或支配的关系中，人的不断配置组合。[4] "在社会结构中，被认为是社会生活行动者的单个的人即个人是最终组合，社会结构就是由相互联系的个人的配置组成。"[5] 社会结构是制度得以存在的力量框架和生成肌腱，对此我国学者夏建中也指出，布朗认为"人类社会结构的内容就是组成社会的个体，其形式就是制度"[6]。对社会结构的认识，使布朗完成了从制度的外在表现到内部深入，从制度的文化形态转入社会结构的解剖，这也是他的研究启发于迪尔凯姆而有别于迪尔凯姆的地方，不再只是

---

[1] ［英］拉德克利夫－布朗：《社会人类学方法》，夏建中译，华夏出版社2002年版，第15页。
[2] ［英］拉德克利夫－布朗：《社会人类学方法》，夏建中译，华夏出版社2002年版，第60页。
[3] ［英］拉德克利夫－布朗：《社会人类学方法》，夏建中译，华夏出版社2002年版，第45页。
[4] ［英］拉德克利夫－布朗：《社会人类学方法》，夏建中译，华夏出版社2002年版，第167页。
[5] ［英］拉德克利夫－布朗：《社会人类学方法》，夏建中译，华夏出版社2002年版，第159页。
[6] 夏建中：《文化人类学理论学派》，中国人民大学出版社1997年版，第123页。

停留在阐发信仰和情感的文化幽情,而贡献了结构功能主义在人类学,社会学中独树一帜的地位。

社会组织是两个或更多个人的活动的配置,这些人已适应了承担统一的联合活动。小群体只有获得持久性的活动才具有社会结构的特点,社会结构依照群体规模不同有大有小。结构是关于人的配置,而组织则是关于活动的配置。社会组织是制度的组建形式和外在呈现。

社会分层,是布朗制度研究的又一内容。布朗在对原始部落的考察中,认为社会结构的稳定和凝聚具有一定的仪式化和象征性。"在原始社会,任何对社会生活有主要影响的事物都必然会成为仪式庆典(否定或肯定)的对象,这种被表现以至被固定下来的仪式的功能,就是使对仪式所祭祀的物体的社会价值的永恒化。"[1] 为了完整叙述结构体系,"某个部分制度的功能作用存在于这个部分所置之于其中的那个社会整合的整体之中"[2]。因此,不仅要考虑社会群体,群体的内部结构以及群体之间的关系,还必须考虑社会分层,"在社会阶层中也可以看到同样的连续性"[3]。社会分层的"连续性",是布朗考察社会结构动态演变稳定性的一个逻辑推演,因为"社会结构是制度化的角色和关系中人的配置",[4] 社会分层的分化也是结构体系中一个重要的要素,如年龄的分化、性别的分工、权威的操持,都是不可忽略的社会事实。因此,布朗提醒我们慎重观察个人的生活痕迹在社会结构中的地位变化。布朗认为"群体和阶层的社会实在性,在于它们影响属于相同或不同群体或阶层的人们之间相互行为的方式"[5]。从这个观点看,布朗认为某个具体时期某一地区的结构,是由那个

---

[1] [英]拉德克利夫-布朗:《社会人类学方法》,夏建中译,华夏出版社2002年版,第18页。
[2] [英]拉德克利夫-布朗:《社会人类学方法》,夏建中译,华夏出版社2002年版,第57页。
[3] [英]拉德克利夫-布朗:《社会人类学方法》,夏建中译,华夏出版社2002年版,第166页。
[4] [英]拉德克利夫-布朗:《社会人类学方法》,夏建中译,华夏出版社2002年版,第166页。
[5] [英]拉德克利夫-布朗:《社会人类学方法》,夏建中译,华夏出版社2002年版,第165页。

地区的人们置身于其中的整套社会关系组成，因此对社会阶层研究的忽略，也就意味着社会结构的研究无法全面。

## 二 研究制度的路径和方法

(一) 制度研究的路径

布朗在其人类学理论和方法上有着渐进式的改变，学术着眼于由文化表现到文化功能，由文化象征到社会结构的转移。他的制度研究是从浅显的社会表现着手，进而深入社会的结构化意义上，体现出其社会功能论的思想。

布朗当初的学术着眼点是文化功能研究。在《安达曼岛人》这本书的前言中，他提到："原始社会的每一个习俗和信仰在社区的社会生活中都起到了某种特定的作用，就像活体的每一个器官，在这个有机体的整体生活中都起着某种作用一样。诸多制度、习俗和信仰构成了一个单一的整体或体系，左右着社会生活，而社会生活与有机体一样，是实实在在存在的，同样受到自然规律的制约。"[1] 他认为，安达曼岛人信仰仪式的功能就是促进该社会的团结和凝聚力。他进一步指出，一切文化现象都具有独特的功能，无论是整个社会还是特定社区，都是一个功能统一体。构成统一体的各部分互相配合、协调一致，研究时只有找到各部分的功能，才可以了解它的意义。在《社会的自然的科学》这篇报告中，布朗放弃了对文化的直接研究，而把文化作为社会体系的一个特征来研究。在社会体系中，社会结构作为一个关键的术语被布朗所重视，而最终统属于他的"社会体系"中。自1940年以来，社会结构的概念就一直为英国社会人类学界提供了一个重要的理论框架。布朗的研究不再只满足于泛意义的文化解释或文化的某些要素和仅仅是资料之间的关联、推理，而是沉淀到社会结构和拓展到社会体系层面，从而使他的结构—功能主义思想树立于社会人类学界。

布朗通过田野作业的方式获得对事件的外在观察后，进而沉淀到由历史构拟的社会实在，证实一个社会体系存在的必然性。他认为社会人类学的任

---

[1] ［英］拉德克利夫-布朗：《安达曼岛人》，梁粤译，广西师范大学出版社2005年版，第173页。

务是阐述和证实社会体系存在的条件和在社会变迁中可观察到的规律。如对土著民族的习俗和信仰的研究，其目的不仅仅是梳理其历史，而是发现它们的意义和功能，它们所体现的思想、道德以及它们在社会生活中所占的地位。

（二）制度研究的方法

1. 结构—功能方法

布朗提出，把握社会结构，首先要寻找所有各种现存的社会群体，然后考察这些群体的内部结构。布朗认为，一个社会的结构，归根到底，"就是由相互联系的个人的配置组成"①，它会在群体之间的相互关系之中表现出来，也会在个人之间的相互关系中得以表现。除了群体中个人配置外，还可以在群体中发现社会阶层和类别的配置，"最重要的结构特点是二元（dyadic）结构中个人的配置"②。概括他的结构思想，有三方面意思：人与人在文化统一体中的关系，包括群体以及人们在群体中的位置；人与人之间的社会关系由"制度"支配；人与人之间的关系相对稳定，社会结构也是动态的，具有相对稳定的特征。

关于功能取向的社会人类学研究，"它把任何文化都看成是一个整合的系统，并且研究作为这个系统各部分的所有制度、习俗和信仰的功能。它将自然科学的通则方法应用于社会的人类生活，力图阐明在这个领域的深层作用的一般规律，同时，把任何文化中任何已知的现象都解释为一般或普遍原则的特殊例子。所以，新人类学是功能的、通则的和社会学的"③。可见，布朗主张将社会人类学与社会学结合起来，提出功能与结构的结合，深入社会生活内部研究，也就是在社会学意义上的研究，"社会人类学一词则用来表示力求形成贯穿于文化现象的一般规律的研究"④。可

---

① ［英］拉德克利夫－布朗：《社会人类学方法》，夏建中译，华夏出版社2002年版，第159页。
② ［英］拉德克利夫－布朗：《社会人类学方法》，夏建中译，华夏出版社2002年版，第159页。
③ ［英］拉德克利夫－布朗：《社会人类学方法》，夏建中译，华夏出版社2002年版，第60页。
④ ［英］拉德克利夫－布朗：《社会人类学方法》，夏建中译，华夏出版社2002年版，第7页。

见，虽然布朗标榜社会人类学，也体现出他对社会学的偏爱。

2. 共时与历时研究并举方法

布朗提出用共时性和历时性的方法对社会事件进行描述。共时性描述一特定时期内的社会生活，不考虑其一般特点的变迁；历时性则对这种变迁加以说明。《安达曼岛人》正是这种研究方法的体现。他强调：透过对原始人的各种习俗的研究，重要的是揭示推动着原始民族进行各种社会行动的内在观念动力，因此不仅要历时研究，更要采用共时的方法，取经验主义和科学主义思维研究社会"结构"。在他看来，作为行动动机的观念，实际上是与某种社会价值相关联。这些社会价值是在社会行动的个人之外的某种东西，而同时又为这些个人所体验到。安达曼岛人在自己的行动中，把他们在社会生活中所体验到的那种精神力量，投射到自然界的对象中，投射到他们所依靠的民族传统中所隐含的前代祖先。正因为这样，安达曼岛人才有可能通过他们的社会行动创造出表达他们共同的社会价值的特定社会组织。所以，布朗的结构功能论，主张将经验观察和诠释相结合，历史的和结构的思想并举，但是依重结构研究。

3. 比较的方法

布朗提出，"比较方法就是这样一种方法，通过它，我们从具体走向一般，从一般走向更广泛的一般；以此为目的并沿着这条道路，我们就可以获得普遍性，获得以各种形式存在于人类社会中的共同特征"[①]。具体而言，就是探究社会生活的多样性，将具体的制度、习俗和信仰，与它们存在于其中的整个社会体系联系起来加以验证，并以此作为对人类社会现象进行理论研究的基础，从而把握住人类社会发展的可发现的规律。

## 三 关于制度功能和变迁的思想

（一）制度的功能

布朗以初民社会为研究视野，以比较法对大量事实进行归纳，力求把

---

[①] [英]拉德克利夫-布朗：《社会人类学方法》，夏建中译，华夏出版社2002年版，第120页。

握人类活动的制度特征和制度化痕迹，并运用"功能"的思维来阐释制度的价值。他认为，制度化、仪式化，对社会结构的稳定和人类生活的绵续具有积极作用，而制度的最根本作用就在于使社会呈现出它应该呈现的形式，制度的价值在于对社会的支撑和贡献，确保社会的合理存在和应然运行的态势，"一个社会制度的'功能'，即是此功能与社会有机体的需要之相应。……'需要'在此，应作'生存必须的条件'解释"①。"功能"依照这样的解释，部分活动对整个活动的贡献已经被布朗纳入"功能"概念意义之中。这样，某种特殊的、具体的习俗功能，也就是它对于全部社会生活看作全部社会制度在发生功能时所作的贡献。这样的社会制度观，隐含着一种"价值上的统一性"思想，就是说，社会制度的一切部分共同运行着，使之内部达到一致的适足和和谐，缓解、消解社会结构带来的紧张和制度对社会产生的压力而导致的社会结构异变，从而避免社会能量以危险的形式表现和爆发。反之，生成，支撑社会结构的各个组成部分运行不一致，不和谐，则导致社会病态和社会畸形，社会制度"丧失功能"。因为"功能"的概念已经包含了某种有机的、良性的、和谐的假定。或者说，"某个部分制度的功能作用存在于这个部分所置之于其中那个社会整合的整个体系中。通过使用社会整合这个短语，我现在假定，作为整体的文化功能就是把个人团结到多少是稳定的社会结构中，即团结到这样一种群体的稳定体系中，这种体系决定和规制着那些个人相互之间的关系，建立对物质环境的外部适应和这些组合的个人与群体之间的内部适应，以便使有秩序的社会生活成为可能"②。

（二）制度变迁

布朗在分析制度时坚持进化论的思想，但是他强调，进化不一定就是进步。进化只是结构和功能的发展和社会关系的复杂化，而进步是知识的积累和通过发明与发现而产生的技术改进以及道德的发展。进化既是有机体或社会生活形式多样化的过程，又是有机体或社会"组织的进步"过程。组织的进步既包括结构功能的复杂化，也包括社会交往、社会关系的

---

① 吴文藻：《人类学社会学研究文集》，民族出版社1990年版，第134—135页。
② ［英］拉德克利夫-布朗：《社会人类学方法》，夏建中译，华夏出版社2002年版，第58页。

日益频繁和扩大。因此,考察制度不仅要将之落到一个社会整体中,也要考虑其前后时间序列上的连贯性。但是考察制度的变迁,不能仅因其动态特征就认为该制度处在单向进化之中。制度的动态演变并不意味着制度拥有的某种结构形式就必然合乎人类生活的准则。

### 四　研究布朗制度思想的启示

首先,布朗从文化到结构的侧重,强调的是社会的整体性和系统性,而制度的分析也应该纳入社会整体性中来考察。某一制度"丧失功能",可能是整体运行不和谐在部分上的表现。这也可能对总体意义的社会运行提出一种警告:部分的运行不良必然意味着整个社会肌理的结构不和谐。由此可见,对社会的诊断不能只是单一制度的把脉,应该纳入整体的思维中让社会系统得到维护。

其次,社会分层于今不仅成为社会学研究的热点,与之有关的社会学关注也是对当今中国社会阶层变化的一种学界回应和思考,尤其是新兴阶层的兴起导致社会结构可能的微妙变化。对此,布朗的制度研究也提供了一种应引起重视的思维。布朗洞察社会分层并非只对某个阶层的分类和特征感兴趣,他认为社会分层是宏观和整体意义上社会结构的微调反应,这必然牵扯到社会关系的局部变化,因此研究社会分层在于确保社会关系变化时保证社会整体结构和功能的稳定性和统一性。从这一点上看,布朗的结构功能思想着眼于社会整体的和谐运行和良性发展的态势,各种制度的功能意义无不是为整体社会服务和需要而生。

在此有所启发的是,在一种制度还没有到"背叛"其功能的时候,我们就应该关注那些促使该种制度稳定存在的力量对比和价值归属,这样才能确保整体意义的社会结构共生于不同的制度之中,并得到稳定的构建。

## 马凌诺斯基[①]

马凌诺斯基(Malinowski, Bronislaw Kaspar 1884—1942),社会人类学

---

① 马凌诺斯基,国内又译为"马林诺斯基""马林诺夫斯基"。

大师，功能学派的缔造者，民族志田野调查方法的奠基人之一，曾任伦敦经济学院、伦敦大学、耶鲁大学教授。

马凌诺斯基的研究充分体现了社会人类学的整体论方法，他尤其重视系统层次的研究。在分析社会结构的系统层次时，他认为制度分析是必要的，他提出制度是行动被组织起来以满足系统存在的必要条件的普遍的、相对稳定的方式。所有制度都具有六种普遍"要素"，即人员、规章、规范、物质设施、活动和功能。通过这六要素来描述每一种制度，就能为比较社会内部和社会之间的社会组织模式提供共同的分析标准。[①]马凌诺斯基还认为系统的任何一个层次都存在四种普遍的功能需要——政治权威、经济适应、教育社会化和社会控制。马凌诺斯基的论述构成了帕森斯结构——功能主义分析框架的雏形。[②]

英国社会人类学在创建独具特色的功能论前，曾经受到传播主义的影响，把研究的重点转向文化产品的扩散过程及其形态。李维（W. H. R. Rivers）在转向原始文化传播的研究中，注意到了某种"感应接受能力"的因素。但是，这种对于原始民族精神活动的分析，迅速地被马凌诺斯基的功能分析所取代。

功能论学派在研究人类文化的活动中作出了重要贡献。功能论的重要贡献就在于以"制度"概念为核心，论证文化是一种自我生成的实在。马凌诺斯基在他的《文化论》中，曾多次阐述其文化立场：文化的真正单位是"制度"。"不过我们知道：家庭、住户、村落社区、部落、经济组织及职业行会，大概是最普遍和最主要的制度。"[③]研究文化的演化，就是对文化进行功能分析，也就是将文化有机组织的基本单位，分析成两个最基本的方面：人为文化产品的物质方面和文化习俗的体系方面。在他看来，文化物品也就是人类创造力的物质化表现，也是"制度"这类人类活动有组织的、系统的、整合的组成部分。如此划分在人类学中影响很大，奠定了我们习惯划分的物质文化和精神文化的基本格局。

---

① 笔者曾与第二笔者方旭东以"论马凌诺斯基社会人类学制度分析思想"为题在《西安建筑科技大学学报》（社会科学版）2008年第2期上发表，此处做了修改。
② ［美］乔纳森·H. 特纳：《社会学理论的结构》（上），邱泽奇等译，华夏出版社2001年版，第15—17页。
③ ［英］马凌诺斯基：《文化论》，费孝通译，华夏出版社2002年版，第105页。

## 一 关于制度研究的方法

马凌诺斯基反对运用历史学派观点,对文化起源作阶段研究,也不主张进化学派关于文化发展的法则的推断,而应注重对文化现象性质的充分了解,也就是对文化功能的细致考察。他将每一种文化都作为在功能上互相联系的系统,并力图找出作为整体人类社会功能的一般法则。他认为文化的功能是满足个人的心理和生理需要,或满足由文化衍生出来的包含着许多层次的制度需要。

制度研究应侧重于动态把握,因为文化的意义就在制度要素的关系中。"人类文化中种种基本制度是变动的,但并不是一种骇人听闻的转变,而是出于因功能的增加而引起形式上的逐渐分化作用。"[1] 至此,便可以考察文化要素如何活动,如何集合及如何帮助人类满足需要。所有文化要素的意义都是以它在人类活动的体系中所处的地位,它所关联的思想,及所有的价值而定。文化的功能,就在于它在人类活动体系中所处的地位。这个结论的重要性在于,包括对于物质文化的应用,在整个人类活动体系中文化要素都不是简单、偶然堆积的,而是有组织的、完善配置及永久的;同样的体系可以存在于不同地域的不同文化中。"文化的真正要素有它相当的永久性、普遍性及独特性,是人类活动有组织的体系,就是我们所谓的'社会制度'。任何社会制度都针对一根本的需要;在一合作的事物上,和永久地团集着的一群人中,有它特具的一套规律及技术。任何社会制度亦都是建筑在一套物质的基础上,包括环境的一部分及种种文化的设备。用来称呼这种人类活动有组织的体系,最适合的名词莫若'社会制度'。在这定义下的社会制度,是构成文化的真正组合部分。"[2]

马凌诺斯基认为,一物的结构与其使用方法的相合才成为它的文化实体。若我们随意取一器物,而想加以分析,就是主观地去规定它的文化的同一性,我们只有把它放在社会制度的文化布局中去说明它所处的地位。"功能方法对人类学家的要求乃是:要他考察风俗制度与行为模式二者的

---

[1] [英]马凌诺斯基:《文化论》,费孝通译,华夏出版社2002年版,第13页。
[2] [英]马凌诺斯基:《文化论》,费孝通译,华夏出版社2002年版,第19–20页。

相互关系，因为我们已渐注意到某一制度的组成部分间的关系，制度间的关系，以及方面间的关系。……只有一种归纳的概论，或一种功能的关系，对于近代人类学家，才是真实的科学的事实。"① 马凌诺斯基对此解释道："功能方法坚持社会事实的复杂性；各种在表面上常常矛盾的因素，实系纠结于一种信仰或坚信中；这样的坚信在社会制度内有力地运行着；并且用传统的标准化的行为来表达社会的态度与信仰。"② 简言之，就是必须说明制度要素间关联的意义和文化的功能。譬如，要分析一打猎用的标枪，亦只有把它关联到这种制度及说明它在该制度中所处的地位，标枪才具有文化意义。

## 二 制度的起源

论述到此，马凌诺斯基关于文化的制度指涉日趋明显。"真正能够传播与演化的文化的真正要素，乃是社会制度——即由一群能利用物质工具，而固定地生活于某一部环境中的人们所推行的，一套有组织的风俗与活动的体系。"③ 在这里，马凌诺斯基把人类活动的体系看成是制度，是以人类的基本需要和衍生需要角度为依据的，在衍生的需要里，对社会集团行动进行约束规矩的力量是社会规则或习惯，而社会规则的道德价值依存依靠内心的强制及神秘的道德压力。"这种强制的压力，在宗教及玄学的思想中称作良心，是上天的意旨或是先天的无上命令，它在社会学中曾被解释为出于无上的道德实体——社会或集合心灵。"④ 单纯以此尚难以得出马凌诺斯基关于道德起源带有玄学和神秘主义色彩的结论。他认为道德动机虽然有生物学的逼迫和刺激，但并非出于先天本能冲动。它是机体在一定文化情境中逐渐训练出来的。外在的文化情境很容易和内生的机体本能处于一种对抗状态；反抗着机体所命令的行为的力量，是出于那已经融化成一有组织的体系的欲念及情感冲动。欲念和感情冲动可归纳为心理学范

---

① 王铭铭编选：《西方与非西方：文化人类学述评选集》，华夏出版社2003年版，第106页。
② 王铭铭编选：《西方与非西方：文化人类学述评选集》，华夏出版社2003年版，第106—107页。
③ [英] 马凌诺斯基：《文化论》，费孝通译，华夏出版社2002年版，第105页。
④ [英] 马凌诺斯基：《文化论》，费孝通译，华夏出版社2002年版，第8页。

畴，它们也需要逐渐对机体进行约制而形成。因此，道德价值虽然很容易带有心理学色彩，但仍然是文化形塑的结果。不同的行动取向，可以解释为受不同的"道德逼迫"。

关于制度的起源、道德规范的形成，马凌诺斯基作了生物的、生理的、文化的甄别。简单来说，集团行动受社会规范、习俗的制约；规范和习俗一方面需要包括神经系统在内的生物机体的工具性，又需要借助受外在文化或环境影响的心理得到表达；而道德逼迫压制且引导本能冲动，从而呈现出具有道德价值和文化色彩的社会。

马凌诺斯基分析社会制度的起源，特别注意社会制度与主要的社会需要的关系。马凌诺斯基认为制度得以存在的可能就在于人们生物性的需要必须得到满足。生物性需要既是制度产生的生理基础，也是制度功能的主要指向，生育与营养的需要形成了人类最普遍的制度的核心。吴文藻先生也认为，"这些根本的人类需要，不但是依据各文化的传统，来成全个人性格的基础；并且是组织人群关系的体系，来成全社会整体的基础"[①]。因为性欲的需要，产生了生殖制度；生育的基本需要，又产生了家庭的社会团结制度。费孝通先生对马凌诺斯基关于制度起源的理解，更有类似而比较完整的论述，"他认为因有提供食料和其他消费品的需要而形成经济制度，因有提供社会成员生殖和抚育的需要而形成家庭制度，因有提供社会秩序和安全的需要而形成政法制度等等。但是他总是把这些需要称之为派生的或衍生的需要，意思是从基本需要的母体中产生的，带着后生和次要的意味。而且似乎这些衍生的需要还是可以归根到基本的生物需要里的"[②]。因此，个人的"本能需要"，成为心理上的"文化愿望"，而动物性的冲动，成为礼俗化的生活习惯；而这种生活习惯，借教育的力量而代代相传。每一个活生生的文化都是有效力的，而且整合成一个整体，就像是个生物的有机体，若把整个关系除去，则将无法了解文化的任何一部分。马凌诺斯基认为：功能探究，能使人（人的心理生理机体）和文化（人的制造品）之间的多层面关系显露无遗。文化可以比较，视各文化为

---

[①] 王铭铭编选：《西方与非西方：文化人类学述评选集》，华夏出版社 2003 年版，第 109 页。
[②] 王铭铭编选：《西方与非西方：文化人类学述评选集》，华夏出版社 2003 年版，第 134 页。

一封闭体,对此的研究和解释,是文化人类学的任务。

在马凌诺斯基的理论中,人有两种需要:基本的需要和派生的需要,前者指人的生物需要,后者是派生的环境即文化的需要,它要满足的是人类扩大其安全与舒适所做出的各种努力。为了满足这两种需要,人就必须合作,必须建立一套秩序,必须提供各种组织社会和维持各种活动的办法,这就需要建立某些制度。在拉德克利夫-布朗那里,制度是一套行为规范或原则;而在马凌诺斯基这里,制度则是满足个人的文化需要,或是满足基本需要和派生需要的一套体系。总之,马凌诺斯基认为,他的功能主义不同于其他理论,他强调的是身体的基本需要;他始终对人的本性或他称为社会制度背后的"心理原则"保持着浓厚的兴趣。

人类生理结构的特点和受外在环境逼迫形成的心理情势导致整个制度的运行,而维护制度运行的内涵力量就是道德感。马凌诺斯基仅在生理和心理范围内寻求制度的动因,无法将道德价值得以彻底的解释,而归因到心灵和神的旨意就不难理解。人们的主要任务就是通过学习,打通心灵和宗教的关节,借助神灵和神秘的敬畏力量赋予制度神化的权威,在威慑于某种恐惧下使人成为制度的服膺。因此,他所理解的制度带有很大理想化和存在即合理的色彩,很容易落入难以解释的某种共同意志的需要而导致制度的产生。该观点不排除受到迪尔凯姆"集体意识"的影响。1913年,马凌诺斯基在其第一部著作《澳大利亚的土著家族》中,承认迪尔凯姆给予过他很大影响,只是到1922年版,才开始认为后者夸大了人的社会性,忽视了个体的差异性。象征性和符号性的世界,把各种不同意义域统一起来,并把各种制度化的秩序归并到一个精神化、意向化之总体,诸如宗教信念总体等,无论从其所提供的生理、心理力量,还是神性力量的解释来看,这种象征性和符号性的世界都与社会事实偏差很远,因此也很难把握制度的本质。

### 三 关于制度的分类

马凌诺斯基对制度的分类是从对文化的分类展开的。针对文化,马凌诺斯基从人类学和功能的角度有着详细的论述。他认为文化是针对传统的器物、货品、技术、思想、习惯及价值而言的,文化应包容且调适着一切社会科学。而文明,则专指较进展的文化中的一种特殊方面。他认为文化的根本是一种"手段性的现实",为满足人类需要而存在,其所取的方式远胜于一切对于环境的直接适应。至于社会组织,他也理解为文化的一部分。一切组织和一切调适行为都是传统的连续性的结果,并且在每个文化中,都有其不同的形式。这样的文化理解,"文化"已经渐近于"制度"的一个文化注脚,因为马凌诺斯基将制度看成文化的基本单位,而且文化的重要力量表现就在于其文化魄力,可见马凌诺斯基理解的"文化",始终贯穿着一种基本的制度思想,方能表现出文化的胁迫性、传承性和创造性。

根据不同的制度表现出的文化差异和对人生活相关的程度,他将文化分成物质文化、精神文化、语言、社会组织。这种文化的划分是一种制度分析的文化转换,被划分的文化是制度的文化形态,是以文化的形式呈现出不同制度的文化表现和对人生活作用的影响力。

物质文化主要指与人们生活息息相关的物质设备,它们决定文化的水准和工作的效率。一物的形式,在与社会事实和物质设备相关后,它的意义才能明显。"我们所谓功能就是一物质器具在一社会制度中所有的作用,及一风俗和物质设备所有的相关,它使我们得到更明白的而且更深刻的认识。观念、风俗、法律决定了物质设备,而物质设备却又是每一代新人物养成这社会传统形式的主要仪器。"[①] 一物的运用和占有,包含着相对于它的价值欣赏,于是较深的精神能力亦起作用,与物质文化相匹配,构成一种精神动力和智力支持。

社会组织是物质设备及人体习惯的混合复体,不能和它的物质或精神基础相分离。它是集团行动的准则,"行为上的协力性质是出于社会规则或习惯的结果,这些规则或有明文规定,或是自动运行的。一切规则、法律、习惯及规矩都明显是属于学习得来的人体习惯的一类,或就是属于我们所谓的精神文化"[②]。

语言是人类特有的机能,是精神文化的一部分;语言知识和从技术知

---

[①] [英]马凌诺斯基:《文化论》,费孝通译,华夏出版社2002年版,第46页。
[②] [英]马凌诺斯基:《文化论》,费孝通译,华夏出版社2002年版,第8页。

识增加时所获得的技术名词平行发展。社会性词汇慢慢由它加入社会组织及担负社会责任时逐渐获得。随着语言的宗教和道德价值经验增加，它也获得了文化及伦理的准则。

虽然马凌诺斯基将文化分成以上几个方面，同时他也指出可以做简单的二类划分：物质文化和精神文化，而制度、风俗、器物又是文化的几个方面。"我们发现文化含有两大主要成分——物质的和精神的，即已改造的环境和已变更的人类有机体。"①

以他对物质文化的界定准则，非物质文化的都是精神文化，包括知识上、道德上及经济上的价值体系，包括社会组织和语言。而精神文化中社会组织的地位尤为重要。虽然不能将知识、语言等作为社会组织的价值依附，但它们都不能独立存在，最终总是要被社会组织吸收和运用。相对于物质文化，马凌诺斯基更将观察点放在精神文化之中，"只有在人类的精神改变了物质，使人们依他们的理智及道德的见解去应用时，物质才有用处"②。可见，马凌诺斯基认为独立的物品是不具有意义的，只有将之纳入特定的精神性、创造性和组织性的行为中，在整体和联系的观照下，物品才显得有意义。

## 四　关于制度的功能

马凌诺斯基把制度的功能与文化迫力概念相联系。限制文化的条件，一方面出于直接的人体需要，另一方面是出于工具所有的用处。人类有机体的需要形成了基本的"文化迫力"，如饮食习惯、婚姻制度，强制了一切社区发生种种有组织的活动。至于宗教、巫术、法律，这些现象在一切文化中也同样普遍，它们也是出于某种需要或文化迫力而存在的。"文化迫力是一切社会团结，文化绵续和社区生存所必须满足的条件。个人的动机乃是社区分子所自觉的直接而有意识的行为上的冲动，这种冲动也总是为外力所模塑，它一面以本能的冲动为基础，一面又完整化而织成团体的

---

① ［英］马凌诺斯基：《文化论》，费孝通译，华夏出版社2002年版，第104页。
② ［英］马凌诺斯基：《文化论》，费孝通译，华夏出版社2002年版，第5页。

调协行为。就是这种团体的调协行为或制度的作用，满足了文化的迫力。"①

文化迫力，实际上就是文化的制度化对人们行为规范的宰制性力量，它是制度的权威性和对人们约束性力量不可抵抗的表现。依据马凌诺斯基对文化迫力的叙述，实际也是在文化的名义下道出了制度的功能，就在于促进社会团结，维护社会稳定，传承历史，绵续文化，并且为实际的社区正常运转有所担负。在此基础上，马凌诺斯基认为最重要的制度是经济制度、法律制度、风俗和教育制度。经济制度满足人们需要的正当性和提供财产占有及使用规则，分配机制。法律制度维护社会的稳定和秩序，使各种对人生活有重大影响的方面更加制度化。风俗和教育制度使文化的传承得到保证。"凡制度、风俗，或其他文化设置，能满足这三方面手段性质的需要，与其能直接满足生物基本需要，是同样的重要，因为人类生存的维持有赖于文化的维持，所以文化手段迫力实无异于生理上的需要。"② 以上三个方面，加上巫术、宗教、知识及艺术，构成基本需要能平稳有效地满足而发生的文化设备所需的一切条件。

人类基本生物需要的满足，并不总是直接和低级地实现，它们借助于制度化的文化间接地得以表达，因此有些文化具有手段迫力性，它们的性质或功能是达到其他目的的手段。个人必须接受这些文化迫力，遵守法律和秩序，学习和服从社会传统。如互惠制，所谓互惠制就是双方承担义务的制度。互惠制在马凌诺斯基的制度理论中占有重要的位置。执行原始法律的强制力是相互义务的链条或互惠制度，此外还有一些仪式，通过这些仪式唤起人们的虚荣心、自尊心这些心理因素。③

## 五 评述

马凌诺斯基在 1944 年发表的《自由与文明》一书中，第一次较为明确地将人类学文化研究同人类的自由问题结合起来。他指出："自由的概

---

① ［英］马凌诺斯基：《文化论》，费孝通译，华夏出版社 2002 年版，第 106 页。
② ［英］马凌诺斯基：《文化论》，费孝通译，华夏出版社 2002 年版，第 50 页。
③ 夏建中：《文化人类学理论学派》，中国人民大学出版社 1997 年版，第 136 页。

念只能参照组织起来的,并赋有文化动机,文化基础和价值的人才能被界定;这也就是说,要参照实际存在的法律体系,经济体系和政治组织,一句话,就是参照一个文化系统,自由的概念才能被界定。"① 所以马凌诺斯基得出结论说:"自由是文化的一个礼物。"② 马凌诺斯基的上述观点是非常深刻的。马凌诺斯基的深刻性,就在于将文化当作自由的产物;同时,他又把文化这个自由的产品,反过来变为自由的进一步发展的基本条件。而那种稳定的、连贯的,仍然具有功能的文化总是以制度的形态表现,涵养着文化的精神气质。这样,制度、文化和自由构成了一个统一体。文化和自由之间的相互依赖和相互渗透实际上正是依托于贯穿两者之中的人类精神的自由创造性和制度绵延传承的稳定性。制度是文化的聚合和沉淀形式,包含着人类创造性张力的稳固形式,而这种稳固的文化形态始终将争取自由当成自己的最高目标。人类精神的这种自由本质,正是人类不断地创造和发展自己的文化的基本和永不枯竭的动力,也是制度的要义所在和功能终极所指。

但是,马凌诺斯基受自然权利论观点的影响,和洛克一样,并没有将人的自由彻底地从自然界的约束中解脱出来,只是看到自由的两个基本方面,即维护安全的自由和繁荣的自由,终究不能超出自然所许可的人类维持生命和追求幸福的范围,制度也只是为人类本身的生存和延续所提供的各种保护性机制。马凌诺斯基所处的新的社会历史条件,使他能比洛克更多地看到:制度对于进一步发展人的自由具有重要意义。所以,马凌诺斯基进一步区分了生物学的自由和文化的自由。前者更多地受制于自然,后者则随着文化的发展,制度的变迁而不断扩大,并在某种程度上,越来越远离自然的约束。

马凌诺斯基的制度思想是在第二次世界大战期间提出来的。当时人类的自由受到了法西斯势力的威胁。马凌诺斯基更多地看到了人类自由所受

---

① Malinowski, A, *Scientific, Theory, of, Culture, and, Other, Essays*. Chapel, Hill, N. C. : University, of, North, Carolina, Press, 1944, p. 29.

② Malinowski, A, *Scientific, Theory, of, Culture, and, Other, Essays*. Chapel, Hill, N. C. : University, of, North, Carolina, Press, 1944, p. 29.

到的历史限制，使他不可能意识到人类精神活动的巨大创造力。他和克鲁伯一样，最终未能正确处理文化和制度的关系，这实际上是传统的逻辑中心主义及其论证方式影响的结果。他们在研究社会、文化和制度的时候，为了追求这些概念的逻辑同一性，把逻辑上的建构同实际的社会文化创造过程分割开来，然后又将逻辑上的化约与被分割开来的实际过程相等同，宣称他们的论述系统同客观的实际过程的一致性。

经验主义的研究方法，阻碍了他更深入地研究人类文化的创造活动本身。在晚期著作中，他仍然把文化界定为"一种工具性的实在"；某种"人的累积性的创造"。显然，马凌诺斯基在文化中所重视的，是在文化这个成品中所积累起来的人类创造。被累积起来的人类创造，是已经形式化的或物化的创造成果，人类创造的过程已经暂时终止，人类创造精神的活生生过程已成为历史的形态。从而，他的功能主义学派在文化产品的制度化形态研究中搁浅，这引起了布朗的注意，启发了布朗转向对文化结构内部所运载的"意义"的重视。

## 彼蒂里姆·A. 索罗金

彼蒂里姆·阿力克赛德洛维奇·索罗金（Pitirim Alexandrovitch Sorokin，1889—1968），1889年出生在俄罗斯北部农村，1917年二月革命后任克伦斯基的秘书，兼任社会革命党右翼刊物《人民意志报》主编。1919年起任彼得格勒大学教授，1922年移居国外，曾任教于布拉格大学，1923年起住在美国，1930年取得美国国籍，1930年任哈佛大学教授并创办社会学系。1968年2月10日逝世于美国马萨诸塞州剑桥市。

在众多的西方的社会学家中，索罗金是一个几乎被中国社会学界遗忘的社会学家，索罗金是美国哈佛大学第一位社会学系主任，排在帕森斯之前，他一生著述丰富，几乎涵盖了社会学界的所有问题。美国一位社会学家说，无论你关注社会学哪个领域，你都会发现索罗金的影子。

索罗金一生主要著作有《社会流动》、《当代社会学学说》、《社会和文化的动力学》、《社会、文化与个性》、《社会和文化动力学》、《我们时代的危机》、《重建人性》、《利他的爱》、《危机时代的社会哲学》、《当代社会学理论》和《今天的社会理论》等。他的著作涉及政治社会学、知识社会学、艺术社会学、社会分层、社会学方法论和理论。索罗金不仅是个多产的社会学作家，而且是把社会学作为一门学科的首倡者。他是圣彼得堡大学的第一位社会学教授，1918年创办了该校的第一个社会学系。1930年，索罗金在哈佛大学又组织创立了新的社会学系，这门学科吸引了许多出类拔萃的学生，如 R. K. 默顿、K. 戴维斯等人。这样一位社会学家的制度思想我们也不能忽略。但是，索罗金的著作国内译本非常有限，我们尽最大可能通过文献搜索和馆际图书借阅等文献来整理其社会制度思想。

## 一 制度的概念

索罗金对制度的定义是基于广义文化角度出发的。他认为，凡是能给人的行为以规约的社会文化形式都可以被界定为制度。

社会学视野中的制度是有别于组织的。社团组织是机构，是实体，而制度则是规范，或者说是在一定的历史条件下形成的社会关系和社会活动的规范体系。它是由许多行为规范结合起来的，表现为一种有组织有系统、规范化的体系。[1]

对于"制度"这一概念索罗金并未给出明确的定义。倒是对于制度形态的决定因素给出了解释。他首先把社会—文化现象划分为感性文化、心灵文化和理性文化三种类型，并据此确立了真理三大不可分的形式，从而使得不同历史时期，社会的主要制度（法律、艺术、哲学、科学和宗教）由于受到三大基本文化前提中某一个主导方面的影响，而呈现出一种一致的精神观点。[2] 制度形态是文化前提中主导方面的反映，这是他的基本观点。

## 二 制度的类型

索罗金对于制度既有从广义上分析的，也有从规范程度上分析的。前

---

[1] 李德滨：《社会学100题》，天津人民出版社1984年版，第103页。
[2] ［美］刘易斯·A. 科瑟：《社会学思想名家》，石人译，中国社会科学出版社1990年版，第516—517页。

者主要分析了社会主义制度和资本主义制度的发展趋势，提出"趋同论"思想，后者则主要分析了三种制度形式，即规范、契约与法律。

（一）社会制度类型的思想

1. 社会主义制度

如前所述，就阶级属性而言，很大程度上索罗金一直都是站在无产阶级和资产阶级之间的，因而他本能地拒斥一种单一的制度选择。在批判沙皇之后，他又选择对抗新生的苏维埃政权，并且坚持科学研究与教育事业的独立自主性。这种不问政治的政治态度自然会与作为人类共同信仰的科学社会主义追求相抵触，选择和被迫离开就不难理解了。他在1964年出版的《我们时代的基本趋势》中对社会主义制度提出诸多批评，比如在收入分配上，他认为社会主义集体经济是一种表面平等而实际不平等，在分配的均等化程度上不如发挥个人积极性和提高劳动生产率。[1]

2. 资本主义制度

1957年，68岁的索罗金以英文出版《美国性革命》（*The American Sex Revolution*）。在这部著作中，他批判了资本主义制度，认为资本主义制度有其难以避免的一些弱点和劣势。他尤其批判了资本主义制度下实行性革命不单贬低了人的尊严，更是祸害之源，这种改变直接破坏和冲击着传统婚姻制度和家庭制度。

索罗金对上述两种制度有自己独特的见解。他预测："预测美苏将同趋一致的理由是：纯粹的资本主义和纯粹的共产主义都是良好社会的'缺点很多的'和不完整的形式，两者'仅仅是在特殊的时期和特殊的条件下才有用的'，而且它们在近三十年来总是互相借鉴的，无论在自然科学和技术方面，在社会科学和古典文学方面，在哲学、伦理学、刑法、教育、运动、娱乐、艺术、宗教、婚姻和家庭、经济和政治制度以及在社会关系等等方面，都是这样的。"[2]

---

[1] 吴澄华编著：《当代经济理论思潮与流派》，中国经济出版社1988年版，第207—208页。
[2] ［美］沃尔夫（Kust H. Wolff）：《索罗金：〈我们时代的基本趋势〉》，向红译，《现代外国哲学社会科学文摘》1965年第9期。

(二) 社会控制理论

1. 规范，即道德的或劝告的

索罗金认为，在日常生活中，多数人在主观行为上常有对规范或道德持漠不关心的态度的倾向，这种倾向在严重危机（如革命、灾难）时期很容易激化。他说："我们每天都要在各种情况下与成百个各式人等发生互动，发生成千种行为。进一步说，没有规范，也就不可能有组织团体。因此，遵守日常行为规范，有助于社会的稳定和团结。"[1]

2. 契约，即禁止的或非法律的

人类从来不是孤独地生活的，为了争取共同的生存或促进个人目标的实现而组织成集体。所有加入集体的人都要遵循一个"契约"，即为了维护该集体而订出如何行动的共同章程和协议[2]。

在家庭中像夫妻关系，即一种相互依存的关系，在其中，一方依靠另一方的协助而操持家业。而在社会中，服务关系变成了契约关系，其基础则是金钱报酬、工资[3]。

在对传统社会和现代社会关系定位上，索罗金称它们为"亲密关系—契约关系"[4]，另外，在对滕尼斯关于社区与社会的区别总结对比中，他对社会的概括是契约团结、商业和交换。[5] 由此可见，他认为现代社会中契约是维持社会秩序的一种重要制度形式。

3. 法律，国家强制执行的

索罗金始终认为，法律所依据的首先是主观的经验。道德和法律上的情感是法律的基石，指导行为的是这些情感而不是法律[6]。

索罗金在"家庭型的"（"共同体的"）和"契约型的"（"社会的"）

---

[1] 张青、肖犁：《索罗金和他的"社会、文化和个性"》，《社会》1985 年第 6 期。
[2] 严清华：《路径依赖——管理哲理与第三种调节方式研究》，武汉大学出版社 2005 年版，第 101 页。
[3] ［英］彼得·斯坦、约翰·香德：《西方社会的法律价值》，王献平译，中国人民公安大学出版社 1990 年版，第 27 页。
[4] 周晓虹：《西方社会学历史与体系》第一卷，上海人民出版社 2002 年版，第 3 页。
[5] 周晓虹：《西方社会学历史与体系》第一卷，上海人民出版社 2002 年版，第 293 页。
[6] ［美］刘易斯·A. 科瑟：《社会学思想名家》，石人译，中国社会科学出版社 1990 年版，第 558 页。

关系中，加入了第三种类型的关系，即他所谓的"强制型关系"①。此种类型的关系正是依靠法律而强制执行的。按索罗金的解释，当一方违背另一方的意愿和爱好，并不顾另一方的利益，给对方强加上某种义务或责任，同时又以身体上或心理上的方法强迫另一方遵守，这种关系就是"强制型关系"。专制政府与被专制者之间、掠夺者和受害者之间、主人与奴隶之间的关系，就是典型的强制型关系。由于强制的一方拥有绝对的自由，而被强制方又没有任何自由，他们之间的关系就是一种敌对的关系。

索罗金强调，事实上，社会关系通常以各种典型类型的关系相互并存的形式而存在，很难找出哪一种类型是以纯粹的方式而存在。然而，在大部分社会关系中，往往有一种典型形式占主导地位。在对它们进行分析研究时，很重要的一点是，将注意力集中在这种关系的现存性质上，而不要被它是怎样形成的或被这个关系当中的各方形容它时所用的语言导入歧途。

上述三个典型类型的关系中，每一个都可能转变为另一个。例如，夫妻关系可能以契约性关系的形式开始，随后转变为家庭式或者强制性的关系。作为关系一方的人们在谈论他们所处的关系时所用的语言中，往往带有某种暗示，这种暗示所表明的关系类型与它们实际所属的类型并不一致②。

## 三 制度的变迁

制度变迁是指制度或规则及其结构—功能形成、变迁和演化的过程，它所表征的是社会规范的客观运动状态及其事实陈述③。1949年，索罗金出版了《俄国与美国》一书。他用比较研究方法对社会主义与资本主义进行比较分析。索罗金认为两种社会的政治制度、经济制度、社会关系、文

---

① [美]刘易斯·A. 科瑟：《社会学思想名家》，石人译，中国社会科学出版社1990年版，第558页。

② [美]刘易斯·A. 科瑟：《社会学思想名家》，石人译，中国社会科学出版社1990年版，第558页。

③ 赵靖伟、司汉武：《关于制度的社会学研究综述》，《西北农林科技大学学报》（社会科学版）2008年第2期。

化、教育、科技、伦理、刑法、体育、艺术、宗教、家庭婚姻等各方面，均有相似性，由此得出了资本主义与社会主义发展趋势"相同"的结论。

1960年，索罗金发表《美国与苏联相互趋同为混合的社会化类型》一文，第一次使用"Convergence"（趋同）一词，并对"趋同论"作了"最具影响力的陈述"（英国库马语）。① 索罗金认为："工业社会基本类型的形貌，很显然是由于这些社会工业化的各种不同的历史经验，所挑选出来的因素之混合物……在晚近的例证里，在北美，苏联与日本等国，我们可以发现一种'齐一化'的趋势。正在产生的社会和变化的主要型式……将是资本主义和共产主义制度与生活方式之间的型式。"② 他在紧接着出版的《社会整体化类型理论》一书中提出："将来的社会和文化，既主要不是资本主义，也主要不是社会主义的……此外，这种社会制度一旦实现，将绝对不是两种世界观的混合，而是现有文化财富的综合，是一种设制完美的社会；这个未来社会中的人，将是那样一种类型的个人，他离开资本主义和离开社会主义是一样远的。"③ 在所著的《我们时代的基本趋势》（1964年）一书中，提出两种制度合而为一，从而形成一种很好的混合制度。

在这本书中，索罗金提出了"趋同三原则"：（1）社会主义有其一些独特的长处和优越性；（2）资本主义有其难以避免的一些弱点和劣势；（3）资本主义和社会主义各有所优、各有所劣，最好是各取所优，各避其短，把优点聚合起来，合二为一，形成一种新型文化类型。索罗金说："正在产生的社会和变化的主要型式，也许既不是资本主义，也不是共产主义，而是可以称之为一体化的特殊型式，这一特殊型式将是资本主义和共产主义制度与生活方式之间的型式。"④

索罗金对两种社会制度进行的相似性的比较分析，可以说是"趋同论"由萌芽到成熟的生长点，而"趋同论"实际上就是在说两种制度的变迁。就其中之一的"收入均等化"理论而言，该理论具有明显的虚伪性和

---

① 辛向阳：《"趋同论"研究》，中国人民大学出版社1996年版。
② 辛向阳：《"趋同论"研究》，中国人民大学出版社1996年版。
③ 山东社会科学情报研究所：《社会科学情报》1988年第1期。
④ 樊期曾主编：《现代科技革命与未来社会——评两种社会制度"趋同论"》，中国人民大学出版社1993年版，第5页。

欺骗性。资本主义国家推行的调节国民收入再分配的措施，如高额累进税制、社会福利措施、利润分成工资制、股票职工化等，转入国民收入，在一定程度上缓和了贫富对立和社会阶级矛盾。但是，这些转移国民收入的调节措施，没有也不可能触动和改变资本主义"按资分配"的分配制度，因而也不可能解决分配不公和贫富对立的现象，实现什么"收入均等化"。因此，通过高额累进税制等调节国民收入再分配的措施，可以导致资本主义"收入均等化"的理论，与事实完全不符。恰恰相反，资本主义经济制度发展的历史和现实充分证明：社会财富分配和贫富根本对立，才是资本主义分配制度的本质和必然结果。

### 四 制度的功能

（一）规范的功能

索罗金提出，规范是宏观水平上的概念，它控制着微观水平上的个人行为。规范在社会理论中将微观行为和宏观现象之间联系起来。因此，它给解释特定社会系统中的个人行为提供了便利[①]。

（二）契约的功能

索罗金对于作为社会关系的一个方面的契约，进行了十分冷静的描述与分析。他写道："契约型关系的群体当中，各个成员之间总是在很大程度上保持着彼此陌生的感觉和局外人的态度。"[②] 而契约所要求的，只是人本身，即那种可以用能够计算的能力和财富确定的人的概念。如果契约各方永远在平等的基础上发生关系，那么，他们那种内在的、相互间漠不关心的态度并不会妨碍契约，相反，只会促进其实现。

关于契约与自由，他指出，这种类型的关系必然允许各个成员在与他人交往时拥有极大的自由。而这种自由主要表现在参与相互关系与否，保持这种关系与否的决定权上。每个人的态度都是："对我有利的，也必然是对大

---

① ［美］詹姆斯·S. 科尔曼：《社会理论的基础》（上册），邓方译，社会科学文献出版社1999年版，第223页。

② 肖金泉：《世界法律思想宝库》，中国政法大学出版社1992年版，第559页。

家有利；对我不利的，对大家也就不利；顶多，我只能在别人也一样的情况下牺牲一点我的不可让渡的权利，条件是我的其他自由得以充分保障。"①

（三）法律的功能

索罗金认为，"法律的社会功用有二，即分配的和组织的。在本质上，法律是一种情绪的观念，它把人类中的权利和义务加以分配，所以能够决定人类关系的一切主要形式：规定各得其所应得的范围，分配一个集团内的分子所应有的权利与义务；简言之，其运用与一种分配的作因相近。它确实地告诉我们何时，在哪里，如何动作，及与谁发生动作，权利和义务，既然都是社会价值，则法律上的分配即指一切社会价值在一个社会的分子中之分配。在这种功用中，法律的社会职司是很大的。它是形成整个的社会组织；政治构造，经济制度，社会阶级等等的力量。正式的'法律'，法庭，推事，只是实现法律的分配的功用之工具。它的组织的功用是分配的功用之另一方面。为要使权利与义务的分配，可以有效能起见，所以须要有些力量或权力，来推行或保护这种分配。在这种基础之上，遂发生政府，或权力，国家，和法律机关；立法院，法庭，推事，警察及其他。威权就是法律的一种创造。政府的权力，只是法律的权力；换言之，就是一种坚信的权力，这权力把统治的权利给予相应的人民，叫老百姓有服从的义务。法律赋予各级人民和官吏以不同的权利和义务，故能创造官吏的政治，组织一个社会的，经济的，政治的，社会的制度。"②

## 五 制度变迁的动力

在对广义的社会制度变迁的动力描述上，索罗金认为社会主义制度和资本主义制度最终会合而为一，两种制度变迁的趋势是逐渐趋向同一个方向，导致两种制度变迁的动力主要来自以下五个方面。

一是科技的进步，扩大了企业的生产规模，工业比重大大提高，劳动力向城市转移，扩大了国际交换。

---

① 肖金泉：《世界法律思想宝库》，中国政法大学出版社1992年版，第559页。
② [美] 索罗金（P. Sorokin）：《当代社会学学说》第三册，黄文山译，上海社会科学院出版社2017年版，第1122—1123页。

二是国家在经济方面的作用加强，如国有化、行政干预、调节、国家资助等，资本主义加强国家计划，社会主义进行权力下放。

三是社会主义承认商品经济，强调法杖商品生产，货币，市场，乃至外资经营企业等。

四是资本主义国家经济计划化，社会主义国家经济市场化，而这互相渗透，日益趋于合而为一。

五是收入分配均等化。社会主义的集体经济不利于发挥个人积极性和提高劳动生产率，这是一种表面上的平等和实际上的不平等。而资本主义则与此相反，存在着高效率的生产而却容易被人看到收入的不平等。但资本主义通过再分配的政策，社会主义采取按劳分配政策，是收入均等化。

在对具体的社会制度如家庭制度和婚姻制度变迁上，索罗金主要批判了西方国家性革命对这两种制度的影响。他指出，性革命的行为在法律层面的反映，就是婚姻制度的松弛，离婚的条件和手续的简化使得法庭能随时应夫妻任何一方之请而宣判离婚、同居或婚姻无效。再者，亲近的法规也大大减除了离婚者再婚的障碍。同时处理亲子关系的法条也有显著的改变，使得亲子之间的神圣联系松弛化了，使得公众的干预进一步闯入不容违逆的家庭堡垒之中，使得官方的控制加强，而削弱了父母的威权，总之，造成家庭制度的"国家化"。

索罗金进一步指出性革命危害婚姻制度和家庭制度，具体表现在五个方面。第一，性放纵扭曲个体的行为动力系统；第二，性放纵对个人和亲友有坏影响；第三，性放纵对健康和寿命有坏影响。他指出性放纵对身体健康有不良影响，对心理健康有坏影响，伤害家庭和亲友；第四，性混乱对社会与文化有坏影响。他认为性革命冲击婚姻制度，使得社群衰弱，削弱社会伦理，削弱整体文化的创造力；第五，性放纵扰乱了健全的性秩序。[1]

## 六 索罗金制度思想的当代意义

在改革开放的当代语境中，索罗金及其后学有关两种制度趋同的思想

---

[1] 关启文：《索罗金对性革命的评价：半个世纪后的回顾》，《神学与诠释基督教文化学刊》（第10辑·2003年秋），中国人民大学出版社2003年版，第124—139页。

必须得到充分的重视和批判。在一段时间内,"趋同论"在我国得到了广泛的传播,有些人认为时代变了,对资本主义、社会主义、马列主义要进行再认识。有些人对资本主义国家所谓的"福利社会"大肆颂扬,认为资本主义已接近社会主义,如此等等,不一而足。对此,如果我们回顾一下历史,就会发现它和被列宁所批判过的机会主义、改良主义者的论调有惊人的一致性。当时的机会主义者、改良主义者就曾大肆宣扬资本主义可以和平"长入"社会主义,垄断资本主义已不是资本主义,而是"国家社会主义",资本主义在接近社会主义。对这类论调,列宁严厉批评:"在无产阶级的真正代表来看,这种资本主义之'接近'社会主义,只是证明社会主义革命已经接近,已经不难实现,已经可以实现,决不是证明可以容忍一切改良主义者否认社会主义革命和粉饰资本主义。"[①] 今天我国的"趋同论"鼓吹者,和历史上的机会主义者是一脉相承,有过之无不及的。

在中国社会学史上,毛泽东对中国的社会制度问题做了最杰出的探索。而学者代表则当数与毛泽东有过深入而影响深远的交流甚至交锋的梁漱溟。梁漱溟不仅从文化路向的差异性上揭示了中国社会制度的特殊性,论述了家庭为根、伦理本位的经济、文化和社会等方面的各种制度,而且从中国人行为根据的特殊性——与西方人遵循的"物理"相区别,中国人行为根据是"情理",揭示了礼俗制度的心理根据和特殊意义,论述了习惯、风俗等非正式制度同政治制度和法律制度等正式制度之间的关系。梁漱溟给后人留下的启示在于,无论从文化传统观察,还是从心理特质分析,中国社会的制度都不同于西方社会制度,不能用解释西方社会制度的理论来简单说明中国制度。可以说,梁先生对于中国制度的深刻见解又一次有力地回击了今天我国的"趋同论"鼓吹者。

中国社会制度变迁和制度改革,仅仅用从西方引入的制度理论难以解释。只有根植中国制度,在历史、现实与未来的总体联系中,借鉴西方制度研究的已有成果,对中国社会制度问题开展脚踏实地的创新性研究,建构中华民族自己的制度社会学理论,才能对中国社会几十年来甚至几千年

---

[①] 《列宁全集》第 31 卷,中共中央马克思恩格斯列宁斯大林著作编译局编译,人民出版社 2013 年版,第 65 页。

来比西方复杂得多的制度问题做出符合实际的解释。

索罗金对于我国的知识界来说是比较陌生的,尤其是他的制度思想更不为人所知。然而,客观地说,自他移居美国并在哈佛大学任教以来,对社会学研究的贡献是异常重大的。他不但继承并发展了社会学开山鼻祖孔德所提倡并付之于实践的在文化层次上研究社会地位那一派理论体系,而且还培养了很多美国社会学研究的骨干。索罗金的制度思想散见于他的著作当中,他个人在制度的研究方面并未形成一定的体系,经过初步的、粗浅的考察和梳理,我们明显地感觉他对制度的许多见解及研究方法是从文化的角度出发,特别强调从文化的角度来研究社会的重要性。有鉴于此,在研究我国的制度问题时如果从这个角度出发也许是一个不错的视角。

## 雷蒙德·弗思

雷蒙德·弗思(Sir Raymond William Firth,1901—2002)是英国文化人类学家,他长期在伦敦经济学院工作,一手创建了英国社会人类学学派,也被称为英国社会人类学家之父,功能学派的主要代表人物之一。他的社会人类学观察和研究贯穿了近乎一个世纪,他经历了工业社会高速发展的时期,见证了西方殖民文化的输出和文化融合的影响,这也促成了其社会人类学研究一开始就带有强烈的平权精神。他的学术充满了人道思想,晚年的他成了一个彻底的人道主义者。弗思带着他的人道观,经过大量的田野调查和比较分析,将社会人类学的研究对象确定在对制度的研究中。本文主要以《人文类型》为蓝本,分析他的制度思想,为进一步总结社会人类学制度分析范式做一铺垫,并为当代中国社会制度转型提供一个参考[①]。

### 一 对社会人类学制度研究的导入及其研究方法

"人类学"一词来源于希腊语,意思是关于人的研究。弗思认为:"社

---

[①] 笔者曾与第二笔者方旭东以"弗思社会人类学制度思想分析"为题目在《昆明理工大学学报》(社会科学版)2008年第12期上发表,此处做了修改。

会人类学是在大约70年前,这一主题下最新发展起来的一个主要分支。他关注男女之间在一个社会中的关系,行为模式,在不同社会中各种人的信仰和制度。"① 他还认为:"人类学到今天不仅仅是过去的研究,或者是对文明圈之外的先民研究。尽管它还没有系统地在这里应用,但是它在文明已经影响到的土著生活环境的研究中,甚至,也许,在我们自己文明制度的研究中扮演着重要的角色。"② 弗思的比较社会学持有一种文化上公正的道义立场,没有与他一贯的文化差异构成种族偏见的立场,对许多甚至别有动机的文化主观判断进行了批评和厘清。他认为借助理性和理解的态度对待文化差异,从而消弭文化鸿沟和文化冲突是可能的,且认为这也是一种客观和公正的方法。如他对夏威夷群岛上来自不同地域的人进行考察后,认为不同环境和文化造成的社会隔膜和彼此不认知以及不认同的文化状态才是冲突的原因。他为消除文化偏见和种族隔离,为我们解决因为文化隔膜而造成的紧张或冲突提供了一条出路,那就是智慧加善意。"智慧和善意是解决问题不可少的。智慧用来分析造成这些问题的社会原因,从而使善意得以实现。"③

也正是这样的用意,弗思作为一个人类学者,以比较社会学的角度对历史上的社会进行考察,将之对现代社会主要是西方社会进行比较,力求把握住动态的人类长河和不同地域的文化丛林中社会结构的差异,方法是选取制度作为贯穿不同社会的线索进行归纳,比较他所调查的社会制度、思想和行为模式,记述和阐明人类社会制度在不同的条件下所发生的变化。这也是他认为的社会人类学研究的一个思路,"社会人类学很注重研究不同时期社会制度的变化"④。为了便于横向社会结构联系之间的观照,在时间上多半只取制度的静态构成,即把制度看成是一成不变的。他这样做的目的,只是为分类研究的方便,"有了这个假定,就比较容易看到具体的行为模式的效果"⑤。但不能由此我们就得出弗思认为制度是静态的妄

---

① Raymond Firth: *Religion*: *A Humanist Interpretation*, Rout ledge London, p. 4.
② Raymond Firth: *Human Types*, The New American Library of World Literature Inc. p. 148.
③ [英] 雷蒙德·弗思:《人文类型》,费孝通译,华夏出版社2002年版,第21页。
④ [英] 雷蒙德·弗思:《人文类型》,费孝通译,华夏出版社2002年版,"导言"第2页。
⑤ [英] 雷蒙德·弗思:《人文类型》,费孝通译,华夏出版社2002年版,第149页。

断。人类学调查，往往都只是限于时间过程中的一个片段。

## 二 对制度的定义

弗思为了实现关于人类学是考察社会制度的立场，他以社区着眼，从人们的普遍性活动出发，深入社会结构，力求描述出社会结构的某些原则。

弗思认为，出于某种人类目的实现的需要而连接起来的相对稳定的社会关系，就是制度。他认为社区生活，就是把人们个人利益加以组织，使他们的行为相互协调，以及把人们组织起来从事共同的活动。"由此而产生的人和人之间的关系，可以说是有计划的或成体系的，我们可以称它为社会结构。这套关系在实际活动中对于个人生活和社会性质的影响，可以称为社会功能。"[1] 关于社会结构的概念，历来存在着许多争议，弗思是直接根据经验用它来指一个社会中人们的行为所依据的主要原则，是指导人们行为的原则和规范。他将社会结构和社会组织这两个概念区分开，而社会组织"是指对人们行为的安排，这些行为是个人为适应他人行为和外在环境而做出的选择和决定"[2]。一个社区的社会结构，包括当地人们组成的各种群体和他们所参加的各种制度。而"我们所说的制度，是指一套社会关系，这套关系是由一群人为了要达到一个社会目的而共同活动所引起的"[3]。在这里，弗思已经将制度与社会关系等义，当然是指那种较稳定和普遍性的社会关系，是一种泛化的社会关系囊括。可见他的"制度"界定是一种比较宽泛的社会关系结合，因此，他就有了以下关于基本制度的界定。

## 三 关于基本制度类型的思想

弗思认为，作为群体和制度的社会结构都是以一定的原则为基础的，而性别、年龄、地域、亲属，是一切人类社会结构的最基本的原则。结合

---

[1] ［英］雷蒙德·弗思：《人文类型》，费孝通译，华夏出版社2002年版，第76页。
[2] ［英］雷蒙德·弗思：《人文类型》，费孝通译，华夏出版社2002年版，第101页。
[3] ［英］雷蒙德·弗思：《人文类型》，费孝通译，华夏出版社2002年版，第76页。

弗思给出的关于制度的定义,实际上这些基本的原则也是基本制度划分的依据,由此加以系统化和规范化的就是基本的制度类型。

(一)性别差异制度

两性差别,弗思的实际所指是性别差异的制度化。两性差别最明显的是衣着、名字和日常习惯。在经济范围也可以看到两性分工。他说:"在人们比较自觉比较理智的地区,男女不同的思想是由于人们认为两性在心理上的差别。"① 他认为在任何一种人类社会中,都会有两性的社会差别,这些差别归根到底可能和妇女生育孩子的生物职能有关。妇女在生理上的特殊功能,可能引起她们的心理差别。但弗思也看到和人类其他许多规则一样,男女两性的行为差别和最初的情况相去甚远。"从某种意义上说,现有的社会习俗更多地是在造成两性差别,而不是把差别表现出来。"② 换言之,弗思认为制度性的设置在加剧两性差别的扩大化。

(二)年龄等级制度

弗思认为年龄是某些社会区别和分层的基础。如他指出在波利尼西亚,尊重老人是社会生活的基本原则。同时他也以中国的尊老传统作为例证,认为孝道是中国乡土社会的显著特征。以年龄的原则来组合人群,弗思认为是很不严密的,但是在较原始时期的社会,长者往往因为具有更多经验而赋予了社会性权威。因此在有些前工业社会中,就有了以年龄等级划分的制度,成为他们社会结构的组成部分,这些体现在称呼、辈分、成年礼等差异和仪式中。"从全局来看,在这些部落中,年龄等级体系所起的作用是以公开的、正式的形式把辈分分开,使以年龄长幼为根据的某种重要的社会组合以及行为准则制度化。"③

(三)乡土制度

在许多前工业社会中,在很大程度上靠地域的联系而组成的单位,就是部落。"部落是指具有某种文化制度的一个群体,也就是说,正式占据

---

① [英]雷蒙德·弗思:《人文类型》,费孝通译,华夏出版社2002年版,第76页。
② [英]雷蒙德·弗思:《人文类型》,费孝通译,华夏出版社2002年版,第78页。
③ [英]雷蒙德·弗思:《人文类型》,费孝通译,华夏出版社2002年版,第80页。

一块共同的领土,说共同的语言,特别是具有一套共同的传统和制度,以及从属于一个政府。"① 可见,虽然弗思认为部落是以地源为基础,但是他更看重由此得以整合的社会关系,就是一系列文化的制度化。"把人们的行为看作一个错综复杂的社会体制的组成部分,而不是简单地看作个人对于进步的生活方式的向往,是非常重要的。"② 如在狩猎和农耕社会,因为土地的积聚和自然环境的影响,由此习惯化的观念体系和制度规范,弗思认为才是导致人们乡土情结的因素。

(四) 家庭制度

弗思认为,亲属关系是组成社会群体的最重要的原则,它在社会生活中最大的影响是通过家庭表现出来的。

家庭"是指父母和子女构成的小群体"③。一个家庭应当有父亲、母亲和子女,否则就不能算是一个完整的家庭。在人类学者看来,真正"永恒的三角"是由共同感情上结合起来的孩子和他的父亲、母亲,即"基本家庭"。"基本家庭几乎总是家庭居处的最重要的组成部分。"④

弗思认为,家庭是由互助和感情密切结合在一起的生活共同体,是元结构,是最基本的制度。"在任何经科学研究过的人类社会中,家庭组织总是基本的单位。……即使在两性生活最不正常的地方,我们所理解的真正的家庭生活依然存在。"⑤ 家庭得以普遍存在的原因,弗思作出了向生物和社会层面的归因。他认为家庭产生于生物的和社会的需要,首先是怀孕的妇女,其次是母亲和孩子,都需要这种社会组织。因为人的生物性依赖期比其他动物要长,因此受教育和社会化的时期也要长些。"做父母的人最有价值的功能,就是把他们所属的群体的大量的文化传统,通过示范和教育传授给他们的子女。"⑥ 弗思进一步指出:社会本身是在家庭这个组织基础上建立的。"亲属关系可以定义为因血统和婚姻而产生的联系,或更

---

① [英] 雷蒙德·弗思:《人文类型》,费孝通译,华夏出版社2002年版,第82页。
② [英] 雷蒙德·弗思:《人文类型》,费孝通译,华夏出版社2002年版,第165页。
③ [英] 雷蒙德·弗思:《人文类型》,费孝通译,华夏出版社2002年版,第82页。
④ [英] 雷蒙德·弗思:《人文类型》,费孝通译,华夏出版社2002年版,第96页。
⑤ [英] 雷蒙德·弗思:《人文类型》,费孝通译,华夏出版社2002年版,第83页。
⑥ [英] 雷蒙德·弗思:《人文类型》,费孝通译,华夏出版社2002年版,第83页。

确切地说，是指根据世系关系建立的社会联系体系，也就是由合法的两性结合及后代的繁衍所产生的结果。"① 因此亲属关系是家庭制度的衍生和扩大化，而很多种类的社会群体又是靠亲属关系来结合的。"在非工业社会中，亲属关系经常是最重要的联系。在这些社会中，经济合作、政治团结、宗教集会，都是以亲属关系为基础；他们社会中的许多礼节规范是关于亲属间应有的行为的。"② 其他经济或政治性质的群体，也在很大程度上靠亲属关系来加强它们的效力，而且亲属关系中又产生最强烈的道德观念。作为一种亲属感情的母爱，就是最明显的例子。

## 四 关于制度规范和制裁的思想

制度规范，也就是调节社会行为以及如何调节的规则。在每一个社会中，这些规则都形成一个体系。而且非工业社会技术简陋，并不意味着规则简单和很少，"这些社会同样有关于人们行为的复杂的规则"③。它们规则的权力的基础是社会的传统。在对社会变迁和文化变迁的考察中，弗思得出一个结论："大体上说来，一个社区的人民对那些和他们的传统价值观念及组织形式有连续性的或相似性的促进因素最容易接受。即使他们是在探求一种全新的事物，他们也常用他们熟悉的旧的结构和原则来表示他们的新的组织结构。"④ 因此在弗思看来，传统是社会变迁中吸纳和革新观念的坐标和准绳。新观念和规则，最初都要对应到它们惯守和固有的价值体系中。传统成了吸纳新观念的准则和价值尺度。他们吸纳或接受新观念和规范的用意是在于巩固他们既定的价值观。有些是出于主动接受和他们传统价值相近或相同的文化选择，有些则是被迫做出制度化调适，而应付遭到外来价值系统冲击无法控制的局面。例如，某些原始部落的宗教带有挑衅和反对欧洲人的政治倾向，弗思的解释是并非他们野蛮、愚昧、返祖或野性的恢复，"它们是在与新事物相适应的过程中表现出的紧张状态。

---

① ［英］雷蒙德·弗思：《人文类型》，费孝通译，华夏出版社2002年版，第82页。
② ［英］雷蒙德·弗思：《人文类型》，费孝通译，华夏出版社2002年版，第89页。
③ ［英］雷蒙德·弗思：《人文类型》，费孝通译，华夏出版社2002年版，第105页。
④ ［英］雷蒙德·弗思：《人文类型》，费孝通译，华夏出版社2002年版，第159页。

它们是为解决新旧制度，主张及价值观念在相互适应时所造成的严重问题所做的努力"①。

可是，有时在共同的认可之下，也可以提出新的规则，或者对旧的规则重新加以调整，以适应新的情况；而且，共同的习俗也会在不知不觉中被视作应当遵守的规则。各地规则虽有差异，可是弗思认为不能就此说哪一种高，哪一种低。"较为正确的观点是，每一种准则都适应着它特定的社会状况，应当根据它们维持社会秩序的效力做出评价。"② 因此任何社会都应该有调节人们行动的规范，它们也许很复杂，但弗思将它们总结为几个方面：方法的、爱好和风尚的、礼貌的、道德的、法律的以及宗教的。

弗思将制度规范的制裁手段分成以下两类。第一，个人方面的，如个人利益的打算、习惯的惰性；第二，社会方面的，如家庭或社会是否赞同、报复、惩罚等。按照速度分，制度制裁也可以分成立即制裁和最终制裁两类：前者直接根据规则的性质，如违法之后立即受到的惩罚；后者是普遍性制裁，如怕大家在背后说坏话，或怕丧失将来可能得到的利益。

制裁方式有很多，舆论制裁一向是非常重要的。舆论时常是没有组织的，但有时也是有组织的，有时舆论还可以以谚语的形式表达出来。还有一种十分重要的制裁，弗思理解为"自食其果"，也就是因社会化程度不高或社会偏差对其产生的制约和惩罚。世代相传下来的关于人生意义的认识体系，通过复杂的教育和训练向人们反复灌输，也很重要。"法律被人遵守并不是因为它是法律，而是因为人们认为这是规则，应当遵守。正如我们所看到的，无文字的社会同样有他们的道德准则，人们同样遵守这些准则。"③ 其他的制裁方法还有迷信、巫术、武力报复、赔偿、刑法等。这些制裁在各种社会中发挥的效力不同，有些社会充分调动舆论的制裁力量保证人们遵守规则，而有些社会充分利用令人敬畏的超自然的力量得以

---

① [英]雷蒙德·弗思：《人文类型》，费孝通译，华夏出版社2002年版，第160页。
② [英]雷蒙德·弗思：《人文类型》，费孝通译，华夏出版社2002年版，第107页。
③ [英]雷蒙德·弗思：《人文类型》，费孝通译，华夏出版社2002年版，第115页。

制裁。

## 五 关于制度变迁的思想

(一) 制度变迁的动力

弗思将促使制度变迁的动力分成两种——内在的和外在的。他认为制度永远是在变迁之中，有些变化极慢以至于觉察不到，有些极快以至于很难说有一种固定的制度。

内在的动力包括技术的发明，对于土地和权力的欲望，精英的思想探险和革新，以及人口的压力和自然环境的变化等。某一制度系统本身的张力或结构的不平衡，也会在文化上作出积极的寻求，调试制度的稳定，而作出制度变迁的回应。"总之，人们通过各种途径组成新的社会组织，人们被分为高低尊卑的地位体系也就相应地起了变化。社会人类学家的一个任务就是研究这些社会关系的动态。"[1] 在社会继替中制度变化较小，而战争或和平而促成的新兴组织、宗教派别的兴起，都会使传统的社会制度结构发生变化。

外在的动因是近邻的文化影响和相互渗透。如无论是战乱还是和平时期，不同民族相互接触，可以发生移风易俗。"比较普遍的情况是两个社会各自独立，只是在技术上和行为上互相交换意见，这就是一般所说的文化渗透。"[2] 弗思指出，各种制度是联系在一起的，其中的一个起了变化，就会对其他的制度发生深刻的，甚至是预料不到的影响。而且还指出了传统社会在受到外来侵袭时，会竭力抓住一些残余的制度满足一些传统的需要。世界上不同民族、不同文明，在他看来，"都与文明，特别是西方文明，发生某种积极的联系"[3]。在这里顺便提一点，虽然弗思力求中立的文化主张，还是避免不了西方中心论的思想和西方文明的优越感。不过他尚无先进文化和落后文明的主仆观，认为文化渗透是彼此相互的影响。

---

[1] [英] 雷蒙德·弗思：《人文类型》，费孝通译，华夏出版社 2002 年版，第 158 页。
[2] [英] 雷蒙德·弗思：《人文类型》，费孝通译，华夏出版社 2002 年版，第 151 页。
[3] [英] 雷蒙德·弗思：《人文类型》，费孝通译，华夏出版社 2002 年版，第 151 页。

## （二）制度变迁的主要领域

弗思认为制度变迁主要发生在三个领域：宗教领域、经济领域和政治领域。

弗思认为，他所处的时代发生的文化变迁，较为激烈的是发生在文明社会和不发达社会的接触中。以宗教传播为例，被宗教影响的地域社会制度的主要结构并未变化，变化只是生活方式和信仰，而且往往是强迫接受的，是新的统治和法律的制度强加于一个社会，"那些处在社会发展的初级阶段的人民是不愿意接受强加于他们的东西的"[①]。当然，这样的结论更多是弗思考察西方文明，在强权下进行殖民扩张时才更有效的见解。他所处的时代，是西方殖民扩张和文化霸权尤为严重的时期，因此弗思的人类学并非单纯地从古好初，而是具有强烈的时代影子。

至于经济领域，是人们对新式的扩大的消费模式的兴趣促成制度的变迁，当然，主要是生产习惯的改变。它们可能建立适合于新的生产体系的社会组织，建立雇有很多员工的西方型企业。而在政治领域里，是基于对社会事务决策权的兴趣，增加新形式的政治联合体，来管理地方事务。

## 六　总结

弗思的人类学研究，并不回避对"价值中立"的忽略，给人一种强烈的人道色彩和博爱的价值趋向。他对种族和文明的研究体现出对种族歧视和殖民输出的忧思和抵制，如此人道观又并没有使之仅体现在宗教徒式人道关怀层面，赋予人道精神沉淀于人类学关于制度的思考之中。他认为制度变迁总是率先在宗教、经济和政治领域开始，而他所采取的比较分析，也验证着西方殖民列强为了进行领土扩张、经济掠夺、政治控制，除了在经济和政治方面加强高压和胁迫，也辅以一定的宗教扩张，在意识形态领域进行信仰的教化和灌输，企图使之被纳入他们所主张的价值系统之中。尤其是他关于制度变迁文化领域的重视以及人类学制度分析对现实和时效的注重，学术立场的人道取向和博爱精神，使他的制度研究具有了一定的

---

① ［英］雷蒙德·弗思：《人文类型》，费孝通译，华夏出版社2002年版，第151页。

批判性。结合当今我国学术界的制度研究，弗思对制度伦理和制度研究的价值立场的关系做出了明确的暗示，引人深思。

# 塔尔科特·帕森斯

塔尔科特·帕森斯（Talcott Parsons，1902—1979），美国社会学家，结构功能主义的代表人物。他的成就主要表现在对社会学理论的继承和创新。帕森斯主要代表作之一《社会行动的结构》，对经济学家兼社会学家帕雷托、经济学家马歇尔、社会学家迪尔凯姆和韦伯的学术思想进行了广泛和深入的分析，提出了一种新的理论——"唯意志行动论"。帕森斯也建立了结构—功能分析理论。他在《社会系统》一书及与席尔斯合著的《价值、动机与行动系统》一文中，对结构—功能分析理论作了系统阐述，并在后来的许多论著中不断加以发展，是结构功能主义的集大成者。帕森斯的代表作还有《现代社会的结构与过程》、《经济与社会》（与尼尔·斯梅尔瑟合著）等。

## 一 制度的概念

帕森斯认为，"'制度'的正式定义是'一种统一的方式，它反映一个社会系统共同文化的价值模式，经过对角色期望和促动因素的组织而在各自的相互作用中统一于其单位的具体行动'"。他指出，"制度限定着有关行为，是约束和均衡的一般条件而非具体条件。它们在满足处于某种典型条件下的系统功能必要条件的意义上，维持一种稳定状态的条件"[1]。在《现代社会的结构与过程》一书中，帕森斯描述道："制度是规范的一般模式，这些模式为人们与他们的社会及其各式各样的子系统和群体的其他成员互动规定了指定的、允许的和禁止的社会关系的行为范畴。在某种意义上，他们总是有限制的模式。"[2]

---

[1] ［美］塔尔科特·帕森斯、尼尔·斯梅尔瑟：《经济与社会》，刘进等译，华夏出版社1989年版，第90页。
[2] ［美］塔尔科特·帕森斯：《现代社会的结构与过程》，梁向阳译，光明日报出版社1988年版，第145页。

从帕森斯对制度的定义和解释可以看出，制度的内涵包括三个方面：文化价值取向、规范和制裁。文化价值取向是制度的核心，它体现着社会成员共同的终极价值体系；规范是制度作用的表现形式，它规定了人们的角色期望，使人们的行动方式趋于一致；制裁是制度的控制机制，对违反制度的行动者采取惩罚措施，保证制度的稳定运行。

## 二 制度的起源与形成

（一）制度的起源

关于制度的产生与起源，首先的问题就是制度是内生性的还是外生性的。帕森斯认为制度的产生主要有两点原因。一是资源的稀缺性。"由于资源稀缺，行动者之间难免相互竞争，社会系统必须对可能导致分裂的行动进行控制。这种控制是通过社会化和制度化的方式实现的。"[①] 资源的稀缺性导致无法满足所有人的需求，有限的资源必然是人们争夺的焦点。二是人的欲望是无限的。"正如涂尔干一直并且非常正确地坚持的那样，在没有规范性的控制情况下，个人扩张欲望的胃口是无限的。对于多多益善的满足欲望的手段的追求，特别是对特殊抽象手段——权力和财富——的追求，是没有止境的。"[②] 人总是趋利避害的，不断追求个人效益的最大化，由于有限的资源和无限的需求，在没有规范制度制约的情况下会导致资源分配的不平衡与混乱，人们会不断地通过各种方式，甚至通过暴力、战争的手段维护和夺取资源，造成了社会秩序的混乱。在这个时候需要有一种行动规范来制约人们的行为，制度也由此而产生。

社会中的个体都是具有不同行动取向的行动者，他们会根据自身需求追求各种利益，但人们在交往互动过程中会发现当他们共同遵守规则时，能使他们避免冲突和更好地合作，在这一过程中，行动者之间产生了互动。"当各种不同取向的行动者（根据他们的行动和价值取向的配置）互

---

[①] 谢立中主编：《西方社会学名著提要》，江西人民出版社2003年版，第156页。
[②] ［美］塔尔科特·帕森斯：《社会行动的结构》，张明德等译，译林出版社2003年版，第448页。

动时，便逐渐产生了约定，并维持互动模式，这就是'制度化'。"① 因此，制度最初源于行动者之间的约定、习俗，它们逐渐成为人们共同遵守的价值取向，成为一种规范制度，它们有些被明文规定起来，有些则内化于行动者之中。从这个方面来看，帕森斯认为制度是内生的，制度的起源并非人们的政策要求和人为制定，而是人们在互动中发展演变的产物。

（二）制度的形成

帕森斯的制度起源观点与新制度主义的相关理论十分相似，他们都认为制度是内生的，是由于资源的稀缺性和人们对个人效用追求的最大化。但帕森斯并非完全是功利主义的，他认为，制度在形成中"渗透了人格，并为文化所限制"②。文化系统对制度的形成产生了很大的影响，帕森斯将人的行动划分为四个系统：社会系统、文化系统、人格系统和有机体系统，这四个系统的综合作用决定着人们的行动，其中文化系统包括价值观、宗教、信仰等。正如前面所述的，制度是在行动者的互动中产生的，它必然受文化系统中的某些共同因素所制约，因此制度中包含了一种"共同的价值关怀"，一种"终极的共同价值"，反过来制度通过这种共同价值体系对行动者产生一种道德权威，使遵守规则变成一种义务，行动者不仅仅是因为追求利益最大化而遵守规则，同时是由于制度中含有某种自身所认同的共同价值体系。反过来说，如果仅仅按照功利主义的理论，单纯只考虑目的，制度的设置也往往是不合理的。例如，法律是针对犯罪而设立的，如果要制止犯罪，按照功利主义来看，严刑峻法则被认为是合理的，而事实上这并不能被人们接受。因此，共同价值体系对制度的形成和设立有重要影响。帕森斯用共同价值体系来解释制度弥补了功利主义关于制度理论的缺陷。

---

① ［美］乔纳森·H. 特纳：《社会学理论的结构》（上），邱泽奇等译，华夏出版社2001年版，第33页。
② ［美］乔纳森·H. 特纳：《社会学理论的结构》（上），邱泽奇等译，华夏出版社2001年版，第35页。

## 三 制度的运行

(一) 制度的整合机制

帕森斯认为,"社会系统就是互动制度化逐渐稳定的过程"[①]。在这一过程中,通过将人格系统整合到社会系统之中来保证规范的凝聚力以及行动者遵守规范和扮演角色的基本责任感,它主要表现为制度的两种整合机制:社会化机制和社会控制机制。

1. 社会化机制[②]

社会化机制是将文化模式(价值观、信仰、语言和其他符号)内化到人格系统,并且进一步制约人的需求结构。通过社会化过程,行动者愿意把动机的能量施加于角色中,因而愿意信守规范,并给予角色必需的互动技能和其他技能。由此,行动者"不但是指有意识的主体,而且还吸纳了规范、价值等社会因素,是完全社会化了的主体,正式规范与行动与社会秩序结构了起来,使人的主观意志服从于规则和价值体系"[③]。

2. 社会控制机制[④]

社会控制机制涉及地位—角色在社会系统中被组织起来以减少紧张和越轨的方式,包括许多特定的控制机制,如制度化,人际的处罚与友好,仪式活动,安全法结构,再整合结构和将强制力及运用制度化为社会系统之中。通过这两种机制,促使人格系统内化到社会系统,即主动模式的制度化之中,保证了制度的延续性和稳定性。

(二) 制度的运行机制

制度的运行涉及制度如何发挥其整合功能,如何对行动者产生影响。制度主要通过两个运行机制来维持制度的运行,即道德权威和制裁。

---

① [美] 乔纳森·H. 特纳:《社会学理论的结构》(上),邱泽奇等译,华夏出版社2001年版,第35页。
② [美] 乔纳森·H. 特纳:《社会学理论的结构》(上),邱泽奇等译,华夏出版社2001年版,第35页。
③ 谢立中主编:《西方社会学名著提要》,江西人民出版社2003年版,第153页。
④ [美] 乔纳森·H. 特纳:《社会学理论的结构》(上),邱泽奇等译,华夏出版社2001年版,第35页。

1. 道德权威

道德权威是所有行动者所共同认同和遵循的价值体系。正如上文所述，它是一种终极的共同价值体系，它被内化于人格系统之中。道德权威是制度发挥效力的最主要动力，"规则体系作为一个整体发挥效力的主要基础，是它所运用的道德权威，制裁只是第二位的支持力量"①。这种道德权威能够在制度中被反映出来，使得社会成员对制度的遵循成为一种道德义务，而不是一种强迫性的遵循。"害怕制裁只是服从制度性规范的次要动机；首要动机乃是道德义务感。"

2. 制裁

"制裁"的机制起到威慑的作用。"制裁背后的力量最终来自于对规范的共同道德情感，这种意识越弱，不共同具有这种意识的少数人就越多，秩序就越不稳定。"② 由于制度所包含的共同价值体系并不被每一个人所认可，因此违反规则的人会引起反感而导致制裁的发生，制裁一方面标志着"集体良知"的力量，另一方面也标志着用道德权威进行控制，避免出现漏洞。在制度运行方面，还存在一个问题就是，制度如果主要依靠一个大家共同遵守的终极价值体系来发挥其效力，那么制度存在的意义何在？帕森斯这样解释："由于手段—目的的链条有许许多多的环节，特定的直接目的和终极目的便分开了，因此，即便这些终极目的与共同的终极价值是一致的，也需要有一个订立规章的规则体系"③。

## 四 制度的功能

（一）AGIL 模式理论下的制度功能

帕森斯将行动系统分为有机体系统、人格系统、文化系统和社会系统这四个子系统，其中社会系统就是互动模式的制度化，"当各种不同取向

---

① ［美］塔尔科特·帕森斯：《社会行动的结构》，张明德等译，译林出版社2003年版，第448页。
② ［美］塔尔科特·帕森斯：《社会行动的结构》，张明德等译，译林出版社2003年版，第450页。
③ ［美］塔尔科特·帕森斯：《社会行动的结构》，张明德等译，译林出版社2003年版，第454页。

的行动者（根据他们的行动和价值取向的配置）互动时，便逐渐产生了约定，并维持互动模式，这就是'制度化'。以帕森斯的观点来看，这种制度化的模式可称之为社会系统"①。

在行动系统的功能方面，帕森斯提出了一个 AGIL 模式理论，认为一个系统或子系统得以生存，需要满足四项功能，即 A（适应）、G（目标达成）、I（整合）和 L（维模）。"适应是指确保从环境中获取足够的资源，然后在整个系统中进行分配。目标达成指的是在系统目标中建立次序级别，并调动系统的资源以获得这些目标。整合是指合作和保持系统单位之间的相互关系。维模围绕着两个相关的问题：模式维持和紧张的处理。模式维持是指怎样确保社会系统的行动者显示合适的个性（动机、需求、角色扮演等）的问题。紧张处理则是指应付处于社会系统中的行动者的内部紧张。"② 帕森斯认为，行动系统的四个子系统对应着这四项功能，其中，"把文化系统的模式和人格系统的需求有组织的整合起来形成地位—规范网络的社会系统，被看作是整体行动系统中的重要的起整合作用的子系统"③。因此社会系统的主要功能是整合，制度化则是发挥行动系统整合功能的重要内容。同时，帕森斯认为，每个子系统也依然包含着适应、目标达成、整合和维模这四项功能，社会系统作为行动系统的一个子系统也是如此，制度除了整合的作用还有其他三项功能，这些功能都是为上一层系统即行动系统提供必要的条件和便利。

（二）制度的功能

一方面，制度规范了人们的行动，规定了人们可以做什么，不可以做什么。使人们的角色期望变得清楚明了。制度对人的行为的影响有两种形式，第一是潜在的影响。"所有的行动都有一种规范和条件之间的

---

① ［美］乔纳森·H. 特纳：《社会学理论的结构》（上），邱泽奇等译，华夏出版社 2001 年版，第 33 页。
② ［美］乔纳森·H. 特纳：《社会学理论的结构》（上），邱泽奇等译，华夏出版社 2001 年版，第 36 页。
③ ［美］乔纳森·H. 特纳：《社会学理论的结构》（上），邱泽奇等译，华夏出版社 2001 年版，第 38 页。

张力,'正如不会有位置不移动的运动一样,也没有不遵从规范的社会行动'。"① 由于制度包含了一种共同价值体系,人们在行为过程中出于一种道德义务自觉地遵守制度规则。在这种情况中,人们对制度持认可的状态。第二是强制的规定,这往往是通过世俗的压力和制裁的机制来实现的。当人们的行为违反制度规则时,会遭到其他行动者的反感和道德上的谴责,甚至会受到严厉的制裁,迫于这种压力,那些对制度保持中立或反对状态的人也往往会按照制度规范自己的行为。

另一方面,制度维护了社会秩序,"在时间和空间上分离冲突的期望"②,"正是因为社会的规范因素,使得社会总体上处于相对和谐的状态而不是战争状态"③,"契约制度之所以重要,在于它是一种秩序的框架,如涂尔干所明确指出的那样,如果没有这种契约制度,人们就会处于一种战争状态"④。因此,制度在维护社会秩序、调解人际关系上起到了很大的作用。制度的这一功能同上一功能有很大的联系,制度将有着不同行动取向的行动者整合起来,通过终极价值体系和规则来防止失范和越轨行为,避免了社会冲突和秩序的混乱。

## 五 制度的类型

(一) 制度系统的结构

帕森斯将制度系统的结构分为以下三种。

1. 法律系统

帕森斯认为,法律是工业化的基本制度的前提,它涉及"与工业经济组织的制度要求一致的人类广泛领域的制度化原则,这是其他任何法律系统都无法比拟的"⑤。法律具有普遍性和专门性的特征。同时帕森斯认为,

---

① 谢立中主编:《西方社会学名著提要》,江西人民出版社2003年版,153页。
② [美] 乔纳森·H. 特纳:《社会学理论的结构》(上),邱泽奇等译,华夏出版社2001年版,第36页。
③ 谢立中主编:《西方社会学名著提要》,江西人民出版社2003年版,153页。
④ [美] 塔尔科特·帕森斯:《社会行动的结构》,张明德等译,译林出版社2003年版,第350页。
⑤ [美] 塔尔科特·帕森斯:《现代社会的结构与过程》,梁向阳译,光明日报出版社1988年版,第116页。

法律是相对独立于政府结构与过程而发挥功能的，法律的"管辖系统是相对独立于国家行政机关和立法机关的……'政府是法治的而不是人治的政府'"。因此，法律是一个独立的规范体系，但同时法律又同政府机构有着密切联系。"法律必定是'政治上组织起来的社会'的法律。"[①] 因此法律一方面反映了人们行为的规范，另一方面又称为统治阶级的工具。

2. 经济制度

帕森斯将经济制度又分为三个子系统，即合同、财产和职业。"合同使个人与集体能够自由的达成一致，去交换商品和货币，并形成涉及未来活动的彼此之间的义务"；财产所涉及的制度是所有制；职业是涉及"使用、控制和让渡的认识活动"，职业还反映了"经济制度化模式与政治制度化模式是相互渗透的"。

3. 政治制度

政治制度也涉及三个子范畴，分别是"领导"、"权威"和"调节"。帕森斯认为，"用领导制度化来指集体内的一定子群体所运用的规范秩序模式"[②]，这些子群体由于它们所占据的位置，被允许和被期待主动地作出有关实现集体目标的决策，从而把集体结合为整体。"权威"包括具有作出约束力决策的权力、分配子单位责任的权力和分配物资的权力，这三者构成了控制等级。一般而言谁控制了较一般的决策权，谁就控制了组织内的责任分配，谁控制了这些责任，谁就控制了付诸使用的物质分配。"调节"则将那些不能直接通过权威控制的重要集体事业目标连起来。它也分为三个层次，即任务层次上、角色层次上、义务层次上。

（二）其他学者对帕森斯关于制度分类的论述

乔纳森·特纳认为帕森斯所述的制度可以分为三类[③]：第一类是关联性制度，这是对相互的角色期待进行界定；第二类是调节性制度，是对追

---

[①] ［美］塔尔科特·帕森斯：《现代社会的结构与过程》，梁向阳译，光明日报出版社1988年版，第117页。

[②] ［美］塔尔科特·帕森斯：《现代社会的结构与过程》，梁向阳译，光明日报出版社1988年版，第121页。

[③] 谢立中主编：《西方社会学名著提要》，江西人民出版社2003年版，157页。

求私人利益的合法性界限的界定,又分为工具性、表达性和道德性;第三类是文化制度,包括信仰、象征和私人道德义务。

(三) 宗教

宗教是一种特殊的制度形式,帕森斯将其作为对象进行了深刻的研究。

1. 宗教观念

帕森斯认为,宗教观念是"人们对于生活和环境当中所不了解,以及认为是靠实证科学的通常程序或者相应的常识的经验论所不可知,但需要对之采取积极态度的那些方面所持的观念"[1]。因此,宗教观念并非实证主义或功利主义的价值体系,而属于一种"非经验的取向方式"。

宗教观念是神圣事物的象征性表象体系,这种象征性表象体系存在的基础则在于非经验方面的认识。神圣事物之所以与非神圣事物区分开来并非由于事物的结构、成分等固有属性,而是由于宗教观念对这些事物的一种非经验方面的认识,它是区分神圣事物与非神圣事物的关键。

2. 宗教发挥其规范作用的机制

宗教是制度的一种特殊形式,它也必然对人的行动起着影响作用。这主要是通过宗教观念实现的。宗教观念同人们的终极价值观念有着密切的联系,帕森斯认为,宗教"部分的决定着人们的终极价值观念,部分的取决于人们的终极价值观念"[2],宗教内部含有一个共同的价值观念体系,反过来,这个共同观念体系又与宗教观念联系在一起。因此,宗教观念、终极价值观念和人的行动的方式构成了一个综合体。"一方面,这些宗教观念特别倾向使用符号作为表达方式;另一方面,就一种宗教为一个社会成员所共同持有而论,宗教观念部分决定着,部分构成为共同价值观念的'合理化',而这正是我们所一再提到的决定人们社会行动的十分重要的成分。"[3]

---

[1] [美] 塔尔科特·帕森斯:《社会行动的结构》,张明德等译,译林出版社 2003 年版,第 472 页。

[2] [美] 塔尔科特·帕森斯:《社会行动的结构》,张明德等译,译林出版社 2003 年版,第 473 页。

[3] [美] 塔尔科特·帕森斯:《社会行动的结构》,张明德等译,译林出版社 2003 年版,第 474 页。

### 3. 宗教仪式

除了宗教观念，宗教仪式也是宗教的一个重要部分。仪式是宗教直接表现终极价值的行动。帕森斯从社会成员所共有的价值观出发，认为"宗教仪式（很大程度上）是在具体社会中构成的'社会的'规范性成分的那些共同终极价值的一种表现"①。有着共同宗教信仰的人往往有着相同的仪式，仪式中反映了他们共同的终极价值体系，"由于有一些人有着相同的信仰和相同的价值体系，而可以认为他们具有一个共同的终极价值体系"②。仪式是一种价值符号，它本身的行为并非符合理性，"这种仪式没有经验上的目的，也不涉及内在的手段—目的惯习"③，但是它却发挥着重要的作用。终极价值观，是社会结构和社会团结所依赖的情感，是通过仪式的作用才不断地众心所向的状态，从而有效地控制行动和分派的各种关系，简单地说，意识的作用就是坚定信仰。

### 4. 教会

宗教观念中所包含的终极共同价值使信仰者成为一个共同体，不同的宗教具有不同的共同价值观念。但作为一个价值共同体，当一部分群体与共同价值出现不平衡时，就会出现内部分化。因此，需要一个机构将相同的价值信仰者团结在一起，防止共同体的内部分化，教会则发挥着这样的作用。每种宗教都附属在一个道德共同体上，反过来说每个共同体就是一个宗教单位，具体的表现就是教会。教会往往也是宗教信仰者的精神归宿，将他们整合在一起。

### 5. 宗教与现代经济发展

帕森斯认为，宗教具有一些特质，即宗教事业是反对经济发展的，这主要表现为两种方式。首先是根据时间利益和世外利益的二分法划分的，"经济生产力的巨大发展不能不被解释为对宗教本身的根本利益的威胁，

---

① ［美］塔尔科特·帕森斯：《社会行动的结构》，张明德等译，译林出版社2003年版，第483页。
② ［美］塔尔科特·帕森斯：《社会行动的结构》，张明德等译，译林出版社2003年版，第484页。
③ ［美］塔尔科特·帕森斯：《社会行动的结构》，张明德等译，译林出版社2003年版，第486页。

财富、权力和情欲被宗教一直认为是危险的'这个世界的东西'的根源，而贫困、贞洁与听命，即束缚个人过寺院式生活的名言，似乎是他们中立的要点"①。宗教反对经济发展和权力情欲的满足，而提倡清心寡欲的寺院式生活，这些都是不利于现代经济发展的。其次是"宗教有偏袒传统刻板行为的一般宗教倾向"②。宗教具有保守的倾向，对传统的行动方式不愿改变，而这种传统的行动方式往往具有仪式的成分，被赋予神圣象征意义，这与现代经济所提倡的理性、高效的行为方式是相违背的。

通过对宗教的这一特质的解释，帕森斯认为西方社会拥有教会与国家的分化的制度传统，"使得宗教的权限明确的限制在教会的范围内，因而不会过分侵犯世俗的权限"，避免了经济发展与宗教之间的严重冲突。这也是西方经济发展迅速的重要原因之一。

### （四）正式组织制度

帕森斯认为，正式组织是一个"被组织起来实现特殊类型目标的社会系统"，"这个系统具有任何一个社会系统都有的基本性质"；同时他认为组织又是"更大社会系统中的功能分化的子系统"，"组织所在的更大的系统在大多数场合里，可被假定为社会"③。组织制度系统又可以被认为组织系统中的一个子系统。根据帕森斯的 AGIL 模式理论，制度系统发挥着整合功能，组织制度不仅在组织内部发挥整合作用，同时将组织与总体社会系统的其他组织和其他类型的集体整合起来，使得组织与其他组织和社会单位一道运行。制度化的规范"可以有效地将个人的行动结合起来去承担组织的义务"，而"跨组织水平整合的中心问题是鉴定参与者个人对组织的忠诚问题：一方面是他对具体组织（例如雇用他的组织）忠诚的层次和忠诚的基础；另一方面是这种忠诚融合进更大系统的忠诚的方式，以及他承担多元化角色（例如，对工作、家庭、国家）的责任平衡方式。这种忠

---

① ［美］塔尔科特·帕森斯：《现代社会的结构与过程》，梁向阳译，光明日报出版社1988年版，第86页。
② ［美］塔尔科特·帕森斯：《现代社会的结构与过程》，梁向阳译，光明日报出版社1988年版，第86页。
③ ［美］塔尔科特·帕森斯：《现代社会的结构与过程》，梁向阳译，光明日报出版社1988年版，第17页。

诚的分配,不是在组织内部,而是在社会中的集体之间,因而与价值观有直接的关系"①。组织制度的整合作用不仅反映在组织内部,而且反映在上一层系统的价值体系。帕森斯将组织制度分为以下三个层次。

1. 合同制度

就组织而言,它主要涉及的是雇佣合同,这种合同不是当事人可以随意更改的,这一点决定了个人对组织的义务。个人与组织有时会发生冲突,主要表现为在职角色与个人价值的冲突以及社会角色的冲突,而合同制度就是为了避免这些冲突的发生。同时,合同制度还包括以财产权而不是人事为协议对象的合同,但是"这种合同模式不可能任由具体组织决定,而必须在更广泛的基础上被制度化","原因是财产所有者通过他的'权利'要求对组织运行施加影响,而这种影响常常是深刻的"②。

2. 权威制度

这是一种包含限制因素的组织制度,这种限制主要有两种情况,一是先赋地位,二是权力强制。前者在正式组织中是少有的,后者则主要表现为强制合同,"它是合同制度的特殊组合,用作界定控制资源被组织利用的规章和权威制度"③。权威制度有其自身特点,"权威制度化在组织之间的层次上和决策一样,都可以看作是组织的功能"④;"权威制度化在比组织本身的活动与规章范围更广泛的基础上,决定人和既定的活动者,个人或集体可在在既定的组织地位上通过个人决策来制约其他人的方式与界限,也即个人的活动受其他人决策制约的方式与界限"⑤。一个人一旦在组织内行使权威,他也会接受组织内其他人的权威。

---

① [美]塔尔科特·帕森斯:《现代社会的结构与过程》,梁向阳译,光明日报出版社1988年版,第31页。
② [美]塔尔科特·帕森斯:《现代社会的结构与过程》,梁向阳译,光明日报出版社1988年版,第32页。
③ [美]塔尔科特·帕森斯:《现代社会的结构与过程》,梁向阳译,光明日报出版社1988年版,第32页。
④ [美]塔尔科特·帕森斯:《现代社会的结构与过程》,梁向阳译,光明日报出版社1988年版,第32页。
⑤ [美]塔尔科特·帕森斯:《现代社会的结构与过程》,梁向阳译,光明日报出版社1988年版,第33页。

### 3. 法律制度

这种制度能够影响组织和成员的行为,"它们可以普遍适用于整个社会或社会结构的跨组织部门"[①]。这种制度是一种社会普遍遵循的规范,任何人都不能违反这些规范来签订合同,同时也不能行使权威来迫使人们违反这种规定。组织中的合同与权威制度都要与这种制度相一致,它是最高一等级的组织制度。

以上三个层次制度是一个逆向等级次序关系,它们对组织和组织成员起到了一个整合的作用,将组织和成员行动规范到一个界限之中。社会组织并非一个功利主义的单位,组织制度影响了组织内部的运行,同时也协调了组织之间的互动。

## 六 制度的变迁

### (一) 制度变迁的原因

"要分析变迁,首先要分析既得利益,因为变迁是对阻力的克服,而既得利益就构成了这样的阻力。利益在这里不仅指经济利益、物质利益,也指与个性有关的爱、同意、尊敬等等。既得利益与制度化现象联系在一起,制度化将个性需求和文化模式整合起来,从而紧张就被纳入再平衡的过程。既得利益可以解释变迁过程的失败。"[②] 因此,既得利益的丧失是制度变迁的原因。当人们的既得利益丧失,出现潜在利益时,就会有越来越多的人反对现有的制度,促使了制度的变迁。这里的利益不仅仅指经济利益、物质利益,也指与个性需求有关的爱、同意、尊敬,等等。

### (二) 制度变迁的模式

制度变迁主要有两种模式,一种是继承传统模式的变迁,另一种则是打破传统,建立新的制度结构。帕森斯用经济制度改革的例子说明了这两种途径。经济改革关系到变革社会的主要制度结构,"如果既定的经济势

---

[①] [美] 塔尔科特·帕森斯:《现代社会的结构与过程》,梁向阳译,光明日报出版社 1988 年版,第 33 页。

[②] 谢立中主编:《西方社会学名著提要》,江西人民出版社 2003 年版,167 页。

力能按照传统建立的秩序强烈地提出合法的要求,那么,几乎理所当然得到传统的政治权威的致力保护"①;"如果政治支持的基础不是传统主义,那么它的倾向将取决于比较直接的利益和人口中占有战略位置的群体的情绪"②。从这一角度看,采取传统模式制度变迁会得到政治权威的支持,因此它的阻力应该会小于创新性变迁。制度采取何种模式并非主观选择,而是在与行动者的利益需求。

## 七 小结

帕森斯认为社会系统就是互动模式的制度化,这一过程也是文化系统的制度化,同时它也影响制度的形成。由于文化系统的影响,制度中包含了一种共同的终极价值体系,制度通过这种价值体系对人们的行动取向起到规范作用。制度通过社会系统的社会化机制和社会控制机制来保证自身的效率、稳定和持续性。社会系统作为行动系统的一个子系统,发挥的是整合的功能,制度化就是社会系统的一种整合模式,它使人们的行动趋于一致性,避免了社会成员之间冲突的激烈化,维护了社会秩序的稳定。帕森斯认为制度系统的结构由法律系统、经济制度和政治制度构成,同时还特别详细地论述了宗教和正式组织制度这两种制度。总之,帕森斯对制度规范进行了大量的研究,对于制度的系统研究有着重要的借鉴意义。

## 罗伯特·默顿

罗伯特·金·默顿(Robert King Merton,1910—2003)是美国著名的社会学家,科学社会学的奠基人,结构功能主义流派的代表性人物之一。他曾提出了"自证预言""中层理论""越轨的失范理论"等一系列影响深远的概念,并强调了在功能分析中区分负功能和正功能、显功能和潜功

---

① [美]塔尔科特·帕森斯:《现代社会的结构与过程》,梁向阳译,光明日报出版社1988年版,第87页。
② [美]塔尔科特·帕森斯:《现代社会的结构与过程》,梁向阳译,光明日报出版社1988年版,第88页。

能等的重要性,从而提出了一整套功能分析的范式,系统地奠定了社会学功能理论的基础。默顿关于社会制度所形成的一系列思想帮助我们了解越轨、解组等社会问题背后潜藏的制度性根源,并为社会政策制定者提供理论建议与参考,以便能更好地分析如何制定社会制度,从而更大程度地维护社会秩序和减少社会冲突。①

## 一 社会学的研究对象:中观理论下的社会制度

默顿在对其师帕森斯"宏大理论"批判的基础上,提出了中观理论。中观理论是指:"既非日常研究中广泛涉及的微观但必要的工作假设,也不是尽一切系统化努力而发展出来的用以解释所能观察到的社会行为,社会组织和社会变迁的一致性的统一理论,而是指介于这两者之间的理论。"② 默顿的理论对社会学研究进行了理性定位:社会学研究既不应该热衷于过于抽象的宏大理论,也不应该停留于具体的经验判断,而应该重在具体经验研究的假设基础上进行有限度的理论探讨。默顿的这种中观理论并不涉及对社会中盛行的某种社会秩序或社会冲突所作的历史概括,而是分析如何确定在更大程度上维护社会秩序,减少社会冲突的社会机制。因此,在中观方法论的指导下,社会学社会制度研究的对象包括社会制度的含义、社会制度的属性、社会结构中各种制度之间的关系,这些关系如何影响整个制度的功能,不同部分的功能是什么,后果是什么。

默顿的中观理论为社会学研究开辟了一个独特的视角,并对社会学理论研究与经验研究的结合,以及对学科自身的认识产生了重大的影响。社会学自身的发展历程也验证了默顿的理论假设。社会学关注于发展中层理论时,它在不断进步;一旦它将主要精力集中于发展大而全的社会学体系时,它的发展就会停滞。默顿的社会学思想体系是在宏观理论受到批判,微观理论尚未成形,两者交替之际提出的。但是,他的理论却

---

① 笔者曾与第二笔者胡美娟以"论默顿的制度分析范式及其当代意义"为题在《西北农林科技大学学报》(社会科学版) 2011 年第 2 期上发表,此处做了修改。
② [美] 罗伯特·K. 默顿:《社会理论和社会结构》,唐少杰、齐心译,译林出版社 2006 年版,第 59 页。

先见性提供了一个平衡的支点,协调了社会学研究社会整体的宏观方法,与研究个体运作的微观方法之间的对立,以及抽象统一性与具体经验描述的两个极端之间的对峙。这至今仍对我们研究社会制度具有极大的启发意义。

## 二 科学的"精神气质":对社会制度的另类阐释

(一) 制度的含义、分类和起源

关于制度的含义、分类与起源,默顿是借科学制度给予言说。因为在社会制度中,默顿最感兴趣的是科学制度。默顿运用其独特的理论思维,开拓了"科学社会学"这一研究,故被尊称为"科学社会学之父"。在默顿的理论研究中,制度的类型除了包括经济制度、政治制度、法律制度、家庭制度和宗教制度等,还包括科学制度。默顿将科学视为其所在时代最重要的社会制度之一。所以,科学应被看作一种社会制度来加以研究。"科学"其实是一个难以概括的词语,它通常可指一套特定的方法,一些积累性的知识或一套文化价值和惯例。默顿对社会制度的含义没有给出直接的定义,但他在批判功能分析的三种流行假设时,阐释了他对社会制度含义的理解:"社会制度是用来安排人们的活动,满足诸如秩序,信仰,生产等社会需要而设立的一套习俗,民俗,行为模式,如法律制度,家庭制度等。也就是说,制度是满足社会有机体的功能需要的。"[①] 默顿对社会制度的解释表现了结构功能学派对社会制度功能的解释,同时,也将社会制度的起源解释为个人和群体以及他们相互间的需要,制度的建立是以人类的各种需要为基础,并为人类的基本需要,包括生理需要和社会需要服务的。

(二) 制度的属性:科学的精神气质

默顿站在科学的角度来说明制度的属性。科学有其独特的精神气质。这种气质通过普遍主义、公有主义、无私利主义和社会的有条理的怀疑主义这些社会规范来体现。普遍主义是指评价科学研究成果或事业的标准是

---

[①] 郑杭生:《社会学概论新修》,中国人民大学出版社2003年版,第253页。

普遍性的；公有主义是指科学研究的成果，科学知识是公有的财产，而不专属于科学家本人或其团体；无私利主义是指科学家的研究目的应是知识的创新和发展，而不是为了个人的名誉和私利；社会的有条理的怀疑主义是指科学知识自身发展的要求，即对任何理论或假说都要进行批判性的分析考察，既不轻信，也不无端否定。这些是约束科学家的价值和规范的综合体，这些规范通过惯例、禁止、赞许和许可的形式表示，它们借助于制度化价值而合法化。

（三）科学与其他社会制度的相互依赖

默顿在《社会研究与社会政策》中深刻剖析了科学与其他社会制度的关系。科学是一种重要的国家资源，随着社会的发展，其他社会制度对科学的依赖性会越来越强。科学制度与其他社会制度，例如经济与政治，家庭，宗教与教育制度之间相互依赖，同时各自又具有一定程度的独立性。科学已成为主导性的社会制度，它直接或间接地影响着人们的整个生活。科学制度与其他社会制度一起，发挥各自独特的功能，一致地维持社会的结构。社会也是一个有机整体，经济、政治、文化等各领域相互影响，一个制度的变化必然引起相关制度的变革。

默顿在《十七世纪英国的科学、技术和社会》一书中，具体考察了科学作为一种社会制度与当时的经济制度、宗教制度之间的那种功能上的相互依存。"建立在一个社会组织领域内（例如宗教的或经济的领域）的兴趣，动机和行为的社会形式，同其他社会领域（如科学领域）的兴趣，动机和行为的社会形式具有相互依存的关系。"[1] 例如，当时英国的清教主义既重视研究自然，探索自然的奥秘，以此来"赞颂上帝"，又强调了"功利主义"，鼓励应用科学技术来"行善"，来造福于人类。这一切为英国科学技术的发展提供了良好的文化背景。

## 三　社会制度的功能：正功能与负功能、显功能与潜功能

默顿的制度分析范式是功能分析范式。"社会功能指的是观察到的客

---

[1] [美] 罗伯特·金·默顿：《十七世纪英国的科学、技术和社会》，范岱年等译，四川人民出版社1986年版，第7页。

观结果，不是指的主观倾向（目的，动机，意图）。"① 默顿把社会看成一种机器，它有组成某种结构的各种成分。每种成分的功能和作用各异，但彼此相互依赖，以维持整体结构。但是，功能应该与目的或动机等事物严格区分开来。"功能"一词指一个社会制度的某些部分或过程有助于维持、促进或妨碍那个制度的程度。

默顿在探索功能分析模式时，对功能分析中流行的三种假设（社会功能一体的假设、普遍功能主义假设和必要性的假设）进行了批判，这些假设所提出的泛功能主义和社会功能的整合性和必不可少性是对"功能"概念的误解，是对各种客观结果的混淆。为此，默顿通过提出两个问题来消除这些误解和混淆。

第一个问题是要求建立多重后果和总后果的净差额的概念。默顿在批判社会功能一体假设时指出，"一种功能分析理论必须明确一定社会功能依托的社会单位，并且我们必须承认文化事项有多重后果，有些是正功能的，有些也许是负功能的"②。制度的功能是文化事项的后果。正功能是有助于调适系统的后果，负功能是削弱系统调试的相反后果。当然也有不相关性后果可以称为非功能。默顿的净差额概念区分了正功能与负功能的权重。然而，因为社会事项的复杂性和人们判断的主观性，很难客观地评价正功能与负功能的净差值。但是，这在应用功能分析去指导政策的形成和实施中却是最为重要的。

第二个问题是要求区分客观后果与主观目的是否一致。默顿根据人类行动的动机与社会后果之间的差异，将社会制度的功能区分为显功能和潜功能两个层次。显功能是有助于系统的调整和适应的客观后果，这种调整和适应是系统中参与者所预料所认识的；与潜功能相关的是没有被预料也没有被认识的客观后果。这一区分是为了避免社会学著作中经常对社会行为的自觉动机与其客观效果的混淆。社会制度的显功能产生的是人们预期

---

① ［美］罗伯特·K. 默顿：《社会理论和社会结构》，唐少杰、齐心译，译林出版社2006年版，第113页。
② ［美］罗伯特·K. 默顿：《社会理论和社会结构》，唐少杰、齐心译，译林出版社2006年版，第129页。

的结果。例如教育制度的显功能就是传授知识，培养人才。但是，潜功能展示的是意料之外的后果，具有复杂性。所以，考察制度的潜功能时，还需要确定潜功能发生的层次和环节，指向的群体，以及区分清楚潜功能是潜正功能、潜负功能还是与系统无关。

综上，功能分析把思考引向某个特定行动的社会后果，不管这个后果是预期的，还是非预期的。功能分析有其独特的优势。首先，"澄清对似乎不合理的社会模式所作的分析"[1]。它能够抑制那种一经随便观察，就去处理一种似乎是无理性的社会事件的倾向，并进一步关注社会事件发生的形式，以及它与社会结构的其他特征之间的关系。其次，"把注意力指向富有理论成果的探索领域"[2]。显功能和潜功能的概念为社会学家深入探讨理论上更有价值的社会行为的某些特征提供了一种手段。再次，"潜功能的发现体现着社会学知识的重要增长"[3]。将潜功能概念引入社会研究，也使人们明白社会生活并不像看起来那么简单。最后，结构功能分析的又一价值是"防止用朴素的道德判断替代社会学的分析"[4]。默顿鼓励人们充分发挥社会学的想象力，发掘和认识社会制度的潜功能，趋利避弊；同时，其"价值无涉社会学"的中立原则，理性地指引社会学研究者不要像伦理学家一样做道德评价，而是发现和展示社会生活的本来面目。

## 四 社会问题：社会制度的衍生物

首先，默顿在对社会问题的定义中提出了社会问题产生的根源——社会制度。"社会中未料想的，但有时不可回避的困境，社会冲突和混乱通常被描述为'我们时代的社会危机'，社会制度使人们陷入低劣的生活，犯罪，现在可治但尚不能根治的疾病，社会暴力的滥用——所有这一切甚

---

[1] ［美］罗伯特·K. 默顿：《社会理论和社会结构》，唐少杰、齐心译，译林出版社2006年版，第172页。
[2] ［美］罗伯特·K. 默顿：《社会理论和社会结构》，唐少杰、齐心译，译林出版社2006年版，第173页。
[3] ［美］罗伯特·K. 默顿：《社会理论和社会结构》，唐少杰、齐心译，译林出版社2006年版，第177页。
[4] ［美］罗伯特·K. 默顿：《社会理论和社会结构》，唐少杰、齐心译，译林出版社2006年版，第180页。

至更多方面都属于我们大部分人通常所说的'社会问题'。"① 默顿这一假设的目的在于，为制定和评价社会政策提供基础，催生不同的政策倡导，最终促使政策制定者调整他们自己的管辖区内，或更大范围的社会政策。这一思想是对以往功能主义"普遍功能主义"假定的纠正。社会制度有正功能，也有负功能。这不仅可以帮助人们解决他们所面临的社会困境，同时也提醒人们去关注各类行为、观点和组织的反功能，而不是主要关注或者仅仅关注它们的正功能。

其次，社会越轨是社会制度使然。"人们所接受的规范与受社会鼓励的遵从这种规范的机会之间的背离'促成'了越轨行为并产生出失范。"② 默顿对社会问题进行了很有见解的分析，指出社会问题的社会决定因素，以及社会问题产生的社会反功能。默顿将社会问题分为两大类：社会解组和越轨行为，并提出著名的越轨理论。默顿对越轨社会行为的性质进行了考察，他不关心这种行为是不是变态人格的产物，他关心的是这种越轨社会行为成为社会本身结构性质之结果的程度。根据默顿的理论，所有文化都提出了作为普遍欲求的某些目标（如个人在事业上获得成功），同时也明确指出了实现这些目标的合法手段或社会认可的手段（如努力工作，读书求学）。但是，在社会快速变化和社会不平等广泛存在的环境里，属于某些群体的人可能或根本没有机会通过制度化的合法途径去实现合法范围内的成功目标。社会制度限制了他们获得成功的机会，这样，就会导致他们的越轨行为的产生。

## 五 社会制度的变迁：越轨与失范

越轨与失范行为是一种革新行为，革新促使社会制度的变迁与创新。越轨和失范行为表现为五种形式。"遵从"是对制度的过度服从或遵守，表面上好像是公开遵从，在社会学上却认为是越轨。"创新"是摈弃制度

---

① ［美］罗伯特·K. 默顿：《社会研究与社会政策》，林聚任等译，生活·读书·新知三联书店2001年版，第53页。

② ［美］罗伯特·K. 默顿：《社会理论和社会结构》，唐少杰、齐心译，译林出版社2006年版，第320页。

性，但保留文化目标。"仪式主义"的个人在机会受阻时接受制度化手段但拒绝目标，例如为了文凭而完成的学校教育。"退却主义"从制度中退了出来，他们是退出习俗社会者。"反抗"主义者不像"退却主义者"消极地撤退，他们有足够的理由对制度进行改革，他们发现，制度打击人的程度已经达到了使他们改变这个制度的地步，但打击人的程度还没有达到使他们试图退出该制度的地步。最重要的是，"反抗者的显著特点是他们具有这样一种信念：社会问题的根源不在个体身上，而在社会秩序自身中。反抗者的希望就是改革制度"①。这也是社会制度变迁的动因。

默顿将越轨与失范视为社会制度变迁的动因。"制度化的抗拒行为会导致制度变迁。"② 越轨与失范行为本身是对现存社会规范合法性的一种公开挑衅与背离。在社会冲突中，非遵从者摧毁他们所反对的社会规范，创建新的社会规范，导致社会制度的变迁。历史先例也充分说明了经常的越轨行为与制度变迁之间的关联。

功能分析范式也贯穿于默顿的社会变迁分析之中。对社会制度的正功能和负功能同时关注，不仅可以评估社会稳定的基础，还可以发掘社会变迁的潜在根源。这种研究动态和变迁的分析方法的根基就是：制度的负功能概念在结构层次上包含着紧张、压力和张力的概念。在社会结构中，负功能包含的紧张和压力累积到一定高度，没有适当的社会规范来约束和限制这种后果时，就会出现崩溃和社会制度的根本变迁。

## 六　默顿的制度分析范式对当代中国的现实意义

默顿对制度的分析范式对当代中国和谐社会建设具有极强的现实意义。中共十七大首次提出社会建设，使社会建设与政治建设、经济建设、文化建设共同构成中国特色社会主义建设的总体布局。2008年温家宝总理的《政府工作报告》中，"制度"与"社会"一词一样，成为使用频率最

---

① ［美］雷蒙德·保罗·库佐尔特、艾迪斯·W.金：《二十世纪社会思潮》，张向东译，中国人民大学出版社1991年版，第24页。
② ［美］罗伯特·K.默顿：《社会研究与社会政策》，林聚任译，生活·读书·新知三联书店2001年版，第89页。

高的十个名词之一。国家政府对"制度"和"社会"的关注达到前所未有的高度，而制度也成为实现和谐社会目标的关键所在。

默顿提出的科学的"精神气质"，可以警示我们重视科学技术在经济社会发展中重要作用的同时，规避科学工作者的私利性活动。目前，在科学技术活动中，各种弄虚作假现象形式多样，且层出不穷，有必要以科学的"精神气质"为原则，建立一种约束科学工作者学术造假的制度。普遍主义的原则要求我们建立一个对知识成果鉴定的统一标准。公有主义的原则要求我们借鉴吸收引进他人的先进科学技术时，要充分尊重其知识的创新权和拥有权。这样才能使科学共同体的活动有序有规地开展，同时也能够增强我国与发达国家科技领域的交流、合作与分享，增强在国际科技领域竞争的自信心，扩大科学技术创新交流的范围，使我国的改革开放和经济发展更有成效。

默顿的越轨理论尽管有一些缺陷，但他的诸多观点仍然触及社会问题的关键点。社会问题和越轨均来自社会制度本身，过度强调制度化目标而忽略合法性手段，势必导致大量社会问题和越轨行为。这些观念对我们建构理性制度，以制度抑制越轨，最大限度地解决当前的社会问题有重要意义。当代中国处在转型期，这种转型是社会宏观体制和微观制度的转型。这在经济上表现为从计划经济体制转向社会主义市场经济体制，从农业生产方式转为工业和后工业生产方式。转型过程是一个非常矛盾和极其痛苦的过程。一方面，计划经济体制下的各种制度安排与市场经济体制下的制度诉求出现冲突；另一方面，农业生产方式与工业和后工业生产方式下的制度安排发生冲突，城市扩张与农村守望的冲突。从表象看是各种不同利益群体的冲突，实则是制度安排导致的冲突。因此，默顿的越轨理论有助于我们认识到制度建设的重要性和迫切性。只有从制度建设上减少制度之间的冲突，才能缓解和有效解决各种群体之间的冲突。从而防止大量的社会问题和越轨行为的发生，为建设有中国特色社会主义社会提供稳定和谐的内部环境。

# 詹姆斯·S. 科尔曼

詹姆斯·S. 科尔曼（James Samvel Coleman，1926—1995），当代美国最著名的社会学家之一，数学社会学的先驱，他的研究成果对美国的教育政策产生了重大影响。他曾是美国科学院仅有的四位社会学院士之一，同时又被誉为经济学新制度学派的代表人物。其主要著作是《联合民主》、《青少年协会》、《青少年和学校》、《青年：过渡到成年》、《变化与反应不确定性模型》、《数学社会学概论》、《集体行动数学》、《社会科学中的政策研究》、《社会的权力与结构》、《纵向数据分析》、《不对称的社会》以及他认为自己对社会学最重要的贡献的著作《社会理论的基础》。他创办了学术刊物《理性与社会》，曾与布尔迪厄共同主编了《当代社会学理论》一书。

其社会理论主要包括社会变迁分析、集体行为分析以及理性选择理论。《社会理论的基础》一书，是理性选择理论分析社会行为的经典之作。科尔曼认为，社会科学的核心问题是解释社会系统的活动，主要任务是解释社会现象，因此，社会科学应当以解释社会系统行为为重点。在他的思想和著作中不乏制度的思想，尤其是对规范的定义、形成、分类、功能等的分析有着独到的见解。本文主要论述其社会规范的思想及其启示。

## 一 理论框架中的规范

规范思想是科尔曼理论框架的基础。这主要表现在以下三个理论中。

（一）理性选择理论中的规范

科尔曼理性选择理论分析的一个重要概念是社会规范。在理性选择理论中，规范是制约行动者行为的制度因素。其他学者把规范看作一个既定条件，研究在规范指导下的个人行为或社会系统行为。科尔曼不赞同把规范作为既定条件，他认为，规范是宏观层面的概念，是实现从微观到宏观互动的结果。理性选择理论，也称效用最大化原理，是理性的行动者选择使用最优策略，用最小代价获得最大的利益。在理性选择的基本解释模式中，行动者的行为受到规范的制约。科尔曼在解释社会系统的行动时，将规范因素考虑在内，构成了一套理性选择理论的行为模式。因此，规范在这一理论中是关系到行动者进行理性选择的关键环节。人理性行动是在一定规范指导下的行动，规范是人行动的准则，也是理性选择理论社会学形成的条件①。

（二）社会资本理论中的规范

在社会资本理论中，有效的规范是社会资本的形式之一。"有效的规范是一种作用很大的社会资本。"②科尔曼认为，有效的规范可以构成极其重要的社会资本。其作用主要表现在，这种社会资本不仅为某些行动提供便利，同时限制社区内其他行动。他还举例说，有关社会化的行之有效的严格规范，可以制止社区内的年轻行动者寻欢作乐和不务正业。有助于妇女夜间安全的规范，制约了某种犯罪行为的发生。另外，奖励也可以激励行动者的大公无私的行为。因此，规范可以使行动目标更容易实现，并构成重要的社会资本。这类社会资本对实现组织目标和维护社会秩序，乃至社会运动的成熟与发展都提供了有利的条件③。此外，他还认为有效规范也有可能导致创新精神因为受到制约而被压制。

（三）法人行动理论中的规范

在法人行动理论中，规范是对法人和法规进行进一步分析和解释的理论基础。"法人行动是科尔曼理性选择理论分析系统行为的重要概念和主要对象"④，而法规是他分析法人行动的重要概念。如果说规范是相对于目标行动者而言的，那么法规是相对于法人行动者而言的。在两者关系上，科尔曼指出："存在于正规法人团体中的制度和法律，由非正规社会系统中的规范演变而成"，法规是基于共同性的规范而建立的。他还认为正式

---

① 高连克：《论科尔曼的理性选择理论》，《集美大学学报》（哲学社会科学版）2005年第3期。
② ［美］詹姆斯·S.科尔曼：《社会理论的基础》（上），邓方译，社会科学文献出版社1999年版，第364页。
③ 田凯：《科尔曼的社会资本理论及其局限》，《社会科学研究》2001年第1期。
④ 谢舜、周鸿：《科尔曼理性选择理论评述》，《思想战线》2005年第2期。

法规的社会学起源是非正式的规范和规则。群体、组织或社会系统实施着的法规，其内容远远超过书面文件，它既包括成文的内容，又包括未成文的规范和规则。他对法规的分类（如共同性法规和分离性法规），最优法规等理论的陈述和构建，都与规范的论述方式一脉相承。基于对规范的认识和陈述，他进而对法人行动进行分析，从法规和社会契约的角度阐释现代法人行动者的形成①。

科尔曼有关法人行动的理论中包含了大量现代社会制度的思想，法人行动者是现代社会制度中一个很重要的概念，也是现代法律制度的基础。科尔曼有关法人的思想和对法人行动的分析可以说是对现代社会制度的建构与分析。

## 二 规范的定义及产生

规范反映的是社会系统的特征。科尔曼对规范的定义是从权利这个概念出发的。他认为，"规范存在的条件是社会认定对规范涉及的各种行动进行控制的权利"②，因此首先必须理解"权利"这个概念。在这里的"权利"不同于我们日常生活中所说的法律层面上的权利，也不是"权威人物强加的正式的规则为基础的权利"，而是指在社会系统中，被社会共识和认定的权利。有时候也可能是不合法，甚至和法律对立的权利。因此，他所讲的规范实际上是指个人出让自己的一部分权利而形成的对自己构成约束的东西。当然，这种规范也是建立在群体中的个体对权利的共识和出让上的。

科尔曼认为，"规范"这一概念反映了社会系统的特征，而非表现了系统内部的个人行动者特征。规范是宏观水平上的概念，它控制着处于微观水平的个人行为③。从这个角度上引申出规范的产生，即规范的产生是从微观的个人有目的的行动到宏观的规范得以出现的转变。"规范的制定

---

① 张缨：《科尔曼法人行动理论述评》，《中国社会科学院研究生院学报》2001年第4期。
② ［美］詹姆斯·S. 科尔曼：《社会理论的基础》（上），邓方译，社会科学文献出版社1999年版，第284页。
③ ［美］詹姆斯·S. 科尔曼：《社会理论的基础》（上），邓方译，社会科学文献出版社1999年版，第282页。

通常在集体决策以前的协商过程中进行。"① 如图所示：

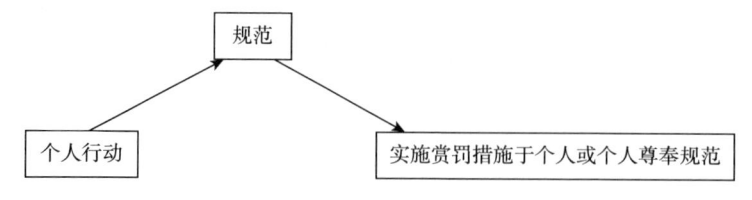

```
                    规范
                   ↗    ↖
              个人行动    实施赏罚措施于个人或个人尊奉规范
```

**图 1 规范出现的过程**

科尔曼不把规范当作既定的公理，而是着眼于规范是怎样出现的，以及在众多行动者之间怎样维持。换句话说，他不关心规范是不是一成不变的、约束性的东西，而是关心规范的产生和它是如何发挥作用的。

## 三 规范的功能

规范满足社会需要。科尔曼认为，行动的外在性是对规范的需求的第一个条件。行动的外在性是指行动者的行为，会对周围的其他人产生正面或者负面的影响，例如，吸烟者对周围的不吸烟者产生负面的影响，扫掉门前雪的妇女为经过其家门口的行人提供了便利，产生了正面的影响②。因此，他认为"规范蕴涵着利益"③，"社会需要规范的条件是行动对行动者之外的其他人具有同类性质的外部影响"④，也就是说行动者的某种行为对其他人产生了一系列外部影响，在共同利益的驱使下产生了建立规范来约束或者鼓励这种行为的需要。人们建立规范不仅是为了避免某些消极的外部影响，而且还可以促进具有积极影响的行动（如遵守礼仪对周围人产生正面影响）。但有了这种利益的需要就能形成规范了吗？在科尔曼看来，规范蕴涵的利益不能形成规范，也不能保证规范的必然形成。但是，利益

---

① ［美］詹姆斯·S. 科尔曼：《社会理论的基础》（上），邓方译，社会科学文献出版社1999年版，第444页。
② ［美］詹姆斯·S. 科尔曼：《社会理论的基础》（上），邓方译，社会科学文献出版社1999年版，第292页。
③ ［美］詹姆斯·S. 科尔曼：《社会理论的基础》（上），邓方译，社会科学文献出版社1999年版，第294页。
④ ［美］詹姆斯·S. 科尔曼：《社会理论的基础》（上），邓方译，社会科学文献出版社1999年版，第294页。

为规范提供了基础，即接受外在影响的人们产生了对规范的需求。

另外，他还谈到了规范的社会效益的问题。即在共同性的规范中，一批行动者既是规范的受益者又是目标行动者，规范具有社会效益①。因为所有人都得益于规范的建立。在同质性的群体中，如果共同性规范的建立为大多数人带来好处，规范便具有社会效益。因此，在社会生活中，如何评价规范是否具有社会效益和如何积极促进规范产生社会效益是值得思考的问题。

规范的实施和运行需要多种赏罚措施来保障。科尔曼对于功能的界定源于他对规范出现过程的分析。"规范的功能是限制成员追求与其他集体成员无关的利益。"② 他指出：规范给人们指明什么样的行动是正确的，是合乎体统的。从这个意义上，他将规范的功能界定在通过赏罚措施的实施使人受益或受害的层面。他说："社会规范是人们有意创造的，创造并维持规范的人认为，如果规范为社会成员所遵守，他们将获益；如果人们违背规范，他们将受到伤害。规范的实施常常伴以各种赏罚措施，此种措施或者奖励遵守规范的人，或者惩罚违反规范的人。"③ 在这里，赏罚措施是指掌握规范的人拥有实行赏罚措施的权利，进而通过享受这个权利而进行相应的赏罚措施。当然，这种权利必须是该规范的目标人群共同认可和让渡给掌握规范的人行使的。

在赏罚措施与规范的互动关系上，他认为，如果规范是要禁止某种行动，则规范通过惩罚的形式进行否定，以支持规范产生效率，例如法律的制裁。如果规范是指令性的（见下文对规范的分类），那么赏罚措施以奖赏的形式支持规范。他还说，尽管规范及其附带措施并非对人们的行动具有绝对的指导意义，但毕竟是重要的影响因素。

## 四 规范存在的条件

规范存在的唯一条件是，其他人拥有可以影响行动者本人行动的权

---

① ［美］詹姆斯·S. 科尔曼：《社会理论的基础》（上），邓方译，社会科学文献出版社1999年版，第303页。
② ［美］詹姆斯·S. 科尔曼：《社会理论的基础》（上），邓方译，社会科学文献出版社1999年版，第444页。
③ ［美］詹姆斯·S. 科尔曼：《社会理论的基础》（上），邓方译，社会科学文献出版社1999年版，第284页。

利。规范的产生不是随意的,科尔曼进一步说明了产生有效规范的条件,如果行动者拥有控制自身行动的权利,即不出让自己的权利来服从,便无规范可言;如果他人没有权利,规范便不复存在。选举规范的出现可以说明这一点,通过投票,每个人对选举结果都有部分控制权,每个人的行动都会影响他人的利益,即每个人的行动都有外部影响,人们必然对涉及选举的规范产生需求。他还认为,各种规范之间存在相互依赖,例如规范结构由多种规范组成。印度的达摩以及其他具有悠久文化传统的社会中类似的制度都是典型的规范结构。

## 五 规范的类型

科尔曼按照不同的标准,对规范进行类别划分。在认为不同的规范之间具有相应的差别的基础上,科尔曼对规范的分类结果如下。

根据规范的肯定和否定反馈,他将规范分为禁止性规范和指令性规范。禁止性规范,即那些禁止和限制人们采取的焦点行动(规范涉及的行动)的规范,因为它能够对行动者的行为给予违背规范的否定惩罚,或者称为"否定性反馈"[1]。例如,公共场所禁止吸烟的标识等。指令性规范,即鼓励或者命令人们从事某种焦点行动的规范。例如他列举以色列人每天到教堂做祈祷的规范的例子。这种规范要求或者命令人们去遵守,遵守的人会受到鼓励或者奖赏,规范提供"肯定性反馈"[2]。

根据目标行动者(从事规范相关行动的人)和受益人(或者持有规范,或者掌握对目标行动者的赏罚权)是否相同,分为共同性规范和分离性规范[3]。前者是指每个行动者既是规范的受益者又是目标行动者(执行规范的人),人们既实施规范,又从中获得好处,例如遵守交通规则的行人。而后者指两者相分离的情况,也就是说在一个社会行动系统中受益者

---

[1] [美]詹姆斯·S. 科尔曼:《社会理论的基础》(上),邓方译,社会科学文献出版社1999年版,第289页。
[2] [美]詹姆斯·S. 科尔曼:《社会理论的基础》(上),邓方译,社会科学文献出版社1999年版,第289页。
[3] [美]詹姆斯·S. 科尔曼:《社会理论的基础》(上),邓方译,社会科学文献出版社1999年版,第289—290页。

不是目标行动者，或者某些目标行动者不是受益者①。例如他所说的禁止婚前性行为的规范，受益人不只包括未婚者，还包括已婚者。

此外，他还将规范划分为惯例性规范和基本规范。惯例性规范是指日常生活中，在大多数人中形成的且共同遵守的，非明文规定也不涉及对错的规范，例如驾车右行（在某些国家并非如此）、服饰的规范等。如果大家都遵守，则这一规范使人受益。基本规范是规范的建立不仅仅依赖惯例，其利益存在与是否遵守规范，与个人的行动直接相关的规范。基本规范有分离性规范和共同性规范。分离性规范是指规范目标的行动者和受益者不是同一人。而共同性规范是指规范的行动者和目标者是同一人。"假如在同一批行动者中，人们既得益于规范的实施，又从未加行动的限制的焦点行动中得到好处，每一名行动者既是规范的受益者，又是目标行动者，此种规范被称为共同性的规范。"②

## 六 规范实现的条件

有效规范的实现依赖于规范受益者之间的社会关系。

前面提到产生规范的唯一条件和利益对于规范的基础作用。而这些都不一定能够产生规范。为此，科尔曼进一步说明了产生有效规范的第二个条件，即实现有效规范的条件，并认为规范的建立由控制权利的相互转让或者说是行动的互相结合而来③。规范行之有效的方法是对任何不服从规范的行动者施行惩罚。而有效的惩罚措施依赖于社会关系④。社会关系即行动者之间的利益关系，由义务与期望构成，具有"杠杆作用"。由于每个行动者都控制着蕴涵他人利益事件，因此，每种社会关系内部都存在着可用于完善惩罚的措施。社会关系通过两个方面保证了惩罚的有效性：一

---

① ［美］詹姆斯·S. 科尔曼：《社会理论的基础》（上），邓方译，社会科学文献出版社1999年版，第290页。
② ［美］詹姆斯·S. 科尔曼：《社会理论的基础》（上），邓方译，社会科学文献出版社1999年版，第289—290页。
③ ［美］詹姆斯·S. 科尔曼：《社会理论的基础》（上），邓方译，社会科学文献出版社1999年版，第314页。
④ ［美］詹姆斯·S. 科尔曼：《社会理论的基础》（上），邓方译，社会科学文献出版社1999年版，第314页。

是通过行动者之间简单的交流使联合行动成为可能，二是相互之间的利益控制，每个行动者因为自身掌握的资源的不同而对其他相关行动者产生利益。

科尔曼提到，在社会生活中，众人的非议对于实施规范起着重要的作用[1]，一个很简单的例子便可以说明这一点：个别人的态度冷漠是一种无效的惩罚，但所有人的态度冷漠便意味着孤立被惩罚者。他还认为"制度为触犯规范的有地位者提供了保护"[2]。在社区内部，拥有较大权力的人极少被惩罚且一般不服从规范。"处于社会底层的人们常常成为被惩罚和非议的对象。"[3] 例如《皇帝的新衣》中臣民由于畏惧皇帝的权威而不敢道出真相。而奴隶却可以被奴隶主大肆摧残而不受到惩罚。

### 七 规范的内化

个人拥有被内化的惩罚系统，如果此人触犯了规范，惩罚系统将给予他惩罚。

如果说赏罚对于规范的实施来说具有外部的作用，规范的内化则为个人遵守规范提供了内在的赏罚机制。科尔曼认为，规范的内化是指"个人拥有被内化的惩罚系统，如果此人触犯了规范，这一系统将予以惩罚"[4]。这就是说个人将社会规范内化为自己的内在言行监督机制，在行动上表现为遵守社会规范。他还将规范的内化上升到社会控制的层面，认为相对于外部的监督，规范内化对于社会控制而言将付出更小的成本。因为个人一旦内化了规范，外部的监督将显得多余。因此，需要寻求使规范有效的内化方法。

在这一点上，他把规范内化的过程与人的社会化结合在一起，认为

---

[1] ［美］詹姆斯·S. 科尔曼：《社会理论的基础》（上），邓方译，社会科学文献出版社1999年版，第331页。
[2] ［美］詹姆斯·S. 科尔曼：《社会理论的基础》（上），邓方译，社会科学文献出版社1999年版，第334页。
[3] ［美］詹姆斯·S. 科尔曼：《社会理论的基础》（上），邓方译，社会科学文献出版社1999年版，第335页。
[4] ［美］詹姆斯·S. 科尔曼：《社会理论的基础》（上），邓方译，社会科学文献出版社1999年版，第342页。

"造成内在监督系统的过程是整个社会化的过程的组成部分"[1]。这里，他把存在于个人内部的道德心或"超越自我"，称为内在的惩罚系统，如果某些人无法内化社会规范，则表明社会化过程对他们无效。他提出了实现规范内化或者社会化的方法：注重外部惩罚或者强调内部惩罚。主要步骤是"使个人与从事社会化工作的代理人实现认同"[2]。在这里"认同"是个非常重要的部分，只有认同，才能够实现规范的内化。例如，父母对子女进行社会化教育必须使他们相信这样做是对的，企业采取措施使企业员工对于公司制度、理念的认同等。单纯的灌输，并不能有效地使规范内化，实现个人的社会化。

## 八 启示与意义

（一）制度分析视角的独特

将规范与权利相联系的独特视角令人耳目一新。一般来讲，规范指的是人的行为准则，可以由组织正式规定，也可以是非正式形成。一个社会人每一天都生活在规范里。无论是正式的法律规范，还是存在于群体间的约定俗成的惯例，无论是日常生活中的礼仪规范，还是某些团体的服饰规范，生活之中处处有规范。许多社会学家把规范看作既定的公理，研究角度主要是受到规范限制的人或组织的行为。而对规范本身的定义也只是从行为准则的角度出发，不涉及微观层面上它是如何产生的。

而科尔曼将权利引入来定义规范，给我们提供了一个新的视角。他强调规范和权利作为社会事实都具有核心意义。拒绝将规范作为既定的条件，研究规范在微观的层面是如何产生以及在众多行动者之间如何维持。在权利和规范的关系问题上，他认为规范是权利存在的结果。这一独特的理论建构给我们展开对规范的研究提供了新的视角。也有学者对其理论进行了批判，认为他的权利规范理论对于伦理学的权利理论具有挑战性和破

---

[1] ［美］詹姆斯·S. 科尔曼：《社会理论的基础》（上），邓方译，社会科学文献出版社1999年版，第343页。
[2] ［美］詹姆斯·S. 科尔曼：《社会理论的基础》（上），邓方译，社会科学文献出版社1999年版，第344页。

坏性的结论,通过分析科尔曼的"权利基础理论"的脆弱性,论证了只有在规范理论基础上建构经验的社会权利理论才是可取之道①。

(二) 制度分类视角独特

对规范的分类有自己独特的视角。规范之间是有差别的,因此不能一概而论。社会科学家大多将制度看作一种社会规范,对它的分类主要认为包括可辨识的正式制度(如成文的制度)和难以辨识的非正式制度(如不成文的习俗、惯例、规约等)。郑杭生教授根据规范的形式将其划分为习俗、规则、道德与宗教、法律等②,而科尔曼对规范的分类主要是基于规范的反馈和行动者与受益者是否一致。这种分类方式显然跟国内学者相比具有独特性,一方面从规范的赏罚功能(或者规范的社会结果,肯定性反馈和否定性反馈)出发,对如何使行动者遵守规范提供了依据;另一方面从微观的目标行动者出发,根据受益人是否跟目标行动者重合来分类,为规范在建立的过程中要考虑其利益关系和受益人群提供了新的视角。然而,这些分类并没有给所有的规范一个统一的系统性分类,只是在不同的角度进行了分类。另外,分类并不具有互斥性,主要表现在,第一种禁止性和指令性的分类中,一些存在肯定和否定两种反馈的规范无所归依,例如公司规定全勤者可获得奖金,缺勤多少次者给予罚款。第二种共同性和分离性分类中,这两种规范之间的差别仅"反映了现实生活中两种极端不同的规范"③,要真正以此区分规范相当困难,因为两者之间存在部分重叠的情况。

(三) 社会规范的制度思想

科尔曼的《社会理论的基础》中通篇贯穿"规范"这一概念和思想。他提出,"事实上,本书只是对一种理论进行说明。这种理论认为以下问题值得研究:规范是怎样产生和保持的?个人利益与规范之间的矛盾如何

---

① 鲍尔曼:《作为社会事实的权利与规范——评科尔曼的社会理论基础》,《国外社会科学》1994 年第 3 期。
② 郑杭生主编:《社会学概论新修》第三版,中国人民大学出版社 2003 年版,第 255 页。
③ [美] 詹姆斯·S. 科尔曼:《社会理论的基础》(上),邓方译,社会科学文献出版社 1999 年版,第 290 页。

解决？道德准则是怎样发展的？个人怎样辨别个人利益、他人利益和集体利益？"①  "一般说来，本书理论所研究的不是人们普遍遵守的规范和道德准则，本书的着眼点是那些未被广泛接受的各种规范。"② 通过科尔曼有关规范的一系列理论及分析，我们似乎可以看出，这里的规范及规范系统等同于制度，即他分析了制度的产生，内化，分类及其有效性诸多方面的问题。理性选择理论希望解释社会规范的形成以及有目的的行动者的行动所产生的社会结果，而这类行动又受各种类型制度（规范）和环境因素的制约③。他对制度的产生的分析，是从微观的个体行动者出发的，而他又不认为规范是微观水平的概念，如果说规范是宏观水平的概念，这就意味着他是从个体出发来解释社会系统中制度是如何产生的。他注重规范的产生过程，以及规范是如何在个体或者群体之间得到维持的视角给我们打开了研究社会规范的新视野。这也体现了他从微观水平，或者说从日常生活中最微小的规范着手来研究社会制度产生的基本立场。

（四）学术和现实意义

社会规范是人类社会生活中非常重要的组成部分。没有规范也就无所谓社会，一定程度上，社会是由各种各样的规范维持运行的。因此，社会科学的研究要重视对规范的研究。科尔曼的社会规范思想对于科学研究活动具有以下重要的启发作用。第一，科学研究中应该重视规范的产生和形成过程。更重要的是要把研究的视角不仅停留在正式的规范，而且要把眼光放在非正式的微观个体之间的规范，这将有利于从微观层面审视规范的维持，为解释不遵守规范的一些行为提供依据。第二，重视规范的内化过程和方式。良好的规范的内化将有利于社会秩序的形成。科尔曼所说的规范的内化即社会化，人的社会化尤其是青少年的社会化是社会学理论中永久而常新的话题。规范的内化是个人遵守良好的规范或者不良规范的关键

---

① ［美］詹姆斯·S. 科尔曼：《社会理论的基础》（上），邓方译，社会科学文献出版社1999年版，第38页。
② ［美］詹姆斯·S. 科尔曼：《社会理论的基础》（上），邓方译，社会科学文献出版社1999年版，第39页。
③ 侯均生：《西方社会学理论教程》，南开大学出版社2001年版，第376页。

环节。因此，在规范的内化问题上，研究何种方式能够促进良性规范的内化对于社会稳定、个人道德素质的形成和减少犯罪现象的产生具有重要意义。

科尔曼的理论还可以帮助我们解释社会生活中的一些现象。例如，前面的论述中我们知道"众人的非议"对于行动者是否遵守规范具有重要的支持和影响作用。这一点可以解释某些小偷猖獗得不到彻底遏制的现象。即小偷之所以敢在大街上堂而皇之进行偷盗，被发现后还不慌不忙地斥责路人，原因之一就是众人虽然对此愤怒，而并没有采取联合行动来进行制止所致。科尔曼还认为是否遵守规范跟行动者的权力有关，握有大权的人不仅很少被惩罚，而且较少服从规范。这似乎可以解释某些贪官的腐败行为。贪官出现的原因在一定程度上是其权力和地位为其腐败行为提供了难以接受规范惩罚的保护。

# 尤根·哈贝马斯

尤根·哈贝马斯（Jürgen Habermas，1929—　）是法兰克福学派第二代代表，博学而多产，被誉为"联邦德国思想威力最强大的哲学家"。他将西方解释学、语言学、实用主义、精神分析以及结构功能主义诸学派理论进行综合分析，形成了"理性联盟"的独特理论风格。作为一位综合型学者，20世纪90年代以来，哈贝马斯的理论视角从政治学、哲学、社会学、心理学、语言学逐渐拓展到法哲学研究。1992年，他出版了法哲学著作《在事实与规范之间：关于法律和民主法治国的商谈理论》，这是一部重要的法哲学和政治哲学著作。它运用哈贝马斯自创的"对话理论"，对现代社会中的法律和民主进行了独创性的研究。

## 一　制度的概念

哈贝马斯并没有在自己的论著中专门论述制度的定义。根据他在《事实与规范之间：关于法律和民主法治国的商谈理论》一书中对法律的解说，以及稍稍提及的规范等概念的理解，可以总结出：制度是社会集团所达成的一致意见在经过系统的论证后形成的对集团内所有人都具有约束力的一种高度人为的约束体系。[1]

(一) 制度是经过系统的论证的

制度是一种约束力的体现,是为了某种共同的目的而存在的,所以它必须是有效的和具有合理性的,只有经过系统的论证才可以将制度体系进行完善,从而加强其自身的有效性和对社会成员的约束性。哈贝马斯对进行系统论证是十分看重的,他在对法律进行定义的时候就提到,"它(法律)要求作系统的论证,作有约束力的诠释和执行"[2],由此可以说明必须是经过系统的论证产生的制度才可能是有效的制度。

(二) 制度对集团内所有人都具有约束力

制度在形成之初就是一个群体为了更好地交流,更好地规范各个成员之间的行为所形成的一个由大家共同默认并遵守的"契约"。制度对成员做出了"事实性限制"[3],又"表现出一种社会整合力来"[4],所以"对所有参与者都具有约束力"[5];与此同时,制度在形成之初的雏形是"一个社会集团所形成的一致意见"[6],因而制度对所有成员都具有约束力。

(三) 制度是一种约束体系

"任何人,只要用自然语言来同他的对话者就世界中某物达成理解,就必须采取一种施为的态度,就必须承担某些前提。"[7] 这个前提就是制度所规定的一个框架之内社会成员对一个问题的理解范围。制度或许有不同

---

[1] [德] 哈贝马斯:《在事实与规范之间——关于法律和民主法治国的商谈理论》,童世骏译,生活·读书·新知三联书店2003年版,第一章。
[2] [德] 哈贝马斯:《在事实与规范之间——关于法律和民主法治国的商谈理论》,童世骏译,生活·读书·新知三联书店2003年版,第96页。
[3] [德] 哈贝马斯:《在事实与规范之间——关于法律和民主法治国的商谈理论》,童世骏译,生活·读书·新知三联书店2003年版,第32页。
[4] [德] 哈贝马斯:《在事实与规范之间——关于法律和民主法治国的商谈理论》,童世骏译,生活·读书·新知三联书店2003年版,第32页。
[5] [德] 哈贝马斯:《在事实与规范之间——关于法律和民主法治国的商谈理论》,童世骏译,生活·读书·新知三联书店2003年版,第32页。
[6] 任岳鹏:《哈贝马斯:协商对话的法律》,黑龙江大学出版社2009年版,第63页。
[7] [德] 哈贝马斯:《在事实与规范之间——关于法律和民主法治国的商谈理论》,童世骏译,生活·读书·新知三联书店2003年版,第4页。

的表现形式，但是从其本质和产生的目的来说，制度归根结底是一个约束体系，在这个体系中社会成员都是受约束的。

## 二 制度的起源

制度是一种高度人为的事物，它的出现是人类社会发展进步必然出现的结果，所以制度的起源和人类社会出现，以及与统治者对权力的需求是紧密联系的。通过对哈贝马斯制度思想的分析，可以看出，在他的观点中，制度的起源主要有以下两个方面。

### （一）历史进程中复合形成

在历史上出现各种管理思想，其目的是更好地为国家统治者服务和更好地管理被统治者。制度就是在这种管理思想的基础上发展壮大，也就是说制度是一个体系，它需要的是不断改善和修改，所以制度的形成是在历史的推动下，在相应的社会生产关系的影响下逐渐形成和完善。正如哈贝马斯所说的："在氏族社会里，头人、祭祀、特权家族成员等等以声望为基础的社会权力［Social Macht］，同那些基于神秘力量、也就是宗教性背景共识而具有义务力量的被承认的行为规范结合在一起……有可能形成仲裁冲突、形成集体意志的种种建制。"[①] 由此可见，制度就是在这样一种复杂的结合体上经过历史的选择和进步而逐渐形成，也就是说制度体系吸收的是各个历史阶段的约束性"契约"，最终形成制度的雏形，产生自己的核心和理论体系，进而被历史和社会成员承认其合理性，而形成的制度体系在社会发展中发挥自身的管理等功能。

### （二）日常生活中自然形成

制度是在社会生活中逐渐形成的一种共同遵守的行动模式。"任何一种不借助赤裸裸社会暴力来完成的社会整合"是对"多个行动者的行动计划，可以作怎样的彼此协调，以使得一方行动是同另一方行动'相衔接'的"问题的解决。"持续进行的这种衔接，减小了双倍不确定地彼

---

① ［德］哈贝马斯：《在事实与规范之间——关于法律和民主法治国的商谈理论》，童世骏译，生活·读书·新知三联书店2003年版，第171页。

此碰撞的诸可能选择的作用空间,以至于意向和行动的多多少少无冲突的网络因此成为可能,由此形成一般意义上的行为模式和社会秩序。"① 这种行为模式就是制度的前身,也是制度在发展中需要不断吸取的"养分"。

### 三 制度的目的

任何一种事物的出现都有其具体的原因和目的,制度作为一个约束体系,其出现的目的就是约束社会成员的行为以及调节社会成员的行为方式,稳定社会秩序,最终达到树立正确的价值观。

(一) 保护和平衡社会成员的基本权益

由于人们的价值观、处理事情的方式等存在差异,社会成员之间具有差异性,所以不免出现社会成员之间产生利益冲突,为了解决社会成员之间的冲突,制度的出现是必然的。正如哈贝马斯对法律的描述:法律是"出于抵制对个人自由之侵犯的目的"②,那么制度也是为了抵制社会成员之间的冲突造成的不稳定局面,最终实现一种平衡。

(二) 为了社会整合的顺利进行

"那些分化了的,自我多元化和解魅化的生活世界,在脱离了精神权威,摆脱了威严建制的交往行动领域中异议风险同时不断增长的情况下,如何可能进行社会整合。"③ 于是,制度就被提上桌面,在社会社生活中,社会成员之间是不断交流的,每次的交流和行动能够协调地衔接是因为制度对可能出现的问题进行了规范,使得社会成员之间的交往成为可能,由此形成了固定的被大家认可和接受的价值观,确保了社会成员的团结,从而促进社会的整合。

---

① [德] 哈贝马斯:《在事实与规范之间——关于法律和民主法治国的商谈理论》,童世骏译,生活·读书·新知三联书店 2003 年版,第 22 页。
② [德] 哈贝马斯:《在事实与规范之间——关于法律和民主法治国的商谈理论》,童世骏译,生活·读书·新知三联书店 2003 年版,第 34 页。
③ [德] 哈贝马斯:《在事实与规范之间——关于法律和民主法治国的商谈理论》,童世骏译,生活·读书·新知三联书店 2003 年版,第 32 页。

## 四 制度的构成要素

制度是对所有约束体系的概括，它所包含的内容是多种多样的，因为其自身所具有的工具性等特征，导致制度的构成要素是以约束性质和引导性质的价值观等为主，以其他保证制度约束性顺利表现的组织机构为辅的一个多样要素。

（一）价值观念

制度对行为的规范可以协调人与人之间的关系，但是"人际关系的协调在一种情况下是通过价值共识而达成的"[①]。这种价值共识其实就是人们在有意无意之中将社会认可的制度中体现的价值观念不断地内化到自己的日常行为习惯当中，进而影响自己的社会行为。由此可见，价值观念是制度的构成要素之一。

（二）组织机构

哈贝马斯在描述法律的时候提到：法律要得到实现就"只有通过那些作出对集体有约束力的决定的组织"提供的制裁威胁和权威。上升到制度层面也是相同的，制度的顺利贯彻需要一个组织机构来对其进行承认和维护，其中最强大的组织机构就是国家，制度为国家的整合和有效的统治作出贡献，相应地，国家对制度的实施也提供了强大的制裁威胁机构，保证制度的可行性和有效性，因此机构和组织也是制度的要素之一。

## 五 制度的类型

制度因为在不同的领域有不同的使用方式和不同的表现方式，所以，制度在长期的自我发展中形成了许多的类型，这些类型的制度将制度体系变得更加丰富和严谨，通过对哈贝马斯《在事实与规范之间——关于法律和民主法治国的商谈理论》的研读，总结制度的类型主要有以下四种。

---

① ［德］哈贝马斯：《在事实与规范之间——关于法律和民主法治国的商谈理论》，童世骏译，生活·读书·新知三联书店 2003 年版，第 172 页。

## 第三部分 社会学家制度分析范式

### (一) 法规

"法规是人民代表在一个以讨论和公共性为特征的程序中达到一致意见的普遍和抽象的原则。"① 这是哈贝马斯对默尔、罗特克、威尔克尔等人的观念的理解和综合。但是法规是法律体系中一个低一级的存在,与国家的宪法等有巨大的差异,它的约束存在薄弱环节。

### (二) 规则与原则

"规则是具体的规范,其内容之明确足以使它运用到典型的案例,而原则则代表有待诠释的普遍的法律标准。"② 哈贝马斯针对这两个概念的理解是在法律的研究中提出的,但是我们在研究制度的时候对规则等还是有所涉及的,哈贝马斯对规则的描述可以总结为规则是制度体系中一个具体的成文的东西,受到制度核心思想的影响,不同的制度拥有不一样的规则表现。

### (三) 规范

"所谓规范,是指一个社会集团所形成的一致意见。"③ 规范是制度的类型之一,也是最接近制度的最终形态的类型。成为一个系统的、被论证有效的规范就可以成为一个制度体系。在其他学者看来规范是指群体所确立的行为标准。它们可以由组织正式规定,也可以是非正式形成。由此也说明作为制度的一个基础形态,规范的分类直接导致了制度也存在正式和非正式的情况。

### (四) 宗教

哈贝马斯在很多讲演和论著中谈及宗教话题,多方面地探讨在所谓"后世俗社会"中宗教信仰的社会作用和思想意义。哈贝马斯的宗教观的核心是"内部超越,此世中的超越"。

---

① [德]哈贝马斯:《在事实与规范之间——关于法律和民主法治国的商谈理论》,童世骏译,生活·读书·新知三联书店 2003 年版,第 167 页。
② [德]哈贝马斯:《在事实与规范之间——关于法律和民主法治国的商谈理论》,童世骏译,生活·读书·新知三联书店 2003 年版,第 256 页。
③ 任岳鹏:《哈贝马斯:协商对话的法律》,黑龙江大学出版社 2009 年版,第 63 页。

## 六 制度的特征

任何事物都有自己的特征,这些特征是由其自身的一些内涵,或者自身表现出来的功能等因素影响形成的。制度的特征从其自身理论体系出发有稳定性与确定性、有效性与事实性两个特征,从其在不同领域变现出来的功能出发具有阶级性和工具性两个特征。

(一) 稳定性与确定性

制度是用来约束人们的行为的,"朝令夕改"要不得,制度同样需要具有稳定性和确定性,该特征使得制度的"承受者有可能对自己和别人的行为结果进行计算"[①],以达到制度的管理目的。同时制度的约束性质决定了制度必须是稳定和确定的,否则其合理性就要受到质疑。

(二) 有效性与事实性

制度作为一个对社会成员具有约束力的体系,其自身就具有有效性与事实性的特征,即"一条被颁布有效的规范是经过充分辩护的,并且在事实上被接受的"[②]。有效性与事实性保证了制度被顺利地贯彻和实施,也维护了制度的稳定性。

(三) 阶级性

制度在形成之初就是为了管理,而管理从来都是属于统治阶级的。在历史中,所有的制度在形成时都是为更好地为当时的统治阶级服务,否则制度就不能在当时的历史环境中生存。正如哈贝马斯说的那样,法律是充当国家权力的组织手段,当法律的工具功能不存在的时候统治阶级会采取更适合自身统治的法律将其替代。所以说作为管理的制度也是统治者"基于纯粹决定的实质性权威"[③]。

---

① [德] 哈贝马斯:《在事实与规范之间——关于法律和民主法治国的商谈理论》,童世骏译,生活·读书·新知三联书店 2003 年版,第 177 页。
② [德] 哈贝马斯:《在事实与规范之间——关于法律和民主法治国的商谈理论》,童世骏译,生活·读书·新知三联书店 2003 年版,第 190 页。
③ [德] 哈贝马斯:《在事实与规范之间——关于法律和民主法治国的商谈理论》,童世骏译,生活·读书·新知三联书店 2003 年版,第 170 页。

### （四）工具性

制度的工具性与其阶级性是分不开的，正是因为制度的阶级性决定了制度的工具性，不管制度如何改变，它都是作为一种管理的工具在被使用。在谈论法律的时候哈贝马斯说道："法律的作用是充当国家权力的组织手段。"① 同样地，制度也是国家权力的组织手段之一。

## 七 制度的功能

制度的出现就是为了更好地进行社会统治，也是为了更好地指引人类在社会中顺利地进行自我发展，从哈贝马斯对法律功能的研究来分析制度的功能，主要有以下四个功能。

### （一）调节人们之间的日常交往行动

制度是被社会成员集体认可且对所有成员都具有约束性的管理工具之一，因此制度成为一个指引者，它给社会成员一个有效的活动范围和符合大众行为标准的行为指导，使得成员之间的交往行为具有一定的确定性，在利益方面不会出现巨大的冲突，从而实现社会秩序的正常运行。"在交往行动概念那里，一种以理解为取向的语言运用的语内行动约束力取得了协调行动的重要作用。"② 制度在形成之初，社会就已经存在了，在社会发展中或许已经出现了一些制度的理论，这些理论内化到个人身上就形成了具有自我约束力的价值观，这种被大家共同认可的理论还可以形成公共政策，不管是价值观还是公共政策，都对社会成员有一定的协调作用，促进成员之间的相互交往和沟通。

### （二）保障社会同一性的存在

哈贝马斯认为，"价值要求与制度规范保障了一个社会作为同一性的存在，如果一个社会的价值要求与制度规范本身存在落差，那么这个社会

---

① ［德］哈贝马斯：《在事实与规范之间——关于法律和民主法治国的商谈理论》，童世骏译，生活·读书·新知三联书店2003年版，第177页。
② ［德］哈贝马斯：《在事实与规范之间——关于法律和民主法治国的商谈理论》，童世骏译，生活·读书·新知三联书店2003年版，第10—11页。

同一性的存在就岌岌可危"①。价值观是人们对社会存在的反映，是社会成员用来评价行为、事物以及选择目标的准则。制度则是一个外在的约束系统。价值作为内在的约束标准，与外在的制度相得益彰，共同来保障社会的同一性。

（三）有利于社会的整合

在人类社会初期，氏族社会等通过血缘关系等进行氏族控制，后来通过神灵、宗教等神秘力量形成自己的"社会权力"②，对成员进行控制。在现在社会中，由国家等组织机构对制度进行合理化，并且为制度的贯彻提供了强大的保障措施，如国家的暴力机关等，使得制度的有效性得到了强力的保证，最终制度和国家机构合作，加强对社会成员的治理，使社会成员多方利益得到实现和保障，以期达到社会团结的目的，进而促进社会的整合。

（四）稳定社会成员的行为期待

因为制度对社会成员的行为有一定的规范，使得社会成员对其他人和自己的行为具有预见性和可计算性，所以在面对未来的行为结果时，人们对可能有的结果具有一定的认知，同时制度和国家组织相结合，最终"稳定那些在时间上、社会上和事实上都普遍化了的行为期待的功能"③。比如我们在日常生活中面临威胁的时候，我们可以清楚地知道作为一个受害者我们是受到制度保护的，我们可以得到的申诉是明确的。正是因为制度的存在使得我们对许多事物具有预见性和可测性，也就是说制度稳定了我们的行为期待。

## 八 对现代社会管理的启发

事实性与有效性对现代社会制度法律法规等的启示意义。哈贝马斯关于法律的事实性与有效性的分析对我国以后法律等制度规范的建立有重大的意

---

① ［德］哈贝马斯：《交往与社会进化》，重庆出版社，1993年版，第149页。
② ［德］哈贝马斯：《在事实与规范之间——关于法律和民主法治国的商谈理论》，童世骏译，生活·读书·新知三联书店2003年版，第171页。
③ ［德］哈贝马斯：《在事实与规范之间——关于法律和民主法治国的商谈理论》，童世骏译，生活·读书·新知三联书店2003年版，第176页。

义。在现代社会，人们对参与国家治理的积极性也越来越高，对制度的事实性和有效性的要求更高，对民主的发展也越来越重视。而我国提出依法治国和建设和谐社会的理念，因此对制度的事实性与有效性的重视决定了我国一项制度的出台能否得到人民的支持，能否帮助政府更好地建设社会。在未来社会的发展中，国家在制定相关的制度规范时，只有遵循合理性与有效性，才能真正做到将制度的约束性与人民群众的合理要求有效结合。

"一切国家权力来自人民。"[①] 制度是权力得到保证的因素之一，但是，人民的要求是否被满足决定了制度的有效性，制度的有效性又影响了权力得到实现的程度。制度的存在与其自身的合理性是息息相关的，只有被大众认可的制度才具有约束力。虽然制度是为统治阶级服务的工具，但是当制度本身的限制功能被统治阶级肆意地修改，将统治阶级排除在制度的制裁范围之外，不能做到人人平等，不能有效地保护社会成员的基本权利的时候，制度的有效性与合理性就会受到质疑，进而影响其制约力，不能达到管理的目的，社会就会出现动荡，国家的权力就有可能丧失，最终导致社会系统的崩溃。

制度不能随便进行修改。制度的功能之一就是稳定人们的行为期待，但这是与制度的稳定性与确定性分不开的，制度的稳定性对一个国家的影响是巨大的。"朝令夕改"是大忌，由此我们的政府在进行法律法规的制定和修改时应该仔细地进行论证，保证制度的稳定与确定性。

制度的制定应该有前瞻性。这是和制度的确定性特征相联系的，正是因为制度不能随便地进行修改，所以要求统治者在进行制度的制定时应该全面地了解社会的进程，以及预测社会的发展方向，高瞻远瞩，这样才能将一部成功的制度体系融入社会统治之中。

哈贝马斯虽然对制度没有直接的研究，但是其对法律的研究是很深刻的。由此我们发掘出其内涵的制度思想，对我们现今社会的发展具有很重要的意义。他让我们更清醒地认识到制度的功能和实现的途径，对处于社会转型期间的中国来说是具有重要的指导意义的。

---

① ［德］哈贝马斯：《在事实与规范之间——关于法律和民主法治国的商谈理论》，童世骏译，生活·读书·新知三联书店2003年版，第168页。

# 皮埃尔·布迪厄

皮埃尔·布迪厄（Pierre Bourdieu，1930—2002）是20世纪法国最具世界影响的思想家之一，他的研究领域涉猎了社会学、人类学、教育学、政治学、哲学诸学科，塑造了自己的哲学体系，创造性地运用系统论、普遍联系和认识论等哲学思想，使其社会理论表现出生成结构主义、关系主义和反思性的分析维度；并以此克服"二元"对立式的研究，从而成为后现代主义学者的杰出代表。布迪厄的制度分析范式也建立在这理论基础之上。本文的目的就是对其制度思想内容进行剖析[①]。

## 一 "场域"：制度分析新视角

布迪厄的制度分析是从"场域"（field）展开的。"场域"这一分析单位来自他早年人类学研究，并作为其制度观的重要内容。制度场中充满着竞争，个体可选择相对的竞争策略。资源既作为制度的目的，又作为制度的手段。制度场有自主的均衡趋势，同时又受到更大制度场的限制。而惯习是制度场中的一个基本概念，作用独特。

### （一）制度和"场域"

所谓制度是指"一种行为规则，这些规则涉及人类的社会，政治及经济行为。例如，它们包括管束结婚与离婚的规则，支配政治权利的配置与使用的宪法中所内含的规则，以及确立由市场资本主义或政府来分配资源与收入的规则。"[②] 换句话说，制度是社会游戏的规则，是人们创造的用于限制人们互相交换行为的框架。制度可分为最基本的两种形式：一是由权力机构制定和实施的，由法律、法规和政策等组成的正式制度；二是由习

---

[①] 笔者曾与第二笔者石贝宁分别以"布迪厄'场域'与'惯习'中的制度思想探析"为题在《西安社会科学》2011年第3期上发表，以"皮埃尔·布迪厄的制度分析范式"为题在《社科纵横》2012年第6期上发表，此处在这两篇文章的基础上进行了修改。

[②] ［美］R. 科斯、A. 阿尔钦、D. 诺斯：《财产权利与制度变迁》，刘守英等译，上海三联书店、上海人民出版社1994年版，第253页。

惯、习俗、道德规范和意识形态等构成的非正式制度。二者的区分在于操作化的差异，故产生了定量、定性两种分析方式。值得注意的是，非正式制度对人类行为的影响可能更加广泛。

"场域"是布迪厄理论中重要的概念，也是其研究的基本分析工具。布迪厄认为："在高度分化的社会里，社会世界是由大量具有相对自主性的社会小世界构成的，这些社会小世界就是具有自身逻辑和必然性的客观关系的空间，而这些小世界自身特有的逻辑和必然性也不可化约成支配其他场域运作的那些逻辑和必然性。"[①] 在布迪厄看来，这些"社会小世界"就是各种不同的"场域"（如经济场域、政治场域、艺术场域、学术场域等）；而场域中各种制度交错纵横，或者从根本上讲场域是制度的场域，即"制度场"。社会作为一个"大制度场"就是由一系列相互独立且相互联系的"子制度场"构成的。

（二）制度分析的方法论及理论取向

在把握既高度分化又内在联系的场域的分析模式问题上，布迪厄与新制度经济学的理论取向——博弈论——不谋而合。他既反对"个体主义方法论"，也不赞成"整体主义方法论"，而是采取了从"中间入手"（从场域入手）的策略，即"社会科学的真正对象也并非个体。场域才是基本性的，必须作为研究操作的焦点"[②]。体现在方法论上，就是不坚持单一的微观或宏观评估制度的僵化分析格局，而致力于引入中观层次的社会学假设，以建构具有动态张力的均衡式理论模型为目的。

以此为基础，布迪厄坚持用以下几方面的制度观作为基本的理论取向。

第一，假设制度场是一个相对独立和内部封闭的社会空间。在布迪厄看来场域就是现代社会世界高度分化后产生出来的一个个"社会小世界"。布迪厄说："我们可以把场域设想为一个空间，在这个空间里，场域的效

---

① [法] 皮埃尔·布迪厄（Bourdieu, P.）、[美] 华康德（Wacquant, L. D.）：《实践与反思——反思社会学导引》，李猛、李康译，中央编译出版社1998年版，第134页。

② [法] 皮埃尔·布迪厄（Bourdieu, P.）、[美] 华康德（Wacquant, L. D.）：《实践与反思——反思社会学导引》，李猛、李康译，中央编译出版社1998年版，第146页。

果得以发挥,并且,由于这种效果的存在,对任何与这个空间有所关联的对象,都不能仅凭所研究对象的内在特质予以解释。"① 因为"各种场域都是关系的系统,而这些关系系统又独立于这些关系所确定的人群"②。相对独立性既是不同场域相互区别的标志,也是不同场域得以存在的依据。场域的相对独立性表现为不同的场域具有不同的制度构成,即每一个子场域都具有自身的逻辑、规则和常规。

第二,无论是正式或非正式制度的场域,其更倾向于一种客观的人际关系系统,而不是实体系统。这与布迪厄关系论的思维方式是一脉相承的。布迪厄说:"'现实的就是关系的':在社会世界中存在的都是各种各样的关系——不是行动者之间的互动或个人之间交互主体性的纽带,而是各种马克思所谓的'独立于个人意识和个人意志'而存在的客观关系。"③"各种场域都是关系的系统。"④"根据场域概念进行思考就是从关系的角度进行思考。"⑤ 因此,"从分析的角度看,一个场域可以定义为在各种位置之间存在的客观关系的一个网络,或者一个构型"⑥。"一个场域的结构可以被看作一个不同位置之间的客观关系的空间,这些位置是根据他们在竞夺各种权力或资本的分配中所处的地位决定的。"⑦

第三,场域是一个关于制度的"博弈"(game)空间,不断博弈不仅使场域充满活力,而且使一个场域类似于一种"游戏"。布迪厄从来不把场域看成静止不动的空间,因为场域中存在着积极活动的各种力量;不同

---

① [法]皮埃尔·布迪厄(Bourdieu, P.)、[美]华康德(Wacquant, L. D.):《实践与反思——反思社会学导引》,李猛、李康译,中央编译出版社1998年版,第138页。
② [法]皮埃尔·布迪厄(Bourdieu, P.)、[美]华康德(Wacquant, L. D.):《实践与反思——反思社会学导引》,李猛、李康译,中央编译出版社1998年版,第145页。
③ [法]皮埃尔·布迪厄(Bourdieu, P.)、[美]华康德(Wacquant, L. D.):《实践与反思——反思社会学导引》,李猛、李康译,中央编译出版社1998年版,第133页。
④ [法]皮埃尔·布迪厄(Bourdieu, P.)、[美]华康德(Wacquant, L. D.):《实践与反思——反思社会学导引》,李猛、李康译,中央编译出版社1998年版,第145页。
⑤ [法]皮埃尔·布迪厄(Bourdieu, P.)、[美]华康德(Wacquant, L. D.):《实践与反思——反思社会学导引》,李猛、李康译,中央编译出版社1998年版,第133页。
⑥ [法]皮埃尔·布迪厄(Bourdieu, P.)、[美]华康德(Wacquant, L. D.):《实践与反思——反思社会学导引》,李猛、李康译,中央编译出版社1998年版,第134页。
⑦ [法]皮埃尔·布迪厄(Bourdieu, P.)、[美]华康德(Wacquant, L. D.):《实践与反思——反思社会学导引》,李猛、李康译,中央编译出版社1998年版,第155页。

主体具有对于现存制度的不同评估,导致以下潜在可能性的发生,即出于评估主体地位的变化,场域被赋予新的制度——一种均衡被另一种均衡取代,制度变迁出现。布迪厄说:"作为包含各种隐而未发的力量和正在活动的力量的空间,场域同时也是一个争夺的空间,这些争夺旨在维续或变更场域中这些力量的构型。……他们的策略还取决于他们所具有的对场域的认知,而后者又依赖于他们对场域所采取的观点,即从场域中某个位置点出发所采纳的视角。"①

第四,制度场的边界是经验的,制度场间的关联是复杂的,这取决于制度内容——正式与非正式——的复杂性。"场域的界限问题是一个非常难以回答的问题,哪怕只是因为这个问题总是一个场域自身内部的关键问题,也不容许任何先验的回答。"② 布迪厄认为,"场域的界限只能通过经验研究才能确定。尽管各种场域总是明显地具有各种或多或少已经制度化了的'进入壁垒'(barriers, to, entry)的标志,但它们很少会以一种司法限定的形式(如学术机构录取人员的最高限额——numerus, clausus)出现。"③ 只有通过对每一个现实的具体的经验世界进行研究,"你才会估量出它们具体是如何构成的,效用限度在哪里,哪些人卷入了这些世界,哪些人则没有,以及它们到底是否形成了一个场域"④,如果非要从理论上确立一条划定场域界限的原则,只能说"场域的界限位于场域效果停止作用的地方"⑤。

第五,文化的自主性是制度场域的重要标志。场域的自主性与独立性表现为不同的场域具有不同的文化倾向和文化承载能力,其不可化约为其

---

① [法]皮埃尔·布迪厄(Bourdieu, P.)、[美]华康德(Wacquant, L. D.):《实践与反思——反思社会学导引》,李猛、李康译,中央编译出版社1998年版,第139—140页。
② [法]皮埃尔·布迪厄(Bourdieu, P.)、[美]华康德(Wacquant, L. D.):《实践与反思——反思社会学导引》,李猛、李康译,中央编译出版社1998年版,第137页。
③ [法]皮埃尔·布迪厄(Bourdieu, P.)、[美]华康德(Wacquant, L. D.):《实践与反思——反思社会学导引》,李猛、李康译,中央编译出版社1998年版,第138页。
④ [法]皮埃尔·布迪厄(Bourdieu, P.)、[美]华康德(Wacquant, L. D.):《实践与反思——反思社会学导引》,李猛、李康译,中央编译出版社1998年版,第139页。
⑤ [法]皮埃尔·布迪厄(Bourdieu, P.)、[美]华康德(Wacquant, L. D.):《实践与反思——反思社会学导引》,李猛、李康译,中央编译出版社1998年版,第138页。

他领域的决定因素。比如说,在一个具有相对自主性的科学场中,潜在的制度或文化取向就是"为真理而真理"。其中,经济资本、社会资本都不起作用,唯一起作用的就是科学资本或学术资本。然而,制度场域的自主化只是相对的,没有彻底的自主场域。这就是所谓制度变迁中的路径依赖,制度替代后总留有原制度势力的影响;或者在制度替代过程中部分地融入其他制度,并发展出一定的势力。因此,场域制度的自主性程度取决于其文化承载力的大小。以这个为标准,自主性最强的场域是科学场域和高层次的艺术场域,自主性程度最低的是政治、法律场域。

## 二 法律:正式制度分析

布迪厄认为,法律场域仍较少自主性,因为法律场域解决的完全是整个社会问题(自然的包括社会实体和意识形态),并且法律场域并不能摆脱社会力量与世俗权力力量的干预。这与其可操作化且保持独立的理论承诺是相抵触的。

布迪厄认为,从场域的视角出发,法律既是一定的规则、制度和技术,又是社会斗争行动的资源与框架,社会关系得以再生产的机制与媒介。"法律的社会实践事实上就是'场域'运行的产物,这个场域的特定逻辑是由两个要素决定的,一方面是特定的权力关系,另一方面是司法运作的内在逻辑,前者为场域提供了结构并安排场域内发生的竞争性斗争(更准确地说,是关于资格能力的冲突),后者一直约束着可能行动的范围并由此限制了特定司法解决办法的领域。"[①] 法律解释实际上是取决于在特定的时刻下:"法律理论家"与"法律实务者"在制度场中的力量对比;它们各自法律观和法律解释能力;还取决于法律解释行动者的"场域"位置,包括资本与策略。

布迪厄确立了分析法律这一制度场域的三个步骤:第一步,在宏观上明确法律场域在政治权力场域中的位置;第二步,中观上分析场域中各位置关系的客观结构,即描绘出法律行动者在制度场中的分层,以及各层次

---

① [法]皮埃尔·布迪厄:《法律的力量:迈向司法场域的社会学》,强世功译,《北大法律评论》1999年第2期。

为了争夺这个场中的资源而展开的竞争;第三步就是微观的定点式分析,确立出场域中占据各种职位的人所特有的惯习的性质,如法官的教育背景、性别、年龄、职业等对法官司法的影响。

用场域理论研究法律,最重要的是要从博弈论和均衡论的视角来研究,即从关系的角度来思考。而以往的研究往往只注意有形的实体。比如对于法官角色的研究虽然很多,但这些研究都是从实体主义角度来进行的,也就是说,这些研究往往只关注特定的法官,他们忽视了从法官和法官之间的关系出发去了解每位法官的特点。一旦在研究中忽视了这一事实,那么我们很可能对一个自认为了如指掌的制度却一无所知,因为抛开了它与整体的关系,我们就根本无法把握。用场域的路径研究法律,就不能片面地将法律看作规则的推导或社会控制的工具,而应破除这种"误识",把法律视作动态的实践。在这两种不同逻辑的场域实践中,当事人、律师、法官等行动者采取各种策略与行动,获取各种资源,争夺有利的位置。

## 三 惯习与文化:非正式制度分析

只考虑正式制度而不考虑非正式制度就无法构成完整的场域,极有可能导致由方法论的缺陷而引发的整体理论的狭隘。非正式制度被排斥的重要原因之一,即操作化上的困境——概念量化困难或根本无法量化,如回避这一问题必将遭遇理论发展的瓶颈。非正式制度不仅在制度场中有无法取代的位置,而且它会不断地渗透到正式制度当中。一般认为非正式制度具有以下功能:简化正式制度的烦琐程序,节约交易成本;决定群体的承载能力,维系整体内部均衡(高效或低效均衡)。布迪厄的非正式制度集中在惯习(habitus)和文化这两个紧密联系的概念上。

(一)惯习

布迪厄认为,每个场域都有属于自己的"性情倾向系统"作为对正式制度的补充,而惯习是最为基本的概念。这一非正式制度具有以下四个特性。

第一,惯习"是持久的可转移的禀性系统"。也就是说以某种方式进行感知、感觉、行动和思考的倾向,这种倾向内化于个体并能在群体内普遍地感知或传递，是整体交流、联结的纽带。"持久的"是指，即使这些禀性在经历中可以改变，但其会潜移默化地植入个体的深层意识之中，并倾向于抗拒变化，而形成某种连续性。惯习是可转移的，这是因为在某种经验的过程中获得的禀性（例如家庭的经验）在经验的其他领域（例如职业）也会产生效果。

第二，惯习是制度行为的结果，并且最终成为制度的一部分。布迪厄认为，惯习属于"心智结构"的范围，是一种"主观性的社会结构"，尽管布迪厄把惯习视为一种主观性，但他从来不认为惯习是一种纯粹的主观性（这正是他一贯所反对的），而是与客观结构（制度场）相联系的主观性。这就是说，没有孤立存在的惯习，只有与特定场域相关的惯习。

第三，惯习是集体的产物，又起到增强整体行为的可预期性、为集体节约交易成本的作用。惯习"来自于社会制度，又寄居在身体之中（或者说生物性的个体里）"[1]，因此惯习具有个体性。然而，惯习具有个人性，但社会不是"原子化"的，惯习还有集体性。因为"惯习是社会性地体现在身体中的"，"我们提惯习，就是认为所谓个人，乃至私人，主观性，也是社会的，集体的。惯习就是一种社会化了的主观性"[2]。布迪厄以阶级为例，阐述了惯习是如何为群体节约了交易成本："属于同一个阶级的许多人的惯习具有结构上的亲和（structural, affinity），无需借助任何集体性的'意图'或是自觉意识，更不用说（相互勾结的）'图谋'了，便能够产生出客观上步调一致方向统一的实践活动来。"[3]

第四，惯习具有的历史性、开放性和能动性，决定了其造就在制度变迁的重大契机。布迪厄将惯习看作生成性的一种结构，是一种人们后天所获得的各种生成性图式的系统。布迪厄在惯习的分析中引入了时间变量，指出"惯习不是宿命"，"惯习是历史的产物"，并且具有"双重历史性"

---

[1] ［法］皮埃尔·布迪厄（Bourdieu, P.）、［美］华康德（Wacquant, L. D.）：《实践与反思——反思社会学导引》，李猛、李康译，中央编译出版社1998年版，第171页。
[2] ［法］皮埃尔·布迪厄（Bourdieu, P.）、［美］华康德（Wacquant, L. D.）：《实践与反思——反思社会学导引》，李猛、李康译，中央编译出版社1998年版，第170页。
[3] ［法］皮埃尔·布迪厄（Bourdieu, P.）、［美］华康德（Wacquant, L. D.）：《实践与反思——反思社会学导引》，李猛、李康译，中央编译出版社1998年版，第169页。

(double, historicity)。因为惯习"来源于社会结构通过社会化,即通过个体生成(onto, genesis)过程,在身体上的体现,而社会结构本身,又来源于一代代人的历史努力,即系统生成(phylogenesis)"。[1] 惯习作为一种历史的产物,必然是一种动态的、开放的系统。布迪厄指出:惯习"是一个开放的性情倾向系统,不断地随经验而变,从而在这些经验的影响下不断地强化,或是调整自己的结构。它是稳定持久的,但不是永远不变的!"[2]

(二) 文化

文化场被当作社会主体生成与存在的现实场所,那么文化场的生产与再生产过程就成为文化分析的关键。文化场是指组成客观社会层次,生成与授权某种话语模式和行为的一系列制度、仪式、习俗、概念、名称、职位、头衔等的存在空间,其直接物化存在形式繁多,比如高等院校、艺术团体、社会科研组织、宗教组织、专业协会、基金会或研究会、学校、家庭等。文化场是主体进入社会或劳动力市场之前的中心语境,在主体观念和行为的塑造形成上有着较大的影响。因此,理解主体行为及其发生的语境关系成为理解布迪厄文化理论的关键。

在布迪厄的文化资本理论中,文化制度是以体制化的文化资本形式,并且是以一种社会制度存于社会当中。这种极具特点的社会制度能够通过对文化能力进行授权,例如授予主体文凭、职称等,这是将主体文化能力进行标签化的一个过程。文化制度中包含有类似官方认可的维护保障,这种制度保障不断地证明文化能力。文化制度对文化能力的承认中包含着一定的体制化的权威性,它的承认和授权代替了对文化能力实际情况的验证。文化制度有三方面功能:(1) 在这一制度上,主体的文化能力突破了具体化的个人的生物局限,成为一种具有独立性的社会存在;(2) 它赋予主体间文化能力的积累和彼此差异以合法性的确认;(3) 它为人际间文化能力的对比筛选提供了操作化的可能。布迪厄认为,文化制度的背后是强

---

[1] [法] 皮埃尔·布迪厄(Bourdieu, P.)、[美] 华康德(Wacquant, L. D.):《实践与反思——反思社会学导引》,李猛、李康译,中央编译出版社1998年版,第184页。
[2] [法] 皮埃尔·布迪厄(Bourdieu, P.)、[美] 华康德(Wacquant, L. D.):《实践与反思——反思社会学导引》,李猛、李康译,中央编译出版社1998年版,第178页。

迫别人接受由部分人制定的"社会公认性"的权力。

文化场生产和再生产的根基是文化资本。文化资本是指经过社会主流价值所授权的审美品位、消费特征、归类属性、操作技巧、奖惩常规，并以一种价值形式而存在。要完成文化资本的再生产，就必须依靠社会领域的文化机构和大众意识塑造，其基本方式就是文化资本的普遍化。随着文化机构价值普遍化的进行，社会主体便逐渐地产生了一种认为"真实"的主体幻觉，或主体的无意识规则感。主体被蒙蔽在某种游戏规则中，相信被社会化了的规则类似于客观真理，而忽略了规则的社会建构性。

主体的话语、性格、习惯等由其习性而生成，通过代代遗传，通过教育和文化习得。这种主体身体层面的惯习决定着人的世界观和价值观的形成。布迪厄试图解释文化生产和再生产过程中主体为什么是无意识的。"一切都是社会的"是布迪厄长期呼喊的口号，也是他理解文化活动和主体行为的切入点。按照布迪厄的理解，亚里士多德的"理念"和康德的"绝对精神"，都是社会特定历史语境的产物。这里，布迪厄具体区分了"习性观念"、"客观主义"和"主观主义"，因为客观主义认为诸如与阶级、种族、性别及语言有关的客观社会结构是人的观念和行为形成的基础，而主观主义则认为个体的思想、意识和行为决定社会现实。布迪厄认为，在客观主义和主观主义、唯物主义和唯心主义、物质基础与意识形态之间的中介就算"习性"，它是主体心智过程和行为方式的中介。

习性—实践—结构—习性是文化再生产过程中主体心智与行为的本质属性。习性的产物表现在社会主体的动作、情感表达、思维习惯等，而且主流文化的核心价值观存在于日常生活中的打扮、装束、行为、语言交际的主体习性之中，因此，身体存在于社会场域，社会场域也存在于身体之中。

主体的习性及其运行轨迹是无意识的，具有无意识性质，通过跨越场域对主体在其他社会文化活动的思维和行为进行控制和疏导，进而能够保证文化生产的连续和遏制，隔场发挥作用。布迪厄把习性的不同形式拓展为一种阶级再生产过程中的政治、经济、文化和社会的象征资本，社会再生产的目的就在于继续阶级分裂，保持阶级距离，维护阶级关系，其结果是在整个差异系统再生产过程中合法化社会实践。

## 四 结语

布迪厄建构自己理论体系的分析路径是：制度场是制度主体的关系存在；制度场塑造了制度主体的惯习，制度场也是非正式制度的场域；资源——尤其稀缺资源是制度场运作的前提；实践是行动者的主动性活动，其最终把惯习、资源和制度场等联结在一起。这一系统研究的思路，启迪我们在分析制度问题时，必须注意制度概念簇群中的制度生成体的权能，制度生成体的价值取向、稀缺资源的分配、制度承载体的反馈及其影响等这些概念之间相互交织的辩证互动关系，并理清这些概念的不同功用与意义。

总之，布迪厄的制度"场域"理论通过对社会行动者及其行为的全方位阐释，形成了对制度基本理论研究的创造性拓展，无论在研究内容、研究方法和研究思路等方面都取得了显著建树，为我们从新视角研究制度理论问题提供了重要启示。

# 加里·斯坦利·贝克尔

加里·斯坦利·贝克尔（Gary Stanley Becker，1930—2014），美国芝加哥大学教授，芝加哥经济学派代表人物之一，1992年获得诺贝尔经济学奖，被誉为20世纪最杰出的经济学家和社会学家之一。贝克尔1930年12月生于美国宾夕法尼亚州，先后获得普林斯顿大学、芝加哥大学学士、硕士和博士学位。30岁时成为哥伦比亚大学教授，自1970年起在芝加哥大学任教，并担任过该校经济学系主任。贝克尔先后获得过美国著名的克拉克奖、赛德曼奖、威廷斯基奖、麦瑞特奖。

在他27岁时出版的博士论文《歧视经济学》（芝加哥大学出版社，1957年；第二版，1971年），引入雇主和雇员的效用函数这种简单方法，试图使竞争的劳动市场模型与白人工人和黑人工人之间可观察到的工资判别事实相符；这本书最初没有引起什么反响，但是最终它引发了说明劳动市场中种族的和性别的收入判别持续存在的一系列完整解释。他的著作

《人力资本》（哥伦比亚大学出版社，1964年；第二版，1975年）被恰当地描述为"经济思想中人力投资革命"的起点，这种思潮席卷了60年代的经济学。他在《犯罪与惩罚：经济分析法》（《政治经济学杂志》，1968年3，4月）中第三次运用了这种方法。贝克尔在《时间配置理论》（《经济杂志》，1965年9月）中第四次运用了这种方法，这篇论文考察了家庭成员之间的劳动分工，这是一种迄今为止几乎完全被经济学所忽视的社会制度。《家庭行为的经济分析》（芝加哥大学出版社，1976年）是他对这种理论的首次阐述，而后，他又出版了一部更加综合的著作《家庭论》（哈佛大学出版社，1981年）。贝克尔的"新家庭经济学"不同于把家庭当作一个人的消费单位的传统观念，而是把家庭视为多个"我"的生产单位，它借助于由家庭成员的时间、技能和知识构成的投入来生产"联合效用"。在此之后，生产理论被有效地应用于家户行为。

贝克尔将传统上属于社会学、人口学、教育学、政治学、法学以及社会生物学等其他人文社会科学研究的课题统统纳入经济学的研究领域，大大拓展了经济学的视野。贝克尔是美国芝加哥学派的主要代表和新自由主义经济学派的重要成员。在几十年的研究和教学生涯中，他独树一帜地发动了一场以开创或研究新家庭经济学、人力资本理论、犯罪经济学等为主要内容的"贝克尔革命"。

## 一 经济学基本观点和视野

### （一）观点

按照更普遍的观点来理解，经济学所研究的是企业家和企业组织如何生产和销售商品，消费者如何购买和使用商品，而贝克尔认为，"今天，经济研究的领域业已囊括人类的全部行为及与之有关的全部决定"[1]。由此看来，贝克尔并不满意于正统的经济学研究范围，认为经济学研究问题不该只取决于其是否具有商业性或市场价值，即使不如此，但是人类的行为

---

[1] ［美］加里·斯坦利·贝克尔：《人类行为的经济分析》，王业宇、陈琪译，上海人民出版社、上海三联书店1995年版，第3页。

依然遵从着市场的法则在进行着组合和资源配置，其中的重要原则就是来自三个方面的假定：最大化行为，显性或隐性的市场均衡和稳定的偏好。与芝加哥学派的其他经济学家一样，贝克尔抱守"经济人"的信条，坚持用经济人假设解释人类行为，坚信相比于其他的人为组织而言，市场组织机制能够更好地解决大多数的经济和社会问题。

（二）视野

比较不同学科的方法是分析各学科如何产生和组织自己的知识。贝克尔认为，凡是以多种用途为特征的资源稀缺情况下产生的资源分配与选择问题，都是经济学的范围，都可以用经济学分析方法研究。这与他对经济学的理解有关，"经济学之所以有别于其他社会科学而成为一门学科，关键所在不是它的研究对象，而是它的分析方法"[①]；"我认为经济分析是最有说服力的工具，这是因为，它能对各种各样的人类行为作出一种统一的解释"[②]。这种统一都归属于以上三个方面对人类行为假设的框架，将经济学中的元假设"经济人"扩大并巧妙地赋予了社会学中"理性人"韵味。

## 二 制度分析的学术背景

贝克尔继承了资产阶级古典自由主义经济理论的自由经营、自由贸易等思想，并走向极端，竭力宣扬市场化、自由化和私有化，对极端的市场化可以极大化平衡资源的充分分配持以乐观态度。当市场和自由的观念过多地侵入贝克尔的思想领域时，他大胆而富有想象力的思维拓展了经济学分析的活力，整个社会作为一种虚拟化的市场在他的观念里成为可能，并且力求将这样的可能尝试提升到严谨的学术高度。如同《人类行为的经济分析》这本书的中文译者所言，"在贝克尔看来，政客也罢，知识分子也罢，利己主义也好，利他主义也好，各种人的各种活动目的只有一个，那就是追求效用的最大，而不管这些人的职业或这些人的活动是否具有商业

---

① ［美］加里·斯坦利·贝克尔：《人类行为的经济分析》，王业宇、陈琪译，上海人民出版社、上海三联书店1995年版，导言第7页。

② ［美］加里·斯坦利·贝克尔：《人类行为的经济分析》，王业宇、陈琪译，上海人民出版社、上海三联书店1995年版，第7页。

性质，换句话说，人类的一切活动都蕴含着效用最大化的动机，都可以运用经济分析加以研究和说明"①。在学科角度，贝克尔将他的经济分析充分运用到社会学、人口学、教育学、政治学、法律学，以及社会生物学等领域。即使一些细微的现象和近乎通识的生活事实，贝克尔也不厌其烦地建立精微的数学模型进行阐释和推演，这似乎给人一种暗示，所有学科的所有值得上升到学术高度的事实用经济学的分析来解释都是可能的，似乎也是最佳的，"经济分析提供了理解全部人类行为的可贵的统一方法"②，原因是"所有人类行为均可以视为某种关系错综复杂的参与者的行为，通过积累适量信息和其他市场投入要素，他们使其源于一组稳定偏好的效用达至最大"③。

## 三 制度分析的经济学假设

如上所述，最大化行为、市场均衡、偏好稳定是贝克尔经济分析的三大假设。

按照贝克尔的理解，无论是家庭、厂商、工会或其他事务管理局都需要追求效用或福利函数的最大化，并且还存在不同效率的"市场"对彼此的行为进行调和。价格和其他市场手段在社会范围内分配稀缺资源，因而约束着参与者的欲望并协调他们的行为。贝克尔引用默顿的观点指出，"市场手段执行着全部或绝大部分的社会学称作'结构'的职能"④。至于稳定的偏好，是指"选择的实质性目标"。这种实质性的偏好显示了生活的根本方面，诸如健康、声望、肉欲、慈善或妒忌；它们与市场上的某种具体商品或劳务并无确定的联系，但稳定的偏好假设为预见对各种变化的反应提供了坚实的基础。

因此，贝克尔乐观地认为，经济分析不局限在物质产品和情感欲望，

---

① ［美］加里·斯坦利·贝克尔：《人类行为的经济分析》，王业宇、陈琪译，上海人民出版社、上海三联书店1995年版，译者的话第4页。
② ［美］加里·斯坦利·贝克尔：《人类行为的经济分析》，王业宇、陈琪译，上海人民出版社、上海三联书店1995年版，译者的话第19页。
③ ［美］加里·斯坦利·贝克尔：《人类行为的经济分析》，王业宇、陈琪译，上海人民出版社、上海三联书店1995年版，译者的话第19页。
④ ［美］加里·斯坦利·贝克尔：《人类行为的经济分析》，王业宇、陈琪译，上海人民出版社、上海三联书店1995年版，第7页。

也不局限在市场领域。不论是市场的货币价格,还是非市场领域的投入要素的"影子"价格,价格所衡量的都是使用稀缺资源的机会成本,且影子价格和市场价格会产生同样的效果。因为在贝克尔展开经济分析之前,他已经将这元的假设抽象和拔高到影响所有人类行为层面。在一些批评者看来,他忽略了文化、习俗、伦理等造成社会行为差异的影响因素,但是,贝克尔恰恰反对一些学者将某些行为的解释归因为感性、价值、文化等因素,他认为文化上的归因是一种伪命题,并不能作出终极且符合经济分析法则的解释,"几乎所有能够想见的行为据说统统受到无知,非理性,价值及其频繁而无规则的改变,习俗与传统,以及顺从等因素的支配,而这些因素在某种程度上完全由社会规范,自我和本我逐步地推导出来"[①]。可见,贝克尔将惯用的人类学、社会学、心理学的分析方法统领在他的经济分析之中,且模糊了心理学、社会学的界限,似乎他的经济分析既是心理的,也是社会的,这让那种从心理学和社会学角度可能产生的质疑都无从下手。对此,亨利·帕勒日认为,贝克尔的"研究打破了以往被社会学家、心理学家和人类学家视为禁区的领域"[②]。

## 四 制度分析的方法

贝克尔认为自己找到了一种社会分析的万能方法,就是将经济学的方法广泛运用各种非经济领域的研究。从他公开出版的类似研究来看,包括对歧视与偏见、竞争与民主、犯罪与惩罚,以及家庭等一系列的经济分析。这些似乎更是社会学家、政治学家和法学家热衷的领域,统统都被纳入到了贝克尔的经济分析之中。他的研究带有经济社会学的色彩,他将非经济领域的社会组织和社会互动作为其研究对象,方法则是经济分析。他通过对这些主体的经济分析,确定了他要解释的特有而广泛的领域,科学问题和相关变量。

要确立经济学方法对非经济学领域分析的"有效性",贝克尔的开创性

---

① [美]加里·斯坦利·贝克尔:《人类行为的经济分析》,王业宇、陈琪译,上海人民出版社、上海三联书店1995年版,第17页。

② [法]亨利·帕勒日:《美国新自由主义经济学》,李燕生、王文融译,北京大学出版社1985年版,第258页。

工作并不比其他经济学家多多少,就是适当选取相关变量,即确定用哪些自变量及条件解释相关变量变化的原因。当然这些都是建立在贝克尔"经济人"假设的基础之上,由此,"最大化行为、市场均衡和偏好稳定的综合假定及其不折不扣地运用便构成了经济分析的核心"[①]。通过假设、分析和罗列某一研究范畴的自变量和相关变量,确立了贝克尔经济分析的焦点。

当然,贝克尔的工作并不仅限于此,仅有一张变量清单,还不足以解决问题。还要建立变量之间的逻辑关系,确定变量和自变量之间的因果关系。贝克尔确立变量间的逻辑关系是在其假设之后开始进行的,换言之,其最大化行为、市场均衡和偏好稳定的假设足以在宏观和思维上构建起一个系统分析框架。这种三个向度的假设,无论是在微观领域的分析还是宏观的抽象,贝克尔都小心谨慎而不越规矩。可见,这个在经济人假设基础上的三方面假设,构成了贝克尔学术分析的规矩和度量,也构成了其对制度的基本看法。制度作为一个有组织的系统,在贝克尔看来,同样不能脱离这些框架以这些假设为前提展开分析,当对应着具体问题的分析时,又有具体的假设,这些假设的组合,融入经济学思维,就可以建立一些模型,从而看清变量之间更为复杂细微的逻辑关系。由此贝克尔可能会得出一些解释,定理性的结论,并由此还可能在结论基础上作出基于福利经济学性质的预测和政策性的建议。

## 五 对社会相互作用的经济分析

社会关系和社会互动一直是社会学回避不了的重要领域,贝克尔也运用经济学的基本理论分析了具有不同特征的人之间的相互关系。

(一)利他型社会作用

1. 家庭利他型

贝克尔是从消费的角度以家庭为轴来研究对社会相互作用进行经济分析的。他将相互作用的一般研究纳入当代的消费者需求理论。他认为,

---

① [美]加里·斯坦利·贝克尔:《人类行为的经济分析》,王业宇、陈琪译,上海人民出版社、上海三联书店1995年版,第8页。

"户主"是由于关心其他家庭成员的福利而将一般购买力转移给所有其他家庭成员的人。"户主"表现出高度的利他主义行为和家庭责任感，总是以极大化家庭其他成员利益为目标。因此，贝克尔认为包含"户主"的家庭是一个具有高度相互作用的组织，它具有这样的性质："由于成员间的收入再分配只是导致抵消户主的转移的变化，所以这种再分配不会影响任何成员的消费或福利。"[①] 贝克尔认为户主利他主义的存在可以导致整个家庭利他色彩的扩大，即使家庭其他成员是自私的，因为户主资源的无私转移，加上以增进整个家庭成员福祉为原则，从而可以导致家庭成员之间至少有一种"似乎"存在的相互爱护，用贝克尔的话说，"户主自动地将其行为对家庭成员的'外部'影响内部化"[②]。在此意义上，"家庭"效用函数与家庭的一个成员的效用函数相同，之所以如此，不是因为该成员对其他成员拥有独断权力，而是因为他（或她）能够充分关心所有其他成员，并自愿将资源向他们转移，"那就是，某一个成员的充分爱护为所有成员能够像爱护他们自己一样似乎也爱护其他成员提供了保障，可以说，一个家庭所要求的'爱护'的总量得到了节省：受一个成员的爱护通过'看不见的手'导致了所有其他成员似乎也爱护每一个人"[③]。

2. 慈善

贝克尔认为，"慈善"是把时间和产品转移给没有利益关系的人或组织。在贝克尔看来，慈善组织莫过于这样的虚拟家庭，以上对家庭社会互动关系的分析则对于慈善同样有效。"关于家庭内部施予问题的分析表明，慈善行为的动机可以是改善接受者的一般的福利愿望，表面上的慈善行为也可能处于逃避别人的指责或获取社会上的赞许的愿望，然而，仅仅从改善福利的角度进行的分析并不会使我们的分析失去多少普遍的意义。"[④] 继

---

[①] ［美］加里·斯坦利·贝克尔：《人类行为的经济分析》，王业宇、陈琪译，上海人民出版社、上海三联书店1995年版，第300页。

[②] ［美］加里·斯坦利·贝克尔：《人类行为的经济分析》，王业宇、陈琪译，上海人民出版社、上海三联书店1995年版，第316页。

[③] ［美］加里·斯坦利·贝克尔：《人类行为的经济分析》，王业宇、陈琪译，上海人民出版社、上海三联书店1995年版，第319页。

[④] ［美］加里·斯坦利·贝克尔：《人类行为的经济分析》，王业宇、陈琪译，上海人民出版社、上海三联书店1995年版，第321页。

续沿用社会相互作用的理论，贝克尔指出，慈善的意义在于"接收者的收入提高会减少施予，所以，和仅有慈善家的收入有所增加的情况相比，在慈善家和接受者两者的收入都有增长的时候，施予的增加相对较少"①。这个结论得到舒尔茨的经验验证。因此，贝克尔指出慈善是一种自我保险形式，"这种保险可以成为市场保险和政府的资源转移的替代"②。

（二）利己型社会作用

如果利他的因素不是那么积极，就有可能出现另一种社会互动表现：因妒忌或仇恨而"通过'损害'自身（即使用其自身资源）的形式损害别人"。按照贝克尔的解释，基于妒忌和仇恨的社会交换，产生原因有二：取决于"掠夺"行为的技能；取决于在防止犯罪、诽谤、恶意行为、侵犯行为及其他掠夺行为方面的公共与私人支出。因此，要想有效减少掠夺者对他人的伤害行为，贝克尔认为，可以通过增加防范支出以提高掠夺者侵害他人需要付出的成本来缓解。

贝克尔将妒忌、仇恨、犯罪等行为归属于一大类，可以理解为是一种利己行为反应的常态，它受社会环境的影响，这种利己行为是指在社会环境的作用下，自身收入用于掠夺性支出提高的结果，且"社会环境同自身收入的同等百分比的增加将使掠夺支出的减少不会超过自身收入的单方面增加，甚至可能会增加掠夺支出"③。这就道出了和凡勃伦一致性的结论：收入的一般增加实际上将会减少福利。

## 六　家庭——贝克尔制度分析的理想型

当贝克尔发现一些人正在使用理性选择的方法或有关的方法来对家庭问题进行分析，他企图通过跨学科的交流和尝试对家庭作出一种理性选择的经济学分析。在贝克尔看来，要完成这一任务，不仅需要

---

① ［美］加里·斯坦利·贝克尔：《人类行为的经济分析》，王业宇、陈琪译，上海人民出版社、上海三联书店1995年版，第322页。
② ［美］加里·斯坦利·贝克尔：《人类行为的经济分析》，王业宇、陈琪译，上海人民出版社、上海三联书店1995年版，第322页。
③ ［美］加里·斯坦利·贝克尔：《人类行为的经济分析》，王业宇、陈琪译，上海人民出版社、上海三联书店1995年版，第327页。

采用经济学的研究方法，而且还不能"仅仅局限于研究家庭的物质生活内容"。他说："我的构想则更为远大，我力图用研究人类物质行为的工具和理论框架去分析婚姻，生育，离婚，家庭内的劳动分工，威望和其他非物质行为……用一种新的理论框架去分析家庭生活的各个方面。"①

贝克尔认为，家庭是人类社会生活最基本的一个细胞。尽管千百年来社会、经济、文化环境已经发生了巨大变化，但家庭却依然保留了对全部制度的最大影响。在包括现代市场经济在内的一切社会里，他认为家庭对一半或一半以上的经济活动都承担着责任。

贝克尔认为，家庭之所以亘古已有仍然绵续不绝，其原因在于家庭生产以明确、细致的分工协同合作为基础。最初的分工发生在已婚男女之间，妇女的工作和任务主要是生养孩童、操持家中事务等非市场类型的活动；而男子则致力于外出狩猎、耕种田地等市场类型的活动。家庭成员之间的这种分工部分是由于男女生理上的差异，但主要还是取决于经验积累和人力资本投资上的不同。这种现实存在的男女之间分工的差异构成了家庭产生的物质基础。男女双方彼此协作，扬长避短，能够实现最大化的家庭产出。因此，一个完全家庭的效率要比不完全家庭的效率高。

经济学最基本的相关变量就是生产，资源配置方式和收入的分配。在贝克尔对家庭的经济分析中，相关变量就是生产和消费水平，家庭收入。即使在家庭的分支领域里所研究的问题，也同这些基本变量密切相关。例如，"一个有效率的婚姻市场还会使家庭商品的总产出最大化，所以，每个人都能改善自己的婚姻，而又不使其他人的生活每况愈下"②。从这段话中可以看出，贝克尔研究婚姻的焦点在于性别这种稀缺资源的利用，分配和组合的类型，它在婚姻市场如何被买和卖的，以及如何被配置到婚姻之

---

① ［美］加里·斯坦利·贝克尔：《家庭论》，王献生、王宇译，商务印书馆2005年版，扩大版前言第1页。
② ［美］加里·斯坦利·贝克尔：《家庭论》，王献生、王宇译，商务印书馆2005年版，第130页。

中作为一种相对稳定有效的制度。

如同存在着一个商品市场一样，也存在着一个婚姻市场；在一个自由竞争的、有效率的婚姻市场上，每个人都能找到适合自己的最佳伴侣，实现自己的效用最大化。结婚的目的就是从婚姻中获得最大化收益，是一种资源交换，期待获得最大的经济回报。"鉴于婚姻几乎总是出自意愿，或者由当事人决策，或者由他们的父母决定，所以，偏好理论完全可以适用于此，可以假定婚姻当事人（或者他们的家长）试图提高他们的效用水平，使结婚的效用高于独身时的效用。"① 如果婚姻收入超过单身收入，那么，人们就会选择结婚；否则，就愿意独身。因此，能否准确、及时地获取并且掌握婚姻市场上的各类信息，是一个人能否从婚姻市场中获得最大化效用的本质所在，也是决定离婚与否的一个根源。由于一个充分完善的婚姻市场并不存在，加上信息的不对称，人们难以获得完全、明确和清晰的信息，所以草率地结婚就成了离婚的一个重要原因。如果一个人可以作出自信而准确的估计和预期，如果再婚实现的效用大于离婚的成本，人们就会放弃没有实现最大化效用的婚姻而选择离婚。孩子始终是父母的"耐用消费品"，经济因素是影响生育率的重要原因。是否生育以及生产多少数量的孩子，取决于比较成本。"耐用消费品的需求理论在关于子女需求分析中是一个有用的框架。"② 相对于市场利己主义的普遍性，家庭里的利他主义随处可见。原因在于，市场交换中，利他主义效率较低；而在家庭生活中，利他主义的效率较高。

## 七　制度思想概括及分析方法述评

（一）贝克尔制度思想概括

在贝克尔看来，非经济领域——更多具有制度意义的组织，是一种虚拟的市场，而每一个虚拟的市场都遵循着利益最大化行为，市场均衡和偏

---

① ［美］加里·斯坦利·贝克尔：《人类行为的经济分析》，王业宇、陈琪译，上海人民出版社、上海三联书店1995年版，第244页。
② ［美］加里·斯坦利·贝克尔：《人类行为的经济分析》，王业宇、陈琪译，上海人民出版社、上海三联书店1995年版，第211页。

好稳定的原则来进行最佳的资源组合，在充分竞争的基础上让产出最大化。这也为其运用经济分析来考察非经济领域的思维进行了基于世界观意义上的构想，从而直接将其对社会的理解纳入经济分析之中就成为可能。

如果我们认同贝克尔经济学分析的三种基本假设，或者三个原则，那么任何制度在贝克尔看来，都是人们以共同偏向理性选择为导向，在优化效用、影子价格至高的追求下均衡资源分配的结果。这也是一个过程，这个过程一直处于一种动态的均衡资源分配之中，这样的均衡总是靠近一种理想的、自由的状态，表现出来的就是社会学家视野里的制度的稳定，功能和结构。

以婚姻为例。"鉴于男性与女性在寻找配偶的过程中存在竞争，所以，可以假定婚姻市场的存在。在市场环境的限制下，每个人都试图寻找最佳的配偶。"[1] 这表明人类的婚姻以一种类市场的法则构成了一个具有高度系统的制度环境，它具有严密的组织性；而这样的严密虚拟市场——婚姻制度的存在和作用，并不以道德权威、国家意志甚至其他什么个人主观意志得以维护，而是遵从着经济上三个向度假设的原则，这个无形的市场随时遵守着最大化效用产出的原则，使该市场时刻处于一种动态逼近理想化状态。贝克尔也肯定了婚姻制度的重要性。"在生产和照料孩子方面，男女之间存在着生物学意义上的差别，而生理上的差别强化了在市场和家庭技艺上的专业化投资，这说明了为什么所有社会的婚姻制度是重要的。"[2] 贝克尔论述一种制度的重要性，并不是像社会学家那样，更多从稳定、维模社会出发，而是从一种近乎天然的人类行为遵从三种经济学的假设出发，认为制度是这三大假设合力的必然结果，因此必须去肯定制度的价值，因为制度是必然的，因此是应该的，才可能让三方面假设的人性继续获取资源的优化，提高人的福利水平和社会收入，才能增进个人的幸福和社会制度更加"市场"理想化。至于国家在制度中的作用，贝克尔也并非完全同

---

[1] [美] 加里·斯坦利·贝克尔：《人类行为的经济分析》，王业宇、陈琪译，上海人民出版社、上海三联书店 1995 年版，第 244 页。
[2] [美] 加里·斯坦利·贝克尔：《家庭论》，王献生、王宇译，商务印书馆 2005 年版，第 58 页。

意新自由主义的观点,同意允许国家对制度安排进行适当干预,干预的目的并非消除自由化市场的缺陷,而是更好帮助制度更像彻底自由化市场那样获得生存。例如,相对于那些比较贫困的家庭可能对孩子人力资本投入不足的情况,贝克尔认为,"国家应通过资助学校和其他培训机构的办法,提高这些家庭对孩子的投资,使之达到有效率的水平"①。

(二) 贝克尔制度分析方法评论

贝克尔的经济分析更多只是一种理想状态,经济学意义的可能性解释和推演,虽然贝克尔对非经济领域作出了许多具有启发性的分析,也得出了一些在模型上合乎逻辑的结论,但是,像贝克尔所说的经济分析的三大核心假设——最大化行为、市场均衡和偏好稳定,与现实社会生活并不完全吻合。"利益最大化"或"效用最大化"从来就不是人性的全部,而只是人性的一部分;均衡的市场在任何社会也从来没有出现过;稳定、一致的偏好更是不存在。在现实社会生活中,与上述三大假设相反的事例不胜枚举。因此,经济分析不可能成为分析人类行为的"统一方法",它在分析犯罪行为时还是不可避免地存在局限。另外,贝克尔的经济分析忽略了造成某种现象或社会事实的观念、文化、宗教等因素的影响,而这些都在其关于人态度和偏好不变的假定中被忽略了,似乎制度只是一个纯粹封闭运行的经济系统,而这些影响因素恰恰是社会学家所感兴趣之处。上述因素仅有很少几个被考虑进去,其余的影响因素不是被认为无关紧要,就是被假定为不变。这几乎是所有经济分析的弊端。凯恩斯在构造自己的均衡理论体系时,也对许多因素进行了假定:劳动力的熟练程度是既定不变的;设备、技术、竞争程度、消费者的偏好、人们对工作的态度、社会结构也是既定不变的。

贝克尔在自己的研究中使用经济理性的概念,将其作为保证研究顺利进行的策略性安排,并强调应用这一概念的好处,这样的好处在于不必考虑心理的因素以及不同文化背景造成的影响和差异,而直接用这一观念去解释复

---

① [美]加里·斯坦利·贝克尔:《家庭论》,王献生、王宇译,商务印书馆2005年版,第457—458页。

杂社会生活中的动机因素,从而将价格和效益视为唯一的自变量,这样的分析对于规范的市场行为也许比起对非经济领域的分析而言,似乎更有效。

贝克尔经济分析的三大假设,似乎是一种制度化了的价值观念,构成一种本质意义出于经济理性那样合乎人性的道德原则。这样一来,经济理性不仅是一种心理学方面的假定,而且成为一种共识,规范着人们的行为标准,成为判别和分析合理或常态行为的标识,如果将此思维逆反,就可以将行为作出道德上的甄别。

## 八　总结

在贝克尔的学术文本里,一直蕴含着一种浪漫和乐观的情绪,这种浪漫和乐观是建立在对经济学的过度依赖以及自己设定的研究方法的自信之上。他甚至引用萧伯纳"经济是充分利用人生的艺术"这句名言来尝试说服他的读者,他是如何运用经济的艺术来安排人生的,作为他的信徒的人也许可以在他并不难懂的分析中看出经济与生活是那么的密切相关,同样也可以对社会和制度作出一种比较浅显的经济学解释。比如马克·布劳格认为:"贝克尔的著作全都简易得很容易被人当作漫画讽刺的对象,因为为了得到有时不说是平庸的、也是浅显的内容,它们使用了相当复杂的工具。"[1] 在谈到关于家庭的论述时,贝克尔自己也"意识到写作中的一些疏忽和分析上的不完善"[2]。他的分析如果有所创新和启发,那在于他借助简单的经济学常识独辟蹊径,冒犯于正统的经济学分析领域,将非生产和市场领域的社会关系、社会制度进行类市场化的虚拟和假设,再贯穿以市场的思维。尽管他的分析在社会学的严谨立场看来并不具备多少新奇和值得肯定的结论,至少他的这种学术上的大胆和方法上的创新思维值得推崇,也正因如此,他的研究受到一些社会学家的欣赏,经济学道统当初对他视为对经济学的忤逆批评也显得温和。随着当今学科之间的互相渗透和各自汲取不同学科

---

[1] [英]马克·布劳格:《经济学方法论》,黎明星、陈一民、季勇译,北京大学出版社1990年版,第260页。
[2] [美]加里·斯坦利·贝克尔:《家庭论》,王献生、王宇译,商务印书馆2005年版,第2页。

的营养,在横向的学科架构和联系中,贝克尔的确为我们提供了一个理想的蓝本,至少在经济学和社会学之间,如果不认为模糊学科的界限是对该学科的瓦解,那么贝克尔的工作,无论对经济学还是社会学而言,都具有建设性和启发性意义,它的重要意义在于:运用经济学的方法对社会学研究对象进行分析,是可能也是应该的;他的社会学分析方法和视角的新颖比他的结论更优越。因此,贝克尔是经济学家做了社会学家的事务。

贝克尔认为,经济学是充分享受生活的艺术,经济学研究方法提供了应用于分析一切人类行为的结构。在这种认识的驱使下,他始终用自己首先提出的经济学分析方法来探讨人类纷繁复杂的社会问题,不仅对家庭进行了系统的经济分析,而且在犯罪、消费、教育、民主、社会保障等多方面提出了新颖的分析模型和见解。如果说贝克尔的主要工作是应用经济分析来研究社会学的内容,综观一百多年来社会学发展的历史,正统的社会学家们基本上都是从社会有机性、形式、团结、结构、功能、冲突、交换、符号等角度来研究和解决社会问题的,而几乎没有人从"经济"的角度开创比较成功的领地。因此,贝克尔的思想不仅在方法和理论上有创新的意义,而且具有实践上的应用价值。

## 安东尼·吉登斯

安东尼·吉登斯(Anthony Giddens,1938— )英国当今著名社会学家、政治顾问和教育家,也是当今世界最重要的思想家之一,他在社会学思想方面独树一帜,为当代社会学领域作出了卓越的贡献,他是凯恩斯以来最有名的社会科学学者。他与布莱尔提倡的"第三条路"政策给英国甚至其他国家的政策带来了深刻的启示。其著述颇丰,主要有《社会学》、《全球时代的欧洲》、《该轮到你了,布朗先生——工党如何能再赢》、《资本主义与现代社会理论》、《社会学方法的新规则》、《社会理论的核心问题》、《社会理论与现代社会学》、《历史唯物主义的当代批评》、《社会理论的轮廓及其批评》、《社会的构成:结构化理论纲要》、《民族—国家与暴力》、《现代性的后果》、《批判的社会学导论》、《超越左与右——激进政治的未来》、《现代性与自我认同》、《现代性——吉登斯访谈录》、《亲密关系的变革——现代社会中的性、爱和爱欲》、《第三条道路：社会民主主义的复兴》和《气候变化的政治学》。其主要学术成就体现在以下几个方面：对以马克思、迪尔凯姆、韦伯等为代表的经典社会学家思想的批判反思；对以结构主义、功能主义和解释社会学等为代表的现代社会学研究方法的反思总结；对社会学研究方法的重建，提出了著名的"结构化理论"；现代性理论范式的提出和现代性发展的反思；第三条道路等。全球化背景下英国和欧洲的政治发展是他目前的主要研究领域。社会制度也是吉登斯重要的研究领域，其一系列论点独特而又富于启发性。

## 一 制度的概念

吉登斯认为制度是跨越时空而反复再生产的社会活动模式。吉登斯在其著作《社会的构成》一书中对"制度"一词的描述是："我把在社会总体再生产中包含的最根深蒂固的结构性特征称之为结构性原则。至于在这些总体中时空伸延程度最大的那些实践活动，我们则可以称其为制度。""在社会科学里，我们一般用'结构'来表示所考虑的社会系统较持久的特征，而我也并不想丢掉这一意涵。结构最重要的特性就是制度中反复采用的规则与资源。从定义上来说，制度是社会生活中较持久的特性。"[①] 在其《批判的社会学导论》一书中，他也提及了制度的概念："一个社会就是一套制度化行为模式的集结或体系。所谓社会行为的'制度化'模式，指的是跨越长久时空范围而一再发生——或者用现代社会理论的术语来说，就是社会性再生产——的信念和行为模式。""制度是跨越时空而反复再生产的社会活动模式。"[②] 即在各种各样的日常实践过程中，无数的个体行动者常常在很长的一段时间和一个确切的地点中反复利用和再生产了特定的规则和资源，从而导致了社会系统中制度的形成。制度在本质上是在

---

① ［英］安东尼·吉登斯：《社会的构成》，李康、李猛译，生活·读书·新知三联书店1998年版，第80—87页。
② ［英］安东尼·吉登斯：《批判的社会学导论》，郭忠华译，上海译文出版社2007年版，第6—9页。

社会系统中时空伸延程度最大的那些实践活动,它在时空中的伸延程度越深,就越表现为行动的制约性力量。吉登斯在文中为制度下了简短的定义后并没有再深入论述,它是在对"结构"和"结构性原则"进行论述时一并提出的,从而具体阐明社会系统的结构性特征。

吉登斯认为,制度是社会中跨越时空的互动系统。他说:"我把在社会总体再生产中包含的最根深蒂固的结构性特征称之为结构性原则。至于在这些总体中时空伸延程度最大的那些实践活动,我们称之为制度(institutions)。"① "对社会研究来说最重要的那些规则类型,是与制度化实践的再生产紧紧交织在一起的,而所谓制度化实践,就是在时空之中最深入地积淀下来的那些实践活动。"② 在这里吉登斯是把制度作为一种社会活动的。他用类似"在社会中历经时空而深层次地沉淀下来"的语言来说明,在很长的一段时间和一个确切的地点中,当规则和资源被再生产的时候,就可以说制度存在于一个社会之中。吉登斯给出了一个制度的分类,表明在互动中暗含的规则和资源的分量和关联。如果意义(解释性规则)占据主导,随之而来的依次是统治(配置性资源和权威性资源)与合法性(规范性规则),那么就会存在一个"符号的秩序"。如果是权威性统治、意义和合法性连续性地联合在一起,那么就会产生政治的制度化。而如果顺序是配置性资源、意义和合法性,那么流行的将是经济上的制度化。另外,如果是合法性、统治和意义的排列,那么就会产生法律的制度化。

制度的再定义。吉登斯在进行制度的概念化时,力图避免一种机械观的制度化。首先,他认为在经验情境中的互动系统是一个制度性过程的混合体,其中经济的、政治的、法律的和符号之间的秩序是不可以轻易分离的,它们所包含的要素在任何社会系统的情境中都存在,也都适用。其次,制度与行动者使用资源和由此而生产的规则相联系;因为它们是在实际的社会关系中通过应用不同的规则和资源形成的,所以它们并不外在于

---

① [英]安东尼·吉登斯:《社会的构成》,李康、李猛译,生活·读书·新知三联书店1998年版,第80页。
② [英]安东尼·吉登斯:《社会的构成》,李康、李猛译,生活·读书·新知三联书店1998年版,第85页。

个体。最后，所有规则和资源的最基本的维度（意义、统治和合法性）都包含在制度化的过程之中；对于行动者而言，正是它们相对的显著性给在时空之中的关系的稳定化提供了明显的制度化特征。①

## 二 制度的起源

吉登斯认为制度是人们有意识建立的。关于制度的起源吉登斯论述得很少，在他的著作《社会理论与现代社会学》中指出："社会生活从总体性上讲是真实的，并构成了前面提到的文化多样性与情境性的关键点。假定所有的行动都处于一定的时空环境中，那么我们所有的人都会受到制度秩序的影响，这些制度不是我们任何一个人单独制定的——或许也不是我们集体制定的——而是有意建立的。"② 即制度不是从来就有的，也不仅仅是由一个人或一群人所制定的，它是符合一定的维持社会秩序的需要而由人们有意识地建立的。制度虽然是由人们有意建立的，但一旦形成就会对集体及其行为形成一种约束力和指引。

## 三 制度的形成途径

吉登斯认为制度是通过社会活动的循环往复规律形成和复制的。吉登斯在其著作中对制度的形成途径描述为："只有个体主动从一个时空到另一个时空一再重复特定行为模式的条件下，社会系统的模式化才能够存在。"③ "社会制度不仅是行动的背景条件，而且还理所当然地进入到我们的一切行动中。同样，我们行动的建构和重构也是他人行动的制度性条件，就像他人的行动构成了我们行动的制度性条件一样。"④ "社会制度是通过社会活动的循环往复规律形成和复制的。在共同在场环境中，行为者

---

① ［美］乔纳森·特纳：《社会学理论的结构》（下），华夏出版社2001年版，第173页。
② ［英］安东尼·吉登斯：《社会的构成》，李康、李猛译，生活·读书·新知三联书店1998年版，第11—12页。
③ ［英］安东尼·吉登斯：《批判的社会学导论》，郭忠华译，上海译文出版社2007年版，第9页。
④ ［英］安东尼·吉登斯：《社会理论与现代社会学》，文军、赵勇译，社会科学文献出版社2003年版，第12页。

所遵循的行为规则,策略和模式,甚至是他们日常生活的最琐碎的方面,都与在时空中保持制度的延续性甚为相关。"[1] "社会制度的存在是因为人们做他们日复一日所做的事情。"[2] 首先,制度的形成和延续需要人这一主体的认同,制度必须具有有效性;其次,人们需要在跨越时空的日常生活中一再重复这种制度所规定的行为模式,制度才能实现其延续性。另外,吉登斯在著作中论述的信任,对制度形成为稳定形态也具有一定的作用。一部分学者认为制度与信任的关系是制度产生信任,而吉登斯却认为信任影响着制度的形成发展。"我想区分两种脱域机制的类型,这些机制都内在地包含于现代社会制度的发展之中……所有的脱域机制(包括象征标志和专家系统两方面)都依赖于信任。因此信任在本质上与现代性制度相联。"[3] "包含在现代制度中的信任模式,就其性质而言,实际上是建立在对'知识基础'的模糊不清和片面理解之上的。"[4] 由于人们对一些专业知识和技能的不了解,使得人们产生对象征标志和专家系统的信任,进而促进了现代制度的发展和扩张。

## 四 制度的类型与功能

吉登斯在《社会的构成》一书中将制度分为了四种类型:政治制度、经济制度、法律制度以及符号秩序。吉登斯在论述这四种制度类型时也提出了一些相关的概念。社会中的行动者在各种社会交往中不断地利用各种规则和资源对其行动进行指引,并且在这一过程中又生产和再生产了规则和资源。社会中的结构和制度既是社会行动者进行社会行动与交往的前提,也是其结果。社会交往包括了三个要素:意义、支配和规范,行动者的行动相应具有表意、权力和裁决三种特性。在社会交往中,社会行动者首先要进行各种意义的交流,实现沟通的目的,其过程通过解释性的规则

---

[1] [英]安东尼·吉登斯:《社会理论与现代社会学》,文军、赵勇译,社会科学文献出版社2003年版,第148页。
[2] [英]安东尼·吉登斯、克里斯多弗·皮尔森:《现代性——吉登斯访谈录》,尹宏毅译,新华出版社2000年版,第57页。
[3] [英]安东尼·吉登斯:《现代性的后果》,田禾译,译林出版社2000年版,第19—23页。
[4] [英]安东尼·吉登斯:《现代性的后果》,田禾译,译林出版社2000年版,第24页。

分析其意义。其次，社会交往中总是体现着权力的作用。最后，社会行动者在社会交往中互相施加一定的约束，形成了规范，体现为制裁性规则。在实际生活中这三者并不是孤立的，而是融合在一起共同作用的。

社会行动者在社会交往中运用的规则和资源可以分为三种类型：规范性规则、支配性资源和解释性规则。"规范性规则在日常接触中用于权利与义务的创造，并且裁决行动者服从与否。支配性资源在日常接触中作为实现目标的手段，形成控制他人和他物的权力。解释性规则在日常接触中成为行动者进行沟通的解释框架。"[1] 吉登斯所论述的意义、支配和规范三个要素，相对应的是经济关系、政治关系和意识关系这三层关系。

经济关系。吉登斯认为经济制度是人在生产过程中结成的模式化的交往形式。"它以配置性资源为主并且包含了权威性资源，解释性规则和制裁性规则等要素，它所体现的是在对物的控制和支配中人与人的经济关系，本质上是人在生产过程中结成的模式化的交往形式。"

政治关系。政治制度是人在政治活动过程中结成的模式化的交往形式。"它以权威性资源为主并且包含了配置性资源，解释性规则和制裁性规则等要素，它所体现的是对人的控制和支配中人与人的政治关系，本质上是人在政治活动过程中结成的模式化的交往形式。"

意识关系包括法律关系和符号秩序两种关系。

法律关系。吉登斯认为法律制度是人在意识活动中结成的模式化的规范关系。"它以规范性规则为主并且包含了权威性资源，配置性资源和解释性规则等要素，它所体现的是运用规范来裁决人服从与否的过程中形成的思想关系，本质上是人在意识活动中结成的模式化的规范关系。"

符号秩序。秩序符号是人在意识活动中结成的模式化的意义关系。"它以解释性规则为主并且包含了规范性规则以及配置性和权威性资源等要素，它所体现的是运用解释性框架来相互沟通的过程中形成的思想关系，本质上是人在意识活动中结成的模式化的意义关系。"[2]

另外，吉登斯通过联系结构性原则这一概念将自古以来的社会分为三

---

[1] 李红专：《吉登斯社会历史观评析》，科学出版社2010年版，第56—57页。
[2] 李红专：《吉登斯社会历史观评析》，科学出版社2010年版，第63页。

大社会类型：部落社会、阶级分化社会、阶级社会。

部落社会。吉登斯在《社会的构成》中论述道："在部落社会或小规模的口头文化中，占主导地位的结构性原则的运作中轴将传统与亲属关系联系在一起，把自身根植在时间和空间之中。在这些社会里，社会整合与系统整合具有共同的媒介，几乎完全依赖高度在场可得性的场所情境下的互动。"[1] 吉登斯在书中用图示精练地介绍了部落社会的主要特征，包含社区实践活动、亲属关系、群体约束等。其主导性的场所组织形式是聚居群或村庄。部落社会由于发展水平比较低，其日常社会实践活动的时空性也很有限，在这种条件下传统与亲属关系维系着社会实践活动的进行。权威性资源和配置性资源都集中于集体，血缘群体对个人行为起到约束作用。

阶级分化社会。他在《社会的构成》中描述："在阶级分化社会中，占主导地位的结构性原则的中轴是将城市地区和它的乡村内地联系起来。""在阶级分化社会里，传统的实践活动和亲属关系，甚至包括部落身份的认定，始终发挥着显著的作用。国家无法深入地渗透到地方化的习俗中去，政府官员要想'牵制'住那些直接行政控制极其薄弱的边远地区，主要得依靠赤裸裸的军事力量。"[2] 其主要特征依旧有传统和亲属关系，另外还包括政治军事权力，经济互赖。其主导性的场所组织形式是城乡互依。阶级分化社会包括了城邦国家、古代帝国和封建社会三种类型。书写等条件的产生与发展，促进了阶级分化社会的时空伸延性，行政力量的集中和扩大最终导致了传统城市的形成。"在阶级分化社会中，配置性资源有了进一步的发展，权威性资源相对地获得了巨大的集中和扩张，并且主要集中在作为国家各种行政机构所在地的城市之中。各种社会制度，特别是经济制度和政治制度，得以在较大时空之中重塑和伸延开来，并且出现了一定的分化。"[3]

阶级社会。吉登斯在书中论述阶级社会时专指的就是现代资本主义。

---

[1] ［英］安东尼·吉登斯：《社会的构成》，李康、李猛译，生活·读书·新知三联书店1998年版，第286—287页。

[2] ［英］安东尼·吉登斯：《社会的构成》，李康、李猛译，生活·读书·新知三联书店1998年版，第287页。

[3] 李红专：《吉登斯社会历史观评析》，科学出版社2010年版，第83页。

"现代资本主义阶级社会的国家与经济制度在维持相互关联的同时,发生了彼此疏离化的过程,这正体现了这种社会特有的结构性原则。人们对配置性资源的利用以技术革新为总体趋势,产生出惊人的经济力量,国家的行政管理'范围'也相应地迅猛扩张。"[1] 其主要特征有例行化,监视,政治军事权力,高水平纵向与横向整合的经济互赖。其主导性的场所组织形式是"人造环境"。现代资本主义社会在科学技术迅猛发展的带动下,其时空伸延性有了更大的提高,也推动了经济力量和政治力量的大规模集中和扩张。在这样的社会环境下,个体的日常生活和社会交往与大规模的社会现象发生着越来越复杂的联系,人与人之间的关联性更加紧密。各种社会制度能够在最为深远的时空重塑和延续下来,其原因在于经济制度和政治制度高度分化又高度联系,社会体系总体整合中配置性资源具有独特的重要性。在社会生活中,传统和亲属关系基本上无法发挥作用,这说明社会总体整合已经精达到了较高水平,也解决了生存性矛盾。

由以上的第三种社会类型阶级社会,即现代资本主义社会,可以联系到吉登斯在其另一本著作《民族-国家与暴力》中详细论述的民族与国家。在吉登斯的理论中,民族与国家是统治的一系列制度模式。吉登斯把一般的社会转型过程划为三个阶段:传统国家时代、绝对主义国家时代和民族—国家时代。吉登斯在该书的导论中进行了论述:第一,"传统国家的本质特性是它的裂变性。其政治中心的行政控制能力如此有限,以至于政治机构中的成员并不进行现代意义上的'统治'。传统国家有边陲而无国界"。第二,"自绝对主义时代始,与非个人的行政权力观念相联系的主权观念以及一系列与之相关的政治理念,就已逐步成为现代国家的组成部分"。第三,"民族-国家的发展预设着传统国家中相当基本的城乡关系的消解,同时也内含着高度密集的行政等级的诞生"[2]。

---

[1] [英]安东尼·吉登斯:《社会的构成》,李康、李猛译,生活·读书·新知三联书店1998年版,第288页。

[2] [英]安东尼·吉登斯:《民族-国家与暴力》,胡宗泽、赵力涛、王铭铭译,生活·读书·新知三联书店1998年版,第4—5页。

传统国家。吉登斯在《民族-国家与暴力》中首先介绍了传统国家中的城市和乡村："阶级分化社会中只有少数人在城市居住，这表明了传统国家对其臣民所实施的行政控制能力是相当有限的。"他驳斥了假定官僚帝国是高度中央集权的社会这一理论取向和认为城邦由于规模小且受到限制，因而其权威性资源的集中程度便能达到相当规模的想法。在传统国家的监控与行政力量方面，吉登斯非常重视书写的作用，因为书写和符号的出现与发展，使配置性资源和权威性资源的存储与集中成为可能，这就导致了作为主要权力容器的城市的诞生。总体来说，传统国家中，政府对社会的行政控制都限制在城市内部，国家象征体系与宗教与一般平民的民俗保持着比较大的距离，这便导致监视力的软弱。传统国家并不是权力集装器，国家与社会的关系较松散。在规范行为方面，很多规范只在贵族阶层有效，对一般人民缺乏制约力。

绝对主义国家。《民族-国家与暴力》中写道："在绝对主义体制下，尽管绝大多数臣民仍然像以往一样生活，但国家已开始更具'金字塔'的特征。国家的内部巩固措施开始更为明确地用于强化它的版图，而且也正是在绝对主义时期，欧洲各国家的边界才开始发生变化。"传统国家过渡到现代国家就是绝对主义国家。在绝对主义国家中，民族与民族之间的自然边陲被定为疆界，随之主权的观念也出现了，法律逐渐成为全民性的规范，直接界定了个人与国家之间的关系以及相关的制裁制度。同时，军事科技不断进步，为暴力扩张提供了条件，军队内部行政管理水平高度发达并为社会秩序控制提供可借鉴的体系。绝对主义国家的发展为现代民族-国家奠定了基础，它为后者提供了疆域概念和主权性。

民族-国家。吉登斯在书中如此论述民族-国家："民族-国家的一个特性就在于直接监控和间接监控（包括海关官员和边防军，再加上中央调控护照资料）的糅合。因而我将指出，民族-国家是拥有边界的权力集装器，是现代时期最为杰出的权力集装器。"[①] 以及"民族-国家存在于由他民族-国家所组成的联合体之中，它是统治的一系列制度模式，它对业

---

① ［英］安东尼·吉登斯：《民族-国家与暴力》，胡宗泽、赵力涛、王铭铭译，生活·读书·新知三联书店1998年版，第145页。

已划定边界（国界）的领土实施行政垄断，它的统治靠法律以及对内外部暴力工具的直接控制而得以维护"①。现代民族－国家到19世纪初在欧洲才开始出现，它的主要推动力是公民观、行政力量和全球化，最主要的基础是配置性资源和权威性资源的扩充。现代信息存储方式的出现，对于现代民族－国家中行政力量的发展具有重要的意义。新的信息存储方式极大地推动了国家的监控作用，空前地加强了国家行政力量。科层制的诞生和国家行政管理权的扩张产生了最为突出的权力容器——民族与国家。法律逐渐成为全民准则规范，税务成为国家控制工业的方法手段，劳动力成为工业区位的附属品，国家成为世界体系中的一员。"现代国家（阶级社会）本质上是'多元政治性'，它们的多元特征的基点在于（其凭借监控的扩展而达成的）行政集中以及由此而来的业经改变的控制所具有的辩证法特性。现代民族－国家成为最为突出的权力容器，国家的行政管理范围也具有了明确的地理边界，其社会体系的整合水平比较高。"②

此处列举几个吉登斯理解的制度具体的表现形式。

福利制度。吉登斯认为福利制度是一种风险管理制度。"福利国家从其一开始到现在，一直关心风险管理，风险管理的尝试的确是'政府'之为政府的基本方面。福利计划是社会保险的一种形式……应该把福利制度理解为风险管理制度的思想，与古丁和拉格兰德对第二次世界大战以后福利国家发展原因的令人心服——尽管是异端——的解释是完全一致的。"③"福利国家可以被看作一个风险管理体系，而不仅仅是在富人和穷人之间进行再分配的一种方式，或者控制穷人的一条途径，尽管这毕竟是其最初的起源。它基本上是一个社会或集体保险体系……我们需要以积极的态度来改造福利制度，从而使人们积极地承担风险，同时也得到保护。这意味着要探索保险机制的新形式，即与福利救济的获得没有如此紧密关系的形

---

① ［英］安东尼·吉登斯：《民族－国家与暴力》，胡宗泽、赵力涛、王铭铭译，生活·读书·新知三联书店1998年版，第147页。
② 李红专：《吉登斯社会历史观评析》，科学出版社2010年版，第112页。
③ ［英］安东尼·吉登斯：《超越左与右——激进政治的未来》，李惠斌、杨雪冬译，社会科学文献出版社2000年版，第141页。

式。我们应当尽可能地不是给人们物品，而是给予他们能力和责任。"① 在传统的工业社会，人们面对的风险主要是外部风险，而后工业社会人们面临的风险主要转为人为风险，这种风险用传统的方法更加难以预测和解决。在这种情况下，曾经一度辉煌的传统福利制度出现了危机，吉登斯主张改造福利制度，强调国家、集体和个人都需要承担责任，共同应对风险。

规则。吉登斯认为规则是社会行为的方法性程序。"规则体现着社会互动中的'方法性程序'，加芬克尔就特别强调过这一点……规则有两方面特性……规则在一方面与意义的构成联系在一起，另一方面则牵涉到对各种类型社会行为的约束。"② "法律当然属于社会规则中最具约束力的类型，在现代社会里，它还具有正式的，事先规定的惩罚等级。"③

吉登斯还强调了制度对于人们日常行为的两种主要影响。"所有的人类活动，即使是最有权势的个体的活动，都是在更广泛的制度化环境中进行的。这些制度化条件并非纯粹是限制，因为它们总是为动员人类的潜能以及局限提供各种可能性。这种限制与动员的交互特性肯定是所有人类社会生活精妙的组织结构中的一部分。"④ "形形色色的制约形式都在不同方式上成为使动的形式。它们在限制或拒绝某种行动可能性的同时，也有助于开启另外一些行动可能性。"⑤ 制度对人们行为的影响兼具制约性与使动性。一方面制度为了维护社会运行秩序的需要而规定人们在不同的时空中遵循特定的行为模式，另一方面制度也为人们的社会互动提供指引，使互动顺利进行。

另外，吉登斯在《批判的社会学导论》一书中还提到了传统与现代在

---

① ［英］安东尼·吉登斯、克里斯多弗·皮尔森：《现代性——吉登斯访谈录》，尹宏毅译，新华出版社2000年版，第143—145页。
② ［英］安东尼·吉登斯：《社会的构成》，李康、李猛译，生活·读书·新知三联书店1998年版，第81页。
③ ［英］安东尼·吉登斯：《社会的构成》，李康、李猛译，生活·读书·新知三联书店1998年版，第86页。
④ ［英］安东尼·吉登斯：《社会理论与现代社会学》，文军、赵勇译，社会科学文献出版社2003年版，第240页。
⑤ ［英］安东尼·吉登斯：《社会的构成》，李康、李猛译，生活·读书·新知三联书店1998年版，第277页。

日常生活制度方面的区别。"在传统社会，风俗有着强大的影响，即使在城市，大部分的日常生活也呈现出一种道德的性质……同时，传统社会也存在着以宗教为基础的道德框架，它们提供了应对这些现象的既定模式，并以一种符合传统的方式消解它们。"而现代社会的情况是"日常生活所从事的大部分行为都表现出强烈的功利色彩，这种色彩不仅体现我们所穿的衣服上，所遵循的常规上，而且体现在我们生活和工作于其中的大部分建筑特征上"[1]。传统社会中，指引我们行为模式的更多是具有道德意义的非正式规范、风俗、宗教等。而现代社会中我们行为模式所遵循的常规制度等更多地具有功利色彩，工具意义。

### 五　制度的特征

吉登斯认为制度具有连续性和稳定性的特征。吉登斯在《社会理论与现代社会学》中写道："我们在日常生活中观察到的复杂习俗，不仅仅只是大规模社会制度的表象，而且还是这些制度连续性和稳定性的体现。"[2]"一方面，客体论者认为'社会'或'社会制度'具有延伸于社会个体成员行动之外的结构性特征，这无疑是正确的……制度或大规模的社会借助其成员活动的连续性而具有了结构性特征。但社会成员能够借助具有展示这些结构性特征的能力而进行他们日复一日的活动。"[3] 制度具有跨越时空的连续性，这种连续性由人们不断重复的社会行动模式所形成，同时又不断对人们的社会行动造成影响。制度还具有一定的稳定性，它一旦形成便长期具有一种稳定的有效性。

### 六　制度的变迁

吉登斯认为制度性转变是由四个不同层面——资本主义、工业主义、

---

[1] ［英］安东尼·吉登斯：《批判的社会学导论》，郭忠华译，上海译文出版社2007年版，第86—87页。
[2] ［英］安东尼·吉登斯：《社会理论与现代社会学》，文军、赵勇译，社会科学文献出版社2003年版，第14—15页。
[3] ［英］安东尼·吉登斯：《社会理论与现代社会学》，文军、赵勇译，社会科学文献出版社2003年版，第62—65页。

监督、军事力量——所构成的。吉登斯看待社会变迁具有具体问题具体分析和联系的眼光，并且重视社会行动者的反思性监控的作用。"所有社会变迁都取决于不同的环境因素和事件的关联，这种关联的性质因各种具体情境而异，而情境又总是涉及到行动者的反思性监控，这些行动者置身于各种条件之中，并在这些条件下'创造历史'。"① 吉登斯认为，一系列迅速的变迁会产生一个长期的发展契机，即只有某些关键性的制度变革发生后，长期的发展才有可能。

吉登斯在《现代性的后果》一书中以现代性的制度性维度这一角度论述了制度的变迁。制度性转变是工业主义、资本主义、监督和军事力量四个不同方面所构成的。制度化的这四个方面分离了传统社会与现代社会的性质及规模，催生并促成了全球化。"资本主义指的是一个商品生产的体系，它以对资本的私人占有和无产者的雇佣劳动之间的关系为中心，这种关系构成了阶级体系的主轴线。""工业主义的主要特征，则是在商品生产过程中对物质世界的非生命资源的利用，这种利用体现了生产过程中机械化的关键作用。""监督这里指的是：在政治领域中，对被管辖人口的行为的指导，尽管作为行政权力的基础，监督的重要性决不只限于政治领域。监督可以是直接的，但更重要的特征是，监督是间接的，并且是建立在对信息控制的基础之上的。"② 资本主义、工业主义、监督以及军事力量是现代社会的基本制度维度，它们相互交织、相互作用，共同编织了现代社会前所未有的总貌。

以上四个现代性的层面在全球化趋势的驱使下跨越了地域的限制而变成了四个全球性的发展向度，即世界资本主义经济体系，国际性劳工分工，民族国家制度，世界军事秩序。吉登斯认为，各种制度性转变的全球性导向如果无限地加剧，会相应地造成经济机制增长的崩溃、极权主义提升的危机、核战争或大规模战争的爆发以及环境大灾难的发生等危机。但是面对这些情况，吉登斯认为这些负面影响是可望被积极参与的社会运动

---

① [英] 安东尼·吉登斯：《社会的构成》，李康、李猛译，生活·读书·新知三联书店1998年版，第362页。

② [英] 安东尼·吉登斯：《现代性的后果》，田禾译，译林出版社2000年版，第49—51页。

所抵消的，因为大部分社会运动皆是以对付这些现代性危机为目标的。

吉登斯制度观的贡献在于开辟了一个研究制度的新视角。他把制度的维系与人的安全感联系起来，试图揭示人的心理机制和制度之间的内在关联，这是一个很有启发性的观点。吉登斯把制度看作紧密关联、相互作用、相互影响的社会关系体系，它存在于日常交往相互融入对方的构建过程之中，与社会系统的时空延展密切相关，从而否认了常见的孤立化、实体化和静止化的制度观，他的这种观点也具有相当的参考价值。但是吉登斯把经济制度和政治制度视为社会制度体系中的两种最基本的形式，认为二者在社会制度体系中都具有基础性的地位与作用，这种想法无疑是不全面的，也是不正确的。

对待吉登斯，我们一方面要对吉登斯的现代性理论保持足够的关注，借以汲取有利的资源；另一方面，我们又绝不能简单地把吉登斯的理论套用在中国现代社会中，这样只能进一步遮蔽中国现代性问题的特殊性，不利于中国问题视角的确立，也不利于中国现代化所面临问题的进一步解决。

# 参考文献

## 一 中文文献

### （一）马克思主义经典著作

《马克思恩格斯文集》第一卷，人民出版社 2009 年版。
《马克思恩格斯选集》第一卷，人民出版社 2012 年版。
《马克思恩格斯选集》第二卷，人民出版社 2012 年版。
《马克思恩格斯选集》第三卷，人民出版社 2012 年版。
《马克思恩格斯选集》第四卷，人民出版社 2012 年版。
马克思、恩格斯：《德意志意识形态》节选本，人民出版社 2018 年版。
马克思：《资本论》第一卷，人民出版社 2018 年版。
《列宁全集》第 31 卷，人民出版社出版 2013 年版。
《邓小平文选》第二卷，人民出版社 1994 年版。
《邓小平文选》第三卷，人民出版社 1994 年版。
《中共中央关于全面深化改革若干重大问题的决定》，人民出版社 2013 年 11 月。
《决胜全面建成小康社会 夺取新时代中国特色社会主义伟大胜利——在中国共产党第十九次全国代表大会上的报告》，人民出版社 2017 年版。
《十八大以来重要文献选编》，中央文献出版社 2016 年版。
《习近平关于全面深化改革论述摘编》，中央文献出版社 2014 年版。
《习近平谈治国理政》，外文出版社 2014 年版。

### （二）中文专著

成伯清：《格奥尔格·齐美尔：现代性的诊断》，杭州大学出版社 1999

年版。

樊期曾主编：《现代科技革命与未来社会——评两种社会制度"趋同论"》，中国人民大学出版社1993年版。

范和生：《现代社会学》（上、下），安徽大学出版社2005年版。

侯均生：《西方社会学理论教程》，南开大学出版社2001年版。

贾春增主编：《外国社会学史》，中国人民大学出版社2000年版。

李德滨：《社会学100题》，天津人民出版社1984年版。

李红专：《吉登斯社会历史观评析》，科学出版社2010年版。

李天刚主编：《当代社会学学说》（1—3册），上海社会科学院出版社2017年版。

林岗、张宇：《马克思主义与制度分析》，经济科学出版社2001版。

欧力同：《孔德及其实证主义》，上海社会科学院出版社1987年版。

邱觉心：《早期实证主义哲学概观》，四川人民出版社1990年版。

任岳鹏：《哈贝马斯：协商对话的法律》，黑龙江大学出版社2009年版。

上海社会科学院法学研究所：《法学流派和法学家》，知识出版社出版1981年版。

王铭铭编选：《西方与非西方：文化人类学述评选集》，华夏出版社2003年版。

王思斌：《社会学教程》，北京大学出版社2006年版。

吴澄华编著：《当代经济理论思潮与流派》，中国经济出版社1988年版。

吴文藻：《人类学社会学研究文集》，民族出版社1990年版。

吴易风：《当前经济理论界的意见分歧》，中国经济出版社2000版。

夏建中：《文化人类学理论学派》，中国人民大学出版社1997年版。

肖金泉主编：《世界法律思想宝库》，中国政法大学出版社1992年版。

谢立中主编：《西方社会学名著提要》，江西人民出版社2003年版。

辛向阳：《"趋同论"研究》，中国人民大学出版社1996年。

薛晓源、陈家刚：《全球化与新制度主义》，社会科学文献出版社2004年版。

严清华等：《路径依赖、管理哲理与第三种调节方式研究》，武汉大学出版社 2005 年版。

杨红娟、尹小俊、张春华主编:《社会管理创新 25 题——社会学与社会管理》,中共中央党校出版社 2011 年版。

杨慧林:《基督教文化学刊:神学与诠释》,中国人民大学出版社 2003 年版。

杨善华:《当代西方社会学理论》,北京大学出版社 1999 年版。

彭德琳:《新制度经济学》,湖北人民出版社 2002 年版。

郑杭生:《社会学概论新修》(第三版),中国人民大学出版社 2003 年版。

周晓虹:《西方社会学历史与体系》第一卷,上海人民出版社 2002 年版。

周雪光:《组织社会学十讲》,社会科学文献出版社 2003 年版。

(三) 中文译著

[法] 雷蒙·阿隆:《社会学主要思潮》,葛智强译,华夏出版社 2001 年版。

[法] 皮埃尔·布迪厄 (Bourdieu, P.)、[美] 华康德 (Wacquant, L. D.):《实践与反思——反思社会学导引》,李猛、李康译,中央编译出版社 1998 年版。

[美] 艾尔·巴比:《社会研究方法》,华夏出版社 2000 年版。

[美] 加里·斯坦利·贝克尔:《人类行为的经济分析》,王业宇、陈琪译,上海人民出版社、上海三联书店 1995 年版。

[美] 加里·斯坦利·贝克尔:《家庭论》,王献生、王宇译,商务印书馆 2005 年版。

[英] 拉德克利夫-布朗:《社会人类学方法》,夏建中译,华夏出版社 2002 年版。

[英] 拉德克利夫-布朗:《社会人类学方法》,夏建中译,山东人民出版社 1998 年版。

[英] 马凌诺斯基:《文化论》,费孝通译,华夏出版社 2002 年版。

[法] 埃米尔·迪尔凯姆:《社会学方法的准则》,狄玉明译,商务印书馆 2002 年版。

[法] 迪尔凯姆:《道德教育》,陈光金等译,上海人民出版社 2003 年版。

参考文献

［法］迪尔凯姆：《社会分工论》，渠东译，生活·读书·新知三联书店 2000 年版。

［英］彼得·狄肯斯：《社会达尔文主义：将进化思想与社会理论联系起来》，涂骏译，吉林人民出版社 2005 年版。

［美］凡勃伦：《有闲阶级论》，蔡受百译，商务印书馆 2004 年版。

［英］D. 弗瑞斯比：《现代性的碎片》，卢晖临等译，商务印书馆 2003 年版。

［英］雷蒙德·弗思：《人文类型》，费孝通译，华夏出版社 2002 年版。

［德］哈贝马斯：《交往与社会进化》，张博树译，重庆出版社 1993 年版。

［德］哈贝马斯：《在事实与规范之间——关于法律和民主法治国的商谈理论》，童世骏译，生活·读书·新知三联书店 2003 年版。

［美］E. 哈奇：《人与文化的理论》，黄应贵、郑美能编译，黑龙江教育出版社 1988 年版。

［英］安东尼·吉登斯、克里斯多弗·皮尔森：《现代性——吉登斯访谈录》，尹宏毅译，新华出版社 2000 年版。

［英］安东尼·吉登斯：《超越左与右——激进政治的未来》，李惠斌、杨雪冬译，社会科学文献出版社 2000 年版。

［英］安东尼·吉登斯：《民族-国家与暴力》，胡宗泽、赵力涛、王铭铭译，生活·读书·新知三联书店 1998 年版。

［英］安东尼·吉登斯：《批判的社会学导论》，郭忠华译，上海译文出版社 2007 年版。

［英］安东尼·吉登斯：《社会的构成》，李康、李猛译，生活·读书·新知三联书店 1998 年版。

［英］安东尼·吉登斯：《社会理论与现代社会学》，文军、赵勇译，社会科学文献出版社 2003 年版。

［英］安东尼·吉登斯：《现代性的后果》，田禾译，译林出版社 2000 年版。

［法］奥古斯特·孔德：《论实证精神》，黄建华译，商务印书馆 1996 年版。

［美］R. 科斯、A. 阿尔钦、D. 诺斯：《财产权利与制度变迁》，刘守英等译，上海三联书店、上海人民出版社 1994 年版。

[美] 雷蒙德·保罗·库佐尔特、艾迪斯·W. 金：《二十世纪社会思潮》，张向东等译，中国人民大学出版社 1991 年版。

[美] 刘易斯·A. 科瑟：《社会学思想名家》，石人译，中国社会科学出版社 1990 年版。

[美] 詹姆斯·S. 科尔曼：《社会理论的基础》（上、下册），邓方译，社会科学文献出版社 1999 年版。

[法] 孟德斯鸠：《论法的精神》（上册），张雁深译，商务印书馆 1963 年版。

[美] 罗伯特·K. 默顿：《社会理论和社会结构》，唐少杰、齐心译，译林出版社 2006 年版。

[美] 罗伯特·K. 默顿：《社会研究与社会政策》，林聚任等译，生活·读书·新知三联书店 2001 年版。

[美] 罗伯特·金·默顿：《十七世纪英国的科学、技术和社会》，范岱年等译，四川人民出版社 1986 年版。

[美] 乔治·赫伯特·米德：《心灵、自我与社会》，霍桂桓译，华夏出版社 2003 年版。

[英] 拉尔夫·密利本德：《马克思主义与政治学》，黄子都译，商务印书馆 1984 年版。

[美] 道格拉斯·C. 诺斯：《经济史上的结构和变革》，厉以平译，商务印书馆 1992 年版。

[美] 道格拉斯·C. 诺斯：《制度、制度变迁与经济绩效》，刘守英译，上海三联书店、上海人民出版社 1994 年版。

[法] 亨利·帕勒日：《美国新自由主义经济学》，李燕生、王文融译，北京大学出版社 1985 年版。

[美] 帕森斯：《现代社会的结构与过程》，梁向阳译，光明日报出版社 1988 年版。

[美] 塔尔科特·帕森斯、尼尔·斯梅尔瑟：《经济与社会》，刘进等译，华夏出版社 1989 年版。

[美] 塔尔科特·帕森斯：《社会行动的结构》，张明德等译，译林出版社

2003年版。

［德］齐美尔：《社会是如何可能的》，林荣远译，广西师范大学出版社2002年版。

［日］青木昌彦：《比较制度分析》，周黎安译，上海远东出版社2001年版。

［美］索罗金：《今日社会学学说》（上、下册），黄文山、王维林、谢康译，台湾商务印书馆股份有限公司，1979年版。

［英］彼得·斯坦、约翰·香德：《西方社会的法律价值》，王献平译，中国人民公安大学出版社1990年版。

［英］赫伯特·斯宾塞：《社会学研究》，张宏晖、胡江波译，华夏出版社2001年版。

［德］斐迪南·滕尼斯：《共同体与社会》，林荣远译，商务印书馆1999年版。

［法］爱弥尔·涂尔干：《宗教生活的基本形式》，渠东、汲喆译，上海人民出版社1999年版。

［法］爱米尔·涂尔干：《孟德斯鸠与卢梭》，李鲁宁、赵立玮、付德根译，上海人民出版社2003年版。

［美］乔纳森·H.特纳：《社会学理论的结构》（上、下册），邱泽奇等译，华夏出版社2001年版。

［德］马克斯·韦伯：《经济与社会》（上卷），林荣远译，商务印书馆1997年版。

［德］马克斯·韦伯：《经济与社会》（下卷），林荣远译，商务印书馆1997年版。

［德］盖奥尔格·西美尔：《社会学——关于社会化形式的研究》，林荣远译，华夏出版社2002年版。

［美］D. P. 约翰逊：《社会学理论》，南开大学社会学系译，国际文化出版公司1988年版。

（四）期刊

［美］Mark Granovetter、梁玉兰：《作为社会结构的经济制度：分析框架》，

《广西社会科学》2001 年第 3 期。

董才生：《论制度社会学在当代的建构》，《江苏社会科学》2006 年第 3 期。

季正矩：《正确认识马克思的社会形态理论》，《理论视野》2009 年第 7 期。

李省龙、张贵孝：《论马克思主义制度分析的一般结构》，《当代经济研究》2002 年版第 12 期。

李省龙：《论马克思主义关于制度的一般理论》，《中国人民大学学报》2003 年第 2 期。

林勇：《制度分析：马克思与诺斯比较》，《当代经济研究》1994 年第 2 期。

刘少杰：《制度研究在社会学中的兴衰与重建》，《江苏社会科学》2006 年第 3 期。

刘西山：《习近平中国特色社会主义制度思想论析》，《理论界》2015 年第 11 期。

刘志昌：《中国社会建设的发展历程、经验与展望》，《新疆社会科学》2021 年第 4 期。

罗先德、李发强：《制度社会学初探》，《西北民族学院学报》（哲学社会科学版）1993 年第 3 期。

曲庆彪、李建平：《邓小平的中国特色社会主义制度建设思想及现实意义》，《理论界》2014 年第 12 期。

史阿娜：《"范式"涵义知多少——对库恩范式概念的再整理和再思考》，第二届中国科技哲学及交叉学科研究生论坛论文集（硕士卷），中国北京，2008 年 12 月。

谭斌昭、杨永斌：《试论托马斯·库恩的"范式"概念》，《教育理论与实践》2007 年第 27 卷 S1 期。

田凯：《科尔曼的社会资本理论及其局限》，《社会科学研究》2001 年第 1 期。

王胜利、方旭东：《马克思制度变迁的分析框架》，《西京论坛》2008 年第

1 期。

王胜利、方旭东：《论马凌诺斯基社会人类学制度分析思想》，《西安建筑科技大学学报》（社会科学版）2008 年第 2 期。

王胜利、方旭东：《迪尔凯姆的制度分析范式》，《中共济南市委党校学报》2008 年第 3 期。

王胜利、方旭东：《布朗社会人类学制度思想分析》，《新疆社科论坛》2008 年第 4 期。

王胜利、方旭东：《费孝通制度思想的价值来源及其嬗变》，《四川理工学院学报》（社会科学版）2009 年第 6 期。

王胜利、方旭东：《弗思社会人类学制度思想分析》，《昆明理工大学学报》（社会科学版）2008 年第 12 期。

王胜利、胡美娟：《论默顿的制度分析范式及其当代意义》，《西北农林科技大学学报》（社会科学版）2011 年第 2 期。

王胜利、石贝宁：《布迪厄"场域"与"惯习"中的制度思想探析》，《西安社会科学》2011 年第 3 期。

王胜利、伍玥：《皮埃尔·布迪厄的制度分析范式》，《社科纵横》2012 年第 6 期。

王胜利：《差异与融汇：社会学和经济学制度分析范式的比较》，《陕西师范大学学报》（哲学社会科学版）2013 年第 6 期。

王小章：《社会主要矛盾、共同富裕与社会建设》，《山东大学学报（哲学社会科学版)》2022 年第 2 期。

习近平：《关于〈中共中央关于全面深化改革若干重大问题的决定〉的说明》，《人民日报》2013 年 11 月 16 日第 1 版。

习近平：《紧紧围绕坚持和发展中国特色社会主义学习宣传贯彻党的十八大精神》，《人民日报》，2012 年 11 月 19 日第 1 版。

习近平：《推动我国生态文明建设迈上新台阶》，《求是》2019 年第 3 期。

谢舜、周鸿：《科尔曼理性选择理论评述》，《思想战线》2005 年第 2 期。

新华社：《习近平在西藏考察时强调全面贯彻新时代党的治藏方略谱写雪域高原长治久安和高质量发展新篇章》，《人民日报》2021 年 7 月 24

日第1版。

宇文利：《论中国特色社会主义的制度治理——习近平治国理政思想的总体特色》，《新疆师范大学学报》（哲学社会科学版）2016年第1期。

张建华：《关于制度经济研究两种倾向的思考——评加尔布雷思与科斯的制度分析》，《经济评论》1994年第4期。

张理智：《制度分析的误区、困难和出路》，《当代财经》1996年第10期。

张青、肖犁：《索罗金和他的"社会、文化和个性"》，《社会》1985年第6期。

张缨：《科尔曼法人行动理论述评》，《中国社会科学院研究生院学报》2001年第4期。

张云飞、李娜：《习近平生态文明思想的系统方法论要求——坚持全方位全地域全过程开展生态文明建设》，《中国人民大学学报》2022年第1期。

张云飞：《始终坚持将生态文明建设作为"国之大者"——论党的十八大以来我国生态文明建设的重要成就与宝贵经验》，《国家治理》2021年第46期。

赵靖伟、司汉武：《关于制度的社会学研究综述》，《西北农林科技大学学报》（社会科学版）2008年第2期。

（五）汉译外文论文

鲍尔曼：《作为社会事实的权利与规范——评科尔曼的社会理论基础》，《国外社会科学》1994年第3期。

## 二　外文文献

Malinowski, *A Scientific Theory of Culture and Other Essays*. Chapel, Hill, N. C.: University of North Carolina Press, 1944.

Raymond Firth: *Religion: A Humanist Interpretation*, Rout ledge London, 1996.

Raymond Firth: *Human Types*, The New American Library of World Literature Inc, 1958.

Malcolm, Rutherfold "*Institutionsin Economics*", Cambridge university press, 1994.

Levine D. Georg Simmel: *On Individuality and Social Forms*, Chicago: University of Chicago Press, 1971.

N. J. Spykman and D. Frisby: *The Social Theory of Georg Simmel*, Transaction Publishers, 2004.

# 后 记

本书是我承担国家社会科学基金项目"制度社会学的体系构建研究"（17BSH150）的成果。

本书的出版得到陕西师范大学优秀著作出版基金和陕西师范大学学科建设经费资助，也得到陕西师范大学社会科学处柯西钢处长、哲学学院多位领导和教授的关心、支持和帮助，在此表示衷心的感谢！

本书在出版过程中，得到中国社会科学出版社朱华彬编辑的竭诚帮助，其谦逊温良的态度、一丝不苟的严谨精神、善解人意的助人情怀使得该书得以顺利出版，对此深表至诚的谢意！

书中第三部分社会学家制度分析范式的部分内容，是本人指导有些硕士研究生共同完成的，特别是方旭东、胡美娟两位硕士生在我的指导下，完成了有些社会学家制度分析范式的研究，书中也都做了详细注释，并在参考文献中注明，在此对他们表示由衷的感谢！在编辑出版之际，我的硕士研究生李世杰、刘钰、郭婷、吕登辉等参与了引文注释和参考文献的核对工作，对他们的辛勤劳动也表示感谢！

尽管本人一直努力想达到创建制度社会学分支学科的学术目标，但由于学术功力不足和学识依旧粗浅，对制度社会学体系中的内容没有深入研究下去，书中研究内容的缺失和错漏之处在所难免，恳请各位读者和专家批评指正。

王胜利

2023 年 9 月于陕西师范大学